욕, 그 카타르시스의 미학

욕,
그 카타르시스의 미학

김열규 지음

사□계절

책머리에

욕이 사뭇 욕을 들어 왔다. 쌍소리가 더러 섞이고 때로는 난도질을 해대는 것이 욕이라서 욕 들어도 싼 구석이 아주 없다고 잡아떼기는 어렵지만 말이다. 게다가 사람들은 욕을 천대하고 깔봐 왔다. 무슨 '말의 질병', '병든 말'이라고 생각해 온 것도 사실이다. 아무튼 이래저래 욕은 허물이 많고 덩달아서 흠도 많이 잡혀 왔다.

한데도 욕은 줄기차게 그 모진 생명을 지탱해 왔다. 쓰임새가 하도 많아서 싸움질이며, 악다구니에 아가리질과 비아냥거림에는 아주 단골이다. 뿐만이 아니라 농이나 익살, 장난질에서는 거나한 웃음판을 일구기도 한 게 바로 욕이다.

감탄사였는가 하면, 놀랍게도 코맹맹이 소리를 고명 삼은 애칭이기도 했으니 기가 찰 노릇이다. 그러다가도 욕은 돌변해서 된벼락, 청천하늘의 마른 벼락이 되어서 사람들 간담 한복판 또는 정수리를 후려치기도 하고, 의리며 이치를 일깨우는 주먹 노릇도 했다. 그러니 속담이 욕과 연합전선을 펴서 세상 스승 노릇을 해온 것은 너무나 당연하다. 오죽하면 설법에도 욕을 활용한 덕 높은 승려로 만해 혹은 만공 스님이 이야기되곤 하겠는가.

이렇듯 욕은 실로 다양한 인간 언어의 정책이요 전략이다. 욕을 욕하면서 멀리하면, 멀리하는 그 사람의 언어가 찌그러지고 웅크러들 뿐이니 쓰든 말든 알아서 할 일이지만, 언어 능력도 돈 벌고 표 얻어 내는 능력만큼 개발해야 한다는 것쯤은 명심해야 할 것이다.

더욱이 세상이 온통 욕가마리고 욕감태기 꼴인데 욕이 된벼락 노릇을 않는다면 말이 안 된다. 오죽하면 속담에도 "욕은 덕담"이고 "욕은 약"이라는 말이 있겠는가! 욕이 마음의 약이 되고 정신의 침이 되는 정도에 따라서 우리 사회에서 욕가마리들이 그나마 줄어드는 게 아닌지 모르겠다. 말의 병리나 말의 광기 정도로 치부되어 온 게 욕이라면, 욕도 이제 그 오래고 질긴 그늘을 내던지고 역사와 사회의 전면에 올라서야 한다.

역사와 사회의 그늘에 처박혀 있던 것들이 빛을 보게 되는 그런 문화적 자유와 해방의 공간에 이 책을 헌정하고 싶다.

그러면서 필자는 1996년 늦가을, 광주 민학회와 금호문화재단이 공동으로 주관한 '전국 욕대회'에 삼가 경의를 표한다. 그날의 그 장쾌한 모임은 실로 가슴 후련하게 욕의 복권에 이바지하는 계기를 마련해 주었다. 이 한 권의 책이 꾸며지게 된 결정적 동기의 하나가 바로 그 욕대회에 있다는 것은 밝혀 두는 게 도리일 것 같다.

욕대회에 직접 참관하면서 필자로 하여금 이 책을 쓰게 채근한 것은 사계절출판사의 조영준 차장이다. 책의 기획에서 체제 및 교정까지 낱낱이 그가 수고하지 않았다면, 또 사계절출판사의 뒷바라지가 없었다면 욕의 복권은 가망도 없는 일이 되었을 것이다. 욕과 함께 깊이 감사드린다.

1997년 만추의 계절에
하일면에서 김 열 규

3장 욕의 전략과 전술

이제 욕을 말해야 한다

욕, 욕설, 욕지거리.

어떻게 부르든 그것은 그늘의 말, 음지의 말이었다. 어엿한 한국어이면서도 시궁창쯤 됨직한 구석에 처박혀 있어야 했다. 악담, 악매(惡罵), 악장거리, 악구, 험담, 험구 등으로도 불려진 욕은 욕된 처지를 감수해야 했다.

욕하는 것을 욕질이라 하고 악장친다고도 했다. 그것은 맨 정신, 옳은 뜻으로는 하지 못할 악쓰기이며 발악하기 그리고 흉한 짓거리, 행패, 패악질로도 간주되어 왔다. 더러 쌍소리, 육두문자, 육담들과 비빔질되면 더러운 것, 추잡한 것이라는 오명을 써야 했다. 그래서 사람들은 욕지기를 하곤 했다. 하긴 "악담이 덕담"이란 사뭇 근사한 속담이 있긴 하지만, 덕담은커녕 독설과 엇비슷한 독담으로 치부되기 일쑤였다.

이리하여 욕은 '응달의 말'이 되어 갔다. 감시당하고 구박받고 쫓김조차 당했다. 사람으로 치면 백정이나 갖바치쯤으로 천대받았다. 국어학이나 문법 등 제도권 학문에는 차마 발을 들여 놓을 신분이 아니었다. 찬밥 신세, 한데 신세를 면할 수 없었다. 천덕꾸러기 신세인 것은 한국어로서의 욕이나 한국 먹거리로서의 개밥의 도토리나 그게 그거였다. 욕은 '한데의 말'이 되어 갔다. '귀양살이한 말'이라고 해도 좋을 것 같다.

이 흉포와 난잡이 욕에 씌워진 수갑이며 멍에였다. 양반보고 욕한 상민은 멍석말이나 휘돌림을 당하기 일쑤였다. 향약에 정해진 엄연한 대죄였기 때문이다. 욕은 '죄악의 말'이었다. 응달과 한데 그리고 죄악, 이 셋이 욕이 갖는 현주소요 징표요 속성이었다.

필자는 역사의 본색을 개떡이라고 여긴다. 잘 해야 비지떡인 게 역사일지도 모른다. 그러나 흔히 말하듯 역사가 진보하는 것이라면 적어도 응달이 양달 되는 것까지는 몰라도 쥐구멍에 햇살 드는 정도의 일은 있어야 할 게 아닌가.

역사란 게 노상 쥐구멍은 피해 가는 약아빠진 햇살이 아닌 바에는, 사람의 지혜란 그래도 언제까지나 힘 실린 것, 권위 있는 것에만 빌붙어 따라다녀서는 안 된다고 믿는다.

업신여김을 당하고 밉보이고 깔보이면서 천대받는 것을, 그 흔해빠진 이웃 사랑 정신의 허리 꺾인 절반쯤이라도 발휘해서 거두어 돌볼 줄 알아야 사람의 정으로도 옳을 것이다. 역사가 그리고 학문과 지성이 그러지 못했다면 악담 들어도 싸다.

최근의 인문학이 이른바 적고 작은 기호, 묻히고 가려진 텍스트들에 관심을 쏟고 있는 것은 그나마 조금 철이 든 탓이 아닐까 한다. 철이라도 아직은 온 철, 익은 철이 아니고 반 철이고 풋철이긴 하지만 보리 흉년에 그나마 어디냐고 배 두드리고 싶다. 덕분에 종래의 묵은 역사학이 까막눈 노릇을 할 수밖에 없었던 민간의 행위, 짓거리, 그 소산 등이 비로소 역사를 갖기 시작했고 햇살을 쬐기 시작했다. 즉, 역사성과 사회성을 갖는 무형으로서의 욕은 한국 문화의 상을 만들어 가는 데 버릴 수 없는 요소 중의 하나라는 것이다. 이것은 역사의 민주화다.

욕은 언어와 그것에 딸려 있는 인간 행위가 질서라든가 체계와 체제를 벗어 던진 상황에서 폭발한다. 욕은 발언되는 것이 아니라 폭발된다. 그것은 터지고 박살나는 그 무엇이며 보통 상황, 예사말에서의 벗어남이고 어긋남이다. 보통 언어가 아닌 제2의 언어요 또 다른 언어다. 논리라든가 이성에 매인 언어로는 더 이상 어쩔 수 없는 막다른 골목에서 분화(噴火)하는, 불 뿜는 언어다.

그것은 최소한 문란이고 최대한 반란이다. 파괴며 폭행이고 예외며 소외고 일탈이다. 일상의 언어 질서와 행동 규범은 아무짝에도 소용 없다. 욕을 '막가는 말'이라고 하는 것은 이 때문이다. 이른바 갈 데까지 간 파국의 경지가 욕이다. 거기엔 파국감이나 위기감이 사뭇 등등하다.

그것은 좌절감, 실망, 실의 등이 분노, 증오, 원한 등과 앞뒤로 또는 안팎으로 가름하기 어렵게 뒤얽힌 상태에서 폭발한다. 막간 경지가 파국이라고만 해서는 안 된다. 막간 것은 돌아서지 못한다는 위기감 때문에 돌파를 지향하는 몸짓일 수 있다. 무엇인가 응급 조처 같은 것, 비상 수단 같은 게 발작하는 것이다.

욕은 그렇게 쓰이는 언어요 언어 전략이다. 욕일수록 상황과 상대방에게 막질러 덤비고 무섭게 달라붙는다는 것을 유념해야 한다.

그러나 욕의 전략에 대해 모른 척하거나, 욕에 대해서 갖가지 부정적인 딱지가 붙었다고 해서 그것을 깔보고 업신여겨서는 안 된다. 없는 듯이 잡아떼지도 말아야 한다. 부정하고 싶고 고개 내젓고 싶어도 피치 못하게 있는 그대로 지켜보고 따져 볼 수밖에 없음을 시인해야 한다.

"똥이 무서워서 피하나"라고 했지만 더럽기에 더 따지고 드는 게 건강을 위해서도 이롭다는 것을 우리는 익히 알고 있다. 그러나 실제로 우리는 스스로 똥을 누면서도 똥을 피해 왔듯이, 스스로 욕하고 욕 들으면서도 욕을 피해 왔다. 심지어 구박하고 억압해 왔다. 그것이 일종의 자기 도피임은 틀림없는 일이다.

이제 욕과 맞대면하면서 우리 각자와 정면으로 대좌해야 한다. 우리 내면과 스스럼없는 맞선을 보아야 한다. 하지 말아야 할 짓이므로 따지지도 말아야 한다고 우겨서는 안 된다. 하지 말아야 할 것을 하기에 더 한층 따지고 캐야 한다. 하지 말아야 할 일을 함은 무엇인가 다급하기 때문이다. 뭔가 핍박하고 윽박지르는 게 있다는 뜻이다. 욕의 이 불가피한 충동성을 모른 척해서는 안 된다.

사회적 검열이 쓸모 없고 이성이며 논리가 빌붙을 데 없는 비상 사태 자체인 욕을 모른 척하고 없는 듯 여긴다면, 그것은 필경 자신으로부터의 도피요 현실 도피다. 욕을 통해서 거리낌없이 자아와 맞대면할 수 있을지도 모른다.

옛 문학이나 연극 중에서 욕이 가장 흥청대는 영역이 있다면 그것은 뭐니뭐니 해도 탈춤이다. 탈춤의 대사 가운데서 욕 빼고 쌍소리 빼면 고깃국에서 고기 빼고 살 빼고 기름기 빼는 것과 다를 바 없다. 이것은 욕이 억눌린 자의 악장거리임을 잘 보여 준다.

　야, 이 제미를 붙고 금각대명을 어둥어둥 갈 이 양반들아. 오늘 날이 따따무리하니 온갖 짐생 다 모였다. 손골목에 도야지 새끼 모은 듯, 옹달샘에 실배암이 모은 듯, 논두렁 밑에 돌나무생이 모은 듯, 삼도 네거리 히둑새 모은 듯, 떨어진 중의 가랑이 신(腎) 대가리 나온 듯, 모두모두 모아 가지고 말뚝인지 개뚝인지…….

동래 야유에서 말뚝이가 하는 대목이다. 쌍소리며 육두문자와 겹친 욕의 전형을 볼 수 있다.

억눌림은 필경 좌절, 실의, 앙앙불락 그리고 우울증 등과 뒤엉킨다.

울증이나 화증이나 그게 그거다. 앞으로 부글대면 울증이고 겉으로 북받치면 화증이다. 오죽하면 울화라고 했을라고…….

그래서 욕은 화증이고 불길이다. 당연히 공격적이어서 칼날이고 창날이다. 남에게만 그런 게 아니라 자학할 수도 있다. 욕은 사디즘과 마조히즘 사이를 넘나든다. 한 아낙이 분을 못 참고 "이년의 팔자 더럽게 타고나서……"라고 중얼대면 그것은 자학이다.

따라서 욕에는 난장, 반란, 폭동의 분위기가 수반된다. 파괴, 전복 같은 느낌도 매우 강하다. 여태껏 역사의 곁에서, 특히 모더니즘 곁에서 일방적으로 나부대고 설쳐 대고 권위를 누린 이성이니 인품이니 하는 인간 품목으로는 도저히 변호받지 못할 게 욕이다.

그러나 우리는 이성이니 합리성이니 인품이니 하는 것이 도저히 맥을 못 추는 인간의 '자연'이 있다는 것을 안다. 영원한 인간의 야만 혹은 불변할 인간의 야성이 있다는 것을 모를 턱이 없다. 그래서도 이제 욕은 발언권을 누려야 한다.

우리가 되도록 삼가야 하는 게 욕임은 사실이다. 크게 삼가야 한다. 그러나 삼가야 한다고 해서 따지고 캐고 살피지 마라는 법은 없다. 욕이 악하다 해도 어떤 사람이 어떤 짓 하다가 된통 욕마구리가 되는지는 알아야 한다. 욕먹지 않기 위해서도 알아야 한다. 욕은 하지 말아야 하는 것이기보다는 먹지 말아야 할 그 무엇이다. 이런 소극적인 의미에서도 욕은 캐야 한다. 그러나 보다 적극적으로도 캐야 한다.

"욕은 되도록 하지 말아야 한다." 옳은 말이다. 한데 "욕은 되도록 먹지 말아야 한다." 이건 더 옳은 말이다. 그러니까 하지 않기 위해서도 욕의 정체에 달통해야 하지만, 그보다는 욕 안 먹기 위해서 욕에 지대한 관심을 쏟아야 한다. 어떤 치가 무슨 짓거리하다가 남의 욕 먹게 되는지 모른다면 남의 욕에서 온전히 벗어나기 어려울 것이다.

"욕할 만하면 해야지." 이 말이 패악이나 발악이 아니라 옳은 말로 들릴 때가 있다. 이 말은 "욕먹어 싸지"와 한 쌍이다. 욕먹어 싼 인간이 있고 욕먹어 마땅한 세상이 있기에 욕할 만한 경우가 생기는 것이다.

사교육비가 공교육비보다 더 비싼 나라가 욕 안 먹고 배길 재주는 없다. 자유업이랍시고 돈 많이 벌수록 세금 적게 내고 호사 누리는 축이 욕 안 먹으면 세상 망조다. 거의 반평생, 온 평생을 바쳐 온 직업이며 직능에 대한 긍지는 임질 걸린 벼룩의 눈곱만큼도 없이, 그저 아수라장 정치판이나 권력판으로 똥더미에 파리 몰리듯 하는 추태가 곱게 보이면 세상 다 된 거다.

비행기나 기차쯤에서 들목에 먼저 자리잡은 남의 사내 허벅지를 치마로 쓸고 무릎으로 내지르면서 지나가는 여편네가 욕지거리의 대상이 아니면 어떻게 될까. 허벅지를 치맛자락으로 쓸림당한 만큼 이게 웬 염복이냐고 우쭐할 놈 있다면 그건 배냇병신이다.

거리고 차 안이고 어디고 할 것 없이 욕할 거리가 지천으로 널려 있다.

아무려나 욕거리가 바글대고 우글대는 시대요 세상이다. 욕 들어 마땅한 축들이 그냥 넘어가는 탓에 세상은 더욱 나빠지고 있다. 욕할 건 해야 한다. 암, 해야 하고말고.

한데 욕할 건 해야 하는 만큼 욕 들을 짓은 되도록 삼가고 싶다.

"욕할 건 해야지"라는 말이 통한다고 해서 "욕 들을 건 들어야지" 하고 욕 들을 당사자가 우쭐대고 나선다면 입을 삐죽댈 사람이 적지 않을 것 같다.

"욕 들을 각오해야지." 이는 더러 듣게 되는 말이다. 하지만 이건 옳은 일을 결행할 결단을 내릴 즈음해서, 몰지각한 사람, 잘 몰라서 반대하는 사람들로부터 기꺼이 욕 듣겠다는 뜻이라야 한다. 미리 나쁘고 해괴한 짓이란 걸 뻔히 알면서 내뱉을 말이 아니다.

요컨대 이 책은 첫째, 이제 욕도 대접 좀 해야겠다는 생각에서 씌어졌다. 대접이란 말이 우습다면, 정색하고 맞대면하기 위해서라고 고쳐도 좋다. 그 막말이 비상 수단이고 응급 조처란 것을 생각해서라도 그래야 한다.

둘째, 되도록 욕을 하지 않기 위해서라도 욕을 알아야겠다는 생각 때문에 씌어졌다. 그것은 필경 욕 없는 세상, 욕스럽지 않은 세상이 되기를 바라는, 허망하면서도 간절한 그 소망과 무관하지 않다. 그렇다고 욕할 건 욕해야 한다는 생각마저 뿌리칠 생각은 없다. 욕할 걸 마땅히 욕하지 않으면 세상은 언제까지나 욕스러울 것이다.

셋째, 되도록 욕 안 들을 인구가 많아지기를 바라는 마음으로 씌어졌다. 욕 안 들을 수 있는, 되도록 욕을 덜 들을 사람이 늘면 세상은 그만큼 덜 욕스러워질 것이기 때문이다.

그리고 이 책에는 장승 이야기가 사진과 함께 실려 있다. 언뜻 욕 책에 웬 장승 이야긴가 하겠지만, 자세히 들여다보면 우리는 각각 다른 장승(벅수)의 표정에서 한국인의 희노애락을 무한정 느낄 수 있다. 민초들의 삶 깊은 곳에서 부정한 자에게는 한 바가지 욕을, 실의에 빠진 자에게는 멍청하도록 인자한 모습으로 보듬음을 서슴지 않는 장승으로부터 욕이 주는 익살과 해학을 만날 수 있을 것이다.

1장

욕의 성깔

장승 이야기 1 저는 제 조상의 성도 이름도 모르는 족보 없는 씨종자지만 눈보라치거나 비바람 부는 사시장철 팔도 어느 곳에서나 동구밖, 서낭당, 사찰 문전에 서서 미련하리만치 두 눈 부라리며 마을의 재앙을 막아왔고, 길을 묻는 이정표가 되었으며 풍년과 안녕을 비는 구도자의 길을 걸어 왔지요. 그런데도 사람들은 저더러 바보라 하고 멍청한 사람에게는 '벅수 같은 놈'이라 비아냥댑니다. 제 생김새를 빗대 욕할 이유는 없잖아요?

전남 순천시 송광면 대흥리 벅수 · 사진 이형권

Ⅰ. 욕은 어떤 말인가

욕이라고 굴레 벗은 말은 아니다. 개망나니는 더욱 아니다. 언덕이 있어야 비비는 건 소나 욕이나 마찬가지다.

욕일수록 얌치 갖추고 경위 바르다. 좀 사납고 망측하긴 해도 경위 바른 것으로 보상되고도 남는다. 경위 없이 잘나고, 얌치 없이 지체 높고, 의리 없이 점잖은 축들보다야 백 배 나은 게 욕이다.

입은 비뚤어졌어도 말은 바로 하라고 했는데, 이는 욕의 금과옥조다. 욕은 바로 쏘아 대는 직격탄이고 직사포다. 욕은 여포 창날이다. 욕일수록 거짓이나 겉치레 또는 허세가 적거나 없게 마련이다.

새 뒤집어 날아가는 소리

"별, 새 뒤집어 날아가는 소리 지껄이기는!"

이는 있을 수도 없는 소리, 말도 안 되는 소리 주절대면서 하는 욕이다. 궤변 떤다느니 거짓말한다느니 말 같잖은 소리한다는 둥 해봐야 아무래도 어설프다. 새가 등을 아래로 깔고 배를 하늘 보게 하고 나는 재주는 없다. 날 수가 없는데 무슨 날갯짓 소린들 일으키랴!

"말 같잖은 소리"나 "씨도 안 먹힐 소리"란 말은 역시 직설적이다. 있는 것 곧이곧대로 우직하게 꼬집고 있을 뿐이다.

이에 비해 "새 뒤집어 날아가는 소리"는 비유법이다. 무엇인가 다른 것에 견주어 하고 싶은 말을 하고 있다. 그만큼 둘러 말한 셈이라서 속된 말로 하면 쿠션 한 번 먹인 표현이다. 그러나 참 묘하게도 둘러 말하는 비유법으로 욕은 오히려 칼날을 세운다. 그게 욕의 묘미다.

그러기 위해서 욕은 엉뚱한 것끼리 얼렁뚱땅 갖다 붙인다. 새가 나는 짓과 사람이 말하는 것은 아무 인연도 연줄도 없다. 그런데도 욕은 둘을 하나로 동여맸다. 이것은 순전히 사물 보는 눈이 밝고 머리 회전이 빠르기 때문에 가능하다.

"새 뒤집어 날아가는 소리"는 더러 "새 모로 날아가는 소리"라고도 한다. 새가 모로 날다니! 새가 곡예 비행하는 전투기처럼 두 날개를 지상과 직각으로 곧추 세우고 날아가는 게 다름 아닌 모로 날기다. 하지만 비행기가 아닌 새는 모로는 날지 못한다. 갈매기 조나단도 그럴 수는 없다. 모로나 뒤집어서나 새가 날 수 없기는 마찬가지다.

말 같지 않은 소리 하다가는 또 다른 욕을 듣게 된다.

"귀신 젯밥 먹는 소리" 혹은 "귀신 씨나락 까먹는 소리" 한다고.

욕의 언어적 전략 : 욕은 비유법, 과장법, 대조법, 대구법, 기지의 극치다

귀신이 젯밥 먹고 씨나락 까먹는 것을 본 사람은 아무도 없다. 아니 그럴 수 있는 대상이 아니다. 그것들은 불가능하다. 가능하다고 해도 예사롭지 않은 일이다. 그러니까 결국 현실적으로 벌어진 어떤 일을 불가능 내지 예사롭지 않음과 견주면서 이들 욕은 생겨났다.

이같이 욕은 불가능과 현실 사이를 넘나들면서 현실 자체의 속성을 더한층 적나라하고 적절하게 잡아챈다.

그러기에 욕은 얼핏 보기에 기상천외하다. 의표를 찌르고 천만 뜻밖이다. 그런데도 꼭 들어맞고 아귀가 찰떡 궁합이다. 그게 욕의 언어적 전략이다. 듣는 순간 골치가 떵하거나 눈앞이 번쩍한다. 그런데도 딱 정곡을 꿰뚫기는 족집게 저리 가라다. 기가 찰 일이다.

이 기묘한 만남, 하도 엉뚱해서 야합이라고 부르기에 알맞은 접합으로 욕이 돌발한다.

"벼락에 콩 궈 먹을 놈."
"번개 씨하듯!"

벼락에 콩을 구워 먹을 수는 없다. 또 번개가 누구와 교접을 한단 말인가.

"쥐 씹에 말 좆이다."

이 역시 어림도 없다.

"벼락을 쫓아가서 나이대로 맞아 뒈져라."

벼락을 무슨 재주로 쫓아간담. 한 번 맞으면 끝이지 무슨 통뼈라고 나이만큼 맞는담. 극단적인 불가능으로 미운 놈에 대한 저주가 사뭇 박진감을 드높인다.

워낙 비유법이란 '이질 속의 공질의 설정'이다. 원체 종(種)이 다른 것끼리에서 딱 들어맞는 공질성을 집어 내면 그게 곧 비유법을 이룬다. 은유니 직유니 하는 비유법이 다 이에 속한다.

"길은 풀어진 넥타이처럼 풀어져."
"분수처럼 흩어지는 푸른 종소리."
"쎄르판지 같은 하늘."

이들은 모두 김광균의 시에서 뽑은 것으로 위에서 말한 비유법의 조건을 갖추고 있다. 한데 비유법을 이루는 두 개의 짝(두 개의 종이 다른 것)의 차이와 이질성이 크면 클수록 효과는 더욱 강하다. 이것을 비유법의 거리라고 하는데, '쎄르판지'와 '하늘'은 서로 뚱딴지 같은 관계로 전적으로 무관한 종자에 속한다.

두룽박 쓴 여우

그런데 욕의 비유법은 아예 한 수 더 떠서 비현실과 현실, 불가능과 실제 사이를 끼워 맞추고 있다는 점에서 그 강하며 비길 데 없는 개성을 드러낸다. 욕은 비겨서는 안 될 것, 얼토당토않아서 차마 비길 수 없는 것을 엮어서 그 특유한 비유법을 빚어 낸다.

"이 녀석 얼빠지긴. 두룽박 쓴 야시 아이가(여우 아니야)."

두룽박 쓴 여우라니!

백여우가 그렇고 구미호가 그렇듯이, 욕은 아예 있지도 않은 짐승을 조작하고 날조해서는 사람의 어느 속성과 맞비긴다. 욕의 불가능의 비유법, 비현실의 비유법은 드디어 비현실적인 사물과 동물까지 만들어 낸 것이다.

"두룽박 쓴 여우"는 경상남도 고성 지역의 욕이다. 아무 데서나 흔히 쓰는 게 아니다. 그야 어떻든 실제로 두룽박 쓸, 둥근 구멍이 뚫린 통박을 머리에 쓸 여우 따위는 없다. 여우가 모자 패션을 즐기지 않는 바에야 가당치도 않은 얘기다.

어떻든 얼간이, 망둥이, 비실대는 놈, 넋 빠진 녀석 등등에다 대고 욕을 퍼부을 때 "두룽박 쓴 야시"라고 한다.

가령 과장이 "김 주임! 서류 갖고 오쇼"라고 소리쳤다고 치자.

"무슨 서류요?"

"그 왜 있지 않소?"

"그 왜라니요?"

"그 사람!"

주임은 더 이상 말하지 않고 우두망찰 동료들을 돌아본다. 두리번거린다. 일어섰다 앉았다 안절부절한다.

이럴 때 과장이 소리치는 말인즉, "어벙벙하긴! 꼭 두룽박 쓴 여우 꼴이군!"

이 욕에는 그럴싸한 이야기 한 토막이 달라붙어 있다.

옛날 일이라고 한다. 옛날도 아주 먼 옛날, 여우가 햇무덤을 파 뒤집어 송장을 뜯어먹던 그런 때의 얘기라고 한다.

갓 산소를 쓴 상주가 꾀를 냈다. 봉분 안 여기저기에 대여섯 개의 두룽박을 묻었다. 여우 머리 하나가 겨우 들어갈 만한 구멍이 난 통박들이었다. 구멍은 모두 여우가 무덤을 파헤치면서 머리를 들이밀 쪽을 향하게 했다.

일은 요량대로 되어 갔다.

송장을 갓 묻은 기척을 알아챈 여우가 덤볐다. 두 발로 부지런히 흙을 파헤쳤다. 제법 힘이 들었다.

몸통이 절반도 더 봉분 안으로 잠길 무렵, 이게 웬 떡인가. 뻥 하니 제 머리 하나쯤 공짜로 들이밀 구멍이 뚫려 있다니!

앞뒤 가리지 않고 대가리를 쑤셔 박았다. 주둥이는 쉽게 들어갔다. 조금 용을 쓰자 어기적대기는 해도 목덜미에 박 구멍이 꼭 끼도록 대가리가 박통 속에 들이박혔다.

그런데 더는 나아가질 않았다. 앞이 콱 막혔다. 대가리를 도로 빼자니 어림 반푼도 없었다.

박통 속 대가리를 제법 세차게 저어 보았으나 막무가내. 오히려 목덜미가 죄어들었다. 앞으로 못 가니 뒤로 꽁무니 뺄 수밖에. 머리가, 아니 박통이 봉분 밖까지 나왔으나, 이런 젠장! 뭐가 보여야지. 머리를 세차게 저어 대니 머리보다 박통이 더 재게 돌아쳤다.

"훠! 훠이! 이놈에 여우가!"

사람 소리가 들렸다.

그런데 앞이 보여야 뛰지.

선 자리에서 뺑뺑이를 돌았다. 어지러워 비실비실댔다. 그러다가 그만 쾅! 허리통쯤에 몽둥이 된벼락은 떨어지고…….

줄거리는 이렇다. 아무튼 이런 소란한 얘기 거느리고 "여우 두룽박 쓴 놈"이란 욕이 생겨났다.

하지만 얘기는 어디까지나 얘기다. 교활하기가 여우 뺨칠 사람들이 꾸며 낸 이야기. 실제로 그런 여우 있으면 만나 보고 싶다. 상상일 뿐이다.

요컨대 있을 수 없는 상상만의 상황에 끌어다 붙여서 사람 욕보이는 게 "여우 두룽박 쓴 놈"이다.

세상 꼴값에 욕 입값

"뜨물에 아이 배기"나 "뜨물에 주정하기"나 그게 그거지만, 용두질 하다가 새끼 까는 거나 진배없기로는 "여우 두룽박 쓴 놈"도 상당하다.

황소가 뜸베질로 제비 잡았다면 누가 믿겠는가?

두더쥐가 사법고시에 붙어서 진돗개로 변했다면 누가 곧이듣겠는가? 그러나 욕은 그 정도에 눈 하나 까딱 않는다. 욕의 비유법이 활용된다 치면, 이런 소리쯤 예사로 생겨날 수 있다.

"끝발 높은 연놈들은 검찰 수사 이전에 벼락병만 들더라!"
"외압 없이 은행돈 곶감 빼먹듯 해야 재벌이지!"

입후보한 정객이 '당을 안 바꾸겠다'고 하면 사과당 먹다가 포도당 주사 안 맞겠다는 소리나 똑같다.

정치적 배후가 있을 법한 사건을 두고 '더 이상 배후가 없다'고 수사 결과를 발표한다면, 그것은 수사하는 사람들의 눈에 백내장이 심하다는 소리쯤으로 들리게 되어 있다. 이런 게 세태고 민심이다.

욕은 상식으로 도저히 불가능한 일, 이성이나 이치로는 있을 법하지 않은 일에 기겁한다. 어안이벙벙하다가 마침내 분노하고 폭발한다. 이 과정이 욕의 발생 메커니즘을 탄다.

당찮은 일, 인두겁 쓰곤 못할 짓거리, 사람 구멍으로 빠지고서는 차마 저지를 수 없는 패악질, 인류으로 따져서는 번갯불이 성냥불로 망가져 버린 것 같은 작태…… 이 따위 불가능한 부조리 앞에서 욕은 먼저 뜨악해진다. 차마 이럴 수가? 세상 망하기가 개미에 밟힌 외제 차 같은가 긴가민가하기도 한다. 이게 무슨 요상이지?

다이어트니 체중 감량이니 할 바에는 내게 살 좀 먹히는 게 나을 거라며, 호랑이가 체육관에 들이닥쳐서는 자선 사업하는 양 설치는 꼴을 본 것 같은 기분에 사로잡힐 수도 있다. 그러다가 이내 분통을 터뜨린다. 우라질, 이게 아닌데! 얼어 죽을, 저게 아닌데! 염병할, 저 꼴이라니! 욕의 화산이 터뜨려진다. 입성은 절로 사나워진다.

"왜 욕을 하냐니? 몰라서 묻나. 고운 말 할 때 알아 처먹으면 어느 잡놈이 입 비뚤어지게 악담하나."

이러고 나서게 된다. 화적놈 같은 호랑이 대가리 부숴 놓을 기세로 쥐새끼 오금 박고 나선 꼴이라도 상관없다. 뭐라도 한 말씀 토해야 한다. 당장 죽더라도 꽥 소리라도 지르고 저승 가자는 기세다. 꽥 소리조차 못 하면, 육시랄! 힘없고 돈 없는 놈에겐 저승길도 안 열린다던가.

이렇게 해서, 이런 절차를 밟아서 욕은 생긴다.

세상이 중뿔나게 가만히 있는 사람 배알 뒤틀리게 하고 비위 긁어 댄 결과 욕은 태어난다. 욕이 입 사나운 건 사실이지만 욕이 사납기에 앞서 세상 꼴이 먼저 사납다. 꼴같잖은 세상!

발가락으로 주무른 메주 덩이만도 못한 꼬락서니 하고는!

세상이 꼴값하고 욕은 입값한다.

우는 입 고운 것 봤나! 성난 사람 말 고운 것 봤나!

눈먼 병아리 새끼, 독수리 눈깔 빼먹듯 하는 불가능의 비유법말고도 욕은 또 다른 언어 전략을 휘둘러 댄다. 욕 아꼈다고 성경 말씀 될 턱이 없으니 고뿔 앓는 놈 가래 뱉듯 어떻게든 내꼰져야 한다. 뱁새년 황새 마님 따라가다 가랑이 찢어지는 꼴은 보았어도 욕했다고 아가리 쥐어 터진 꼴 못 보았으니 해볼 만하다. 그래서 욕은 또 다른 전략을 쓴다.

여자 아랫문이 둘 있으니 앞뒤 양대문이다. 사내에겐 아랫문 하나에 문지기 말뚝 하나. 한데 그 말뚝엔 쐐기 주머니가 둘 붙어 있다.

지킴이가 없는 문과 골키퍼가 있는 문. 그래서 전자는 헤프고 후자는 불뚝불뚝하다던가.

그 때문에 생긴 얘기 한 자락.

날이 새고 여자 뒷문이 앞문에게 물었다.

"앞문 아씨, 앞문 아씨! 간밤에 그게 무슨 일이람. 배낭 둘씩이나 멘 스님께서 새벽까지 드나들었으니."

"아유, 불날 것 같았지 뭐요."

"불은커녕 하수도 물에 내 문 앞이 홍수졌으니, 그게 무슨 꼴이유!"

뒷문이 물에 빠진 쥐새끼 꼴이 되어 편잔을 늘어놓았다. 앞문이 낯 붉히며 헛기침을 했다. 그리고 한 말씀.

"뒷문 각씨, 그것도 몰랐수? 간밤이 죽은 영감 제삿날 아니우. 스님 모셔다가 불공 드렸다우, 밤새. 아유 졸려."

옛날 사람 같으면 "화냥년!" 하기 알맞지만, 둘러대기로는 수능 시험 400점짜리 뺨친다.

이 우스개 욕은 절묘한 비유법에 과장법을 겸비하고 있다. "쓰면 뎊 지나 말 년!" 하고 욕하면서도 박장대소하게 되는 것은 그 때문이다.

미운 짓만 골라 하는 여자의 귀밑머리를 보면 뭐라고 할까.

"미친 년 속치마 찢어져 날리듯" 그럴까. 아니면 "멧돼지 흘레붙고 간 짚북대기 헝클어지듯" 그럴까?

아무려나 욕은 늘 비유법, 족집게 같은 비유법, 아무리 된원수끼리라도 꿀맛으로 어울리게 하는 비유법을 호시탐탐 노리고 있다. 사뭇 동떨어진, 인연도 꼬다리도 없는 것을 난데없이 순간적으로 낚아채서는 천생 배필로, 본드 궁합으로 결연시킨다.

"부푼 누렁지같이 풀어진 눈깔."
"족제비 초상에 간 생쥐같이 웃기는……."

이런 식이다. 비유법 잘 쓰는 걸로는 욕이 속담이나 시보다 한 수 위다. 그런 뜻에서 욕은 인간 언어의 어떤 종류보다 말재주를 잘 부린다. 욕 아가리는 촉새 주둥이다. 자동 소총이고 다연발 자주포 같은 것이다. 다른 언어가 욕을 깔보는 것은 질투와 시기심 때문이다.
욕의 비유법은 과장법을 겸한다. 허풍 세고 배짱 두둑한 게 욕이다. 부풀리고 늘리고 사뭇 뻥튀김을 해대는 게 욕이다. 욕은 욕심 사나운 장사꾼 같아서 물건 값 매기는 데 하늘 높은 줄 모른다.

"자린고비는 굴비만 쳐다보고 밥 처먹는다."(설마하니!)
"지 아비 메치고 힘 자랑할 놈!"(어림없는 소리, 누가 믿을라고.)
"모래 바닥에 혓바닥 처박고 죽을 놈!"
"접시 물에 빠져서 죽을 놈!"

이게 모두 과장이다.

"말 마소. 내가 감기몸살을 앓는데 사지가 떨리더라고. 와들와들. 덕택에 새로 맞춰 입은 옷 단추 죄 떨어졌잖아!"

이 자는 벼룩의 간을 먹고도 배 터졌다고 할 놈이다. 그런데 이건 약과다.

"그 정도로 떨었다고! 그건 아무것도 아냐. 어제 말이야. 내가 담장 벽돌을 막 다 쌓아 올린 순간, 하필 그때 몸이 떨리더라고. 그만 담장이 무너졌지 뭐야. 이불 뒤집어쓰고 누워 있는 건데 괜히 용쓰고 일하다가 그만⋯⋯."

전자가 미풍이고 산들풍이라면 후자는 태풍이고 폭풍이다.
한데 욕의 풍은 어디까지나 풍이다. 거짓말은 아니다. 거짓말은 새 각시 아랫도리 싸매듯 진실을 숨기는 수작이다. 그러나 욕은 내놓고 복덕방 머슴 사타구니 벌리듯 홀라당 까 뒤집는다. 속이고 바가지 씌우는 따위의 야한 짓은 하지 않는다. 욕은 내놓은 풍쟁이다.

"오줌에 씻겨 나와 똥물에 헹군 놈."

이같이 욕은 그 풍 맛에 든다. 풍 떠는 맛 빼면 욕의 약발은 아무것도 아니다.
욕의 진실 보도는 언론의 진실 보도와 막상막하지만, 전자는 아예 그걸 포기하고 있고 후자는 그 허울을 떨치지 못한다. 욕과 언론의 차이는 그 정도다. 하지만 욕과 언론의 또 다른 동질성도 있다. 제 밑 가리고 남의 밑 들춰 내기로는 양자가 어금버금이다. 서로 '형, 아우' 하다가 '니 새끼 내 새끼' 하기 딱 알맞다. 그래도 남의 밑 구린내로 제 밑 구린내 덮어 버리는 재주로는 욕이 언론을 당하기 어려울 거라는 게 세상 중론이다. 언론이 제 말할 때 즐겨 쓰는 저 '중론'이 그렇게 장담한다.

　욕은 그 과장 때문에 "참새 잡을 잔치에 손 잡을 놈"이라고 욕 듣기 십상이다.

　그러나 엄밀히 따져 보자. 다 같은 과장법이라지만 욕의 과장법은 시적 과장법과는 다르다. 욕의 과장법은 그냥 뻥튀김으로만 끝나지 않는다. 뻥튀김이라고 해도 강조와 강화의 구실을 톡톡히 해낸다. 부풀림으로써 오히려 다부지게 다잡아 바늘 끝으로 꼬집는 효과를 거두는 게 욕의 과장법이다.

　미련한 사람, 거꾸로 뒤집어 용쓰는 사람에게는

　"도끼로 판 구멍 바늘로 막을 놈."

이라고 해야 듣는 본인도, 옆에서 듣는 사람도 실감하게 된다. 쓸데없는 걱정에 짓눌린 사람, 말하자면 기우에 주눅든 사람에겐 아무래도

　"구들 꺼질까봐 잠자리 못할 놈."

해야 오히려 사실적인 핍진감이 있게 된다. 욕의 과장법은 이처럼 불문곡직, 끽 소리 못하게 잡아 버리고 낚아챈다. 곧이곧대로 "쓸데없이 걱정하지 마!"라고 말해 봐야 독감에 소화제 먹이는 것과 다를 바 없다.

　"문둥이 코의 마늘 빼먹을 놈."
　"벼룩의 간으로 회쳐 먹을 놈."

　이들은 과장법 중 제 일급의 과장법에 기댄 욕이다.

비유법에 과장법말고 대조법도 욕이 여포 헌 창 쓰듯 하는 전략이다. 욕은 결코 흑백론을 좋아하지 않는다. 흑백을 사이 좋게 나란히 이웃하게 만든다. 좌면 좌, 우면 우, 그런 우직한 선택을 욕은 즐기지 않는다. 좌우 합작은 욕의 십팔번이고 남북 공존도 욕의 장기 중의 장기다.

"모기 하문에 말 양물 박기."

이같이 이를테면 고래 신부와 새우 신랑만큼 궁합이 맞을 턱이 없는 것쯤, 욕은 아랑곳하지 않는다. 욕은 그 대조법으로 사람 배꼽 잡게 한다. 굼벵이가 토끼 잡으러 나서고, 화적 떼가 경찰 수갑 채우고 하는 재미로 사람들은 욕의 사나움이며 더러움을 참아 준다.

"서면 오므라들고 앉으면 벌어질, 순 잡년."

지극히 자연스러운 현상도 욕의 대조법을 타면 재미있게 흔들리기 시작한다. 흉한 짓 하면, 서면 서는 대로 앉으면 앉는 대로 다 흉이다.
한데 욕은 서로 다르거나 맞서 있는 것끼리를 묶은 대조법 이외에 대구법도 곧잘 활용한다. 유유상종이고 엎으나 메치나 그게 그것인 것끼리 묶어서 멋스럽게 소리친다.

"화냥년이나 잡년이나."
"똥구멍이 밑구멍과 시비야."

라는 욕은 대구법의 전형을 취하고 있다. 똥 묻은 손으로 오줌 냄새 난다고 코 막아 본들 뭘 어쩌겠는가.

과장법, 비유법, 대조법, 대구법 등에 걸쳐서 그 생김새의 왜소함치고 욕은 대단한 언어적 전략을 구사한다. 대단한 말솜씨이며 입재주다. 바보는 욕쟁이가 될 가망도 없고 아둔한 녀석 역시 그렇다. 날렵하고 제제 발라야 일류 욕쟁이가 될 수 있다.

그러기에 욕의 또 다른 전략에 기지가 있음을 꼬집어 내야 한다. 기지란 번갯불에 콩 구워 먹을 정도로 민첩하고 머리가 잘 돌아가야 나오는 법이다. 피겨 스케이팅 선수 몸놀림만큼 돌아치는 머리라야 기지를 부린다.

대원군의 세도가 한창이던 시절, 웬 선비가 그 앞에서 크게 절을 올렸다. 대원군은 짐짓 못 본 척하고는 책에다 시선을 박고 있었다.

'못 보셨나?'

선비는 다시 한 번 아까보다 더 크게 엎드려 절을 했다. 그때다.

"네 이놈. 내가 송장이더냐. 웬 두 번 절이냐."

옆에 있던 사람들도 다들 화들짝 놀랐다. 하지만 선비는 빙긋 웃었다. 그리고 아주 느린 말투로,

"아니올시다. 처음 것은 뵙는 절이옵고 두 번째 것은 소인 물러가는 절이옵니다."

단호하게 아뢰었다.

이런 게 기지다. 둘러대기 잘 하되, 오리 궁둥이질만큼 잘 둘러쳐야 한다. 이 이야기에서 선비는 문자 그대로 '당신은 하나만 알고 둘은 모르는구려'라고 속으로 빈정댔음 직하고 혀를 낼름했을지도 모른다.

일개 선비가 당대의 권력자에게 이만큼 속으로나마 빈정댔으면 그것은 완곡한 욕이 되고도 남는다. 이런 것을 은근한 욕이라고 불러서 나쁠 것 없다.

시골 한가한 길머리에 나무 한 그루가 서 있었다. 거기에 까치가 집을 짓고 있었다. 마침 어미 까치가 새끼에게 줄 먹이를 물고 와서는 가지 끝에 앉았을 바로 그때, 어인 사내 하나가 나무 밑동에다 대고 오줌을 누었다.

그러자 까치가 그의 머리에다 똥을 누었다.

"쌍, 누가 똥질이야."

사내가 소리치자 어미 까치가 응수했다.

"노 팬티".

그러자 새끼 까치들이 합창했다.

"남의 집 기둥에다 오줌 갈기나, 남의 대가리에 똥 갈기나."

욕을 잘 하자면 진실로 이만한 속전속결식 임기응변의 기지가 있어야 한다. 이럴 때의 어미 까치가 로댕의 '생각하는 사람'을 흉내내고 있었다는 얘기는 들어 본 적이 없다.

장승 이야기 2 서울 경기 부근에서는 저를 장승이라 부르고 전라·경상도에서는 벅수라고 부릅니다. 바다 건너 제주에서는 하루방이라 부르고 또 어떤 지방에서는 돌미륵, 수살, 할머니, 천하대장군, 당산이라 부릅니다. 어느 게 진짜 제 이름인지 모르지만 사람들 입에 쉽게쉽게 불리는 게 전 좋아요. 저는 지금껏 민초들의 버팀목으로서 교만하거나 건방져 본 적이 없는, 인간적인 너무나 인간적인 모습으로 살아 왔습니다.

전남 나주군 다도면 암정리 벅수·사진 황광수

2. 욕을 위한 대변론

똥파리는 꺼져

어디까지가 욕일까? 뭐가 욕일까? 대답이 쉽지 않다. 섣불리 아는 척했다가는 "아가리 닥쳐!"라고 왕침을 맞는다. 똥파리는 구린 것, 지린 것 가리지 않고 달라붙기 때문이다.

물론 구린 것을 즐겨 먹는 게 똥파리의 똥파리다운 소치다. 그러기에 뇌물 챙기는 관리나 대출 커미션 삼키는 은행장들은 똥파리 소리 듣기 십상이다.

"에이, 똥파리 죽은 귀신들!"

직접 관장하는 일과 무관하다고 해서 이른바 떡값을 억대로 억억거리지도 않고 꿀꺽하는 정치인쯤 되면 예사 똥파리가 아니다. 날파리, 좀파리, 쉬파리, 엥파리, 똥파리 사뭇 넘어선 왕똥파리다.

아무튼 똥파리 소리 들을 걸 각오하고라도 어디까지가 욕인지, 무엇이 욕인지 말하지 않을 수가 없다. 그러지 않곤 이 별난 '욕책'이 꾸며지질 않으니 큰일이다.

욕은 우선 핀잔이며, 그 자신이 욕을 바가지로 먹어 왔다.

점잖지 못하다, 더럽다, 추잡하다, 상스럽다, 악담이다, 육두문자와 한통속이다, 사람 다치게 한다…….

욕은 이런 소릴 들을 정도로 당해 왔다.

하긴 그럴 만도 하다. 이런 욕 듣고도 욕은 별로 할 말이 없게 됐다.

"꼴 좋다, 까불더니."

그러나 이판사판 욕은 쌍지팡이 짚고, 쌍심지 돋우고 나설 게 뻔하다. 욕먹었다고 강아지처럼 꼬리 말아 붙이면 욕은 이미 욕이 아니다. 당하고 꿀 먹은 벙어리로 가만히 있을 욕도 아니다.

"쌍! 좋은 말 다 두고 웬 욕이야."

우선 욕의 억울한 누명을 벗기는 일부터 시작해 보자. 일방적으로 역성들려는 게 아니다. 게가 가재 편 드는 것과도 차원이 다른 얘기다. 귀에 말뚝 박은 듯 문리가 막힌 사람들에게 한 수나 두 수쯤 훈수하자는 거니까…….

"이봐, 충청북도가 해양 운수국을 새로 개설했대!"

"무슨 뚱딴지!"

"모르는 소리, 소련에도 문화부가 있는데."

구 소련 시대에 있었던 얘기라 치자. 이쯤이면 소련에 대해선 상당한 욕이 된다. "이 야만인들"쯤 된다. 하지만 이 욕은 익살을 끼고 있다. 웃는 칼날이고 파안대소하는 몽둥이다.

비슷한 보기는 얼마든지 들 수 있다.

골비(고르바초프)가 어느 날 모스크바 뒷거리를 산책하고 있었다.

중앙아시아, 그러니까 우즈베키스탄쯤에서 온 듯한 멜론을 팔고 있는 아주머니를 만났다. 그녀는 멜론을 감싸듯 하고는 땅바닥에 웅크리고 앉아 있었다.

대통령이 말했다.

"멜론 좀 삽시다."

"네!"

아주머니가 멜론을 내밀었다.

"다른 걸 고르고 싶은데 더 없소?"

아주머니가 고개를 저었다.

"아니, 달랑 요거 하나뿐이라고! 그럼 선택할 수가 없잖아."

투덜대는 대통령에게 아주머니가 타이르듯 말했다.

"웬걸요. 나라에서 당신 뽑을 때도 그랬는뎁쇼."

러시아에도 문화부가?

이건 직격탄이다. 면전 면박이다.

'고이얀! 사돈 남 말 하고 자빠졌네.' 그 아주머니는 속으로 이렇게 부르짖고 있을 게다.

이것은 소련이나 러시아만 욕하고 있는 게 아니다. 사이비 민주주의의 정치 우두머리들, 민주주의의 허물을 쓴 독선적 정치 두령들은 모두 이 아주머니의 밥이다.

자! 어떤가. 욕도 이만하면 특등 익살이다. 이런 종류의 유머 내지 조크들은 '욕 이야기'라고 못 부를 이유가 없다. 그러니 이제 욕에 대한 욕을 거두어들일 만하지 않을까.

두꺼비가 잠자리를 노렸다. 입 벌리고 삼킬 기회만 노리는데 이건 도

무지 어지러워 견딜 수가 없다. 웬 눈깔을 그렇게 돌려 대면서 남 눈까지 어질어질하게 만드는지.

두꺼비는 화가 났다.

"야, 이 새꺄! 눈깔 바로 박지 못해!"

잠자리가 응수했다.

"야, 이 육시랄 놈! 네 놈 아가리 벌리기 좋게?"

이 익살에는 더 이상 욕이 숨겨져 있지 않다.

"자식! 되로 주고 말로 받긴! 저 따윈 더러워서 안 먹어."

하늘에서 이 꼴을 본 까마귀가 침을 뱉었다고 한다.

이 욕의 익살, 익살욕은 독재 국가나 독재 국가 비슷한 민주주의 국가의 정치와 국민의 관계에 대한 풍자로는 아주 너끈하다. 뜯어먹고 핍박하기 좋게 국민을 기르는 게 그 따위 정치 체제 이념이니까. 그게 곧 이른바 지도력이니까! 그리고 권력의 누수 현상이란 것도 그 따위니까.

독일 극작가 브레히트의 풍자 시에 「상어와 물고기」란 게 있다.

　상어님은 우리를 위해
　나라를 지으시고 경계선을 치셨지
　우리를 지키기 좋다시면서.
　그리곤 그 멀쩡한 물 속에
　길을 터 주셨다네. (잡아먹으려고.)
　내가 사랑하는 국민들이여,
　길 잃지 않게 조심해서 다니도록.

대충 이런 내용이다.

두꺼비와 상어는 순 사기꾼, 날강도다.

잠자리와 물고기는 동격이다. 이지러진 민주 체제 아래의 국민도 동격이다. 이들은 서로 짜고서라도 한사코 욕을 수호하자고 할 것이다.

욕은 약한 자의 칼이다. 욕은 당하고 사는 자들의 핵폭탄이다. 그 칼을 휘두르고 그 폭탄을 내던지는 재미에 그나마 그들은 목숨을 부지한다. 그러면서 욕은 약이다. 백 년 체증쯤 쉽게 내릴 약발이 있는 게 욕이다. 칼이고 또 약이니, 이른바 '금석의 효'(金石의 效)란 말은 의사들이 쓰기 이전에 욕 때문에 생긴 것일까!

아무도 안 속을 거짓말을 주절대면 뭐라고 욕해 준담!

"제기랄! 낫으로 제 밑 가릴 년."

욕 예찬론 내지 옹호론의 기틀이 될 얘기가 이것뿐인 줄 알면 그런 사람, 욕한테 무안당할까 겁난다.

불과 한두 시대 전 이야기다.

당대 제일의 대덕의 스님 만공 대선사께서 어느 더운 날 상좌를 데리고 길을 가고 있었다. 지친 상좌가 다리가 접질러졌다고 떼를 썼다.

"못 걷겠습니다, 스님."

"그래!"

그러곤 사뿐사뿐 논둑으로 향했다.

논엔 마침 많은 남녀가 풀을 매고 있었다.

그들 앞에 나선 스님이 훌러덩 바지를 내렸다. 그 물건이 쑥 불거졌다.

"저 중 ㅈ 잡아라!"

다들 호미를 들고 덤볐다.

상좌 녀석도 불알에 방울 소리가 나게 뛸 수밖에.

멀찍이 달아났을 때, 만공께서 하신 말씀.

"인석! 다리가 뭐 어째?"

깨우치는 방법도 여러 가지다. 어느 절묘한 선문답을 보는 듯하고 기가 찬 화두(話頭)를 듣는 듯하다.

"스님, 진실로 대자대비하십니다요. 중생들 눈에 불알을 공양시키다니요."

그러나 얘기 줄거리 속엔 욕이 들어 있다. "중 ㅈ".

뿐만 아니라 얘기 자체가 심히 욕스럽다. 쌍것들의 짓거리가 얘기의 요점이다.

그러나 그 기지는 실로 엄청나다. 자유분방! 매인 데가 없다. 무애자재(無碍自在)요 불기(不羈)다. 그러니까 배꼽 쥐고 뒹굴지 않을 수 없다. 기지와 박장대소에 싸인 욕이라니! 그야말로 장중보옥(掌中寶玉), 손바닥에 든 구슬이요 금지옥엽이다.

미련한 놈, 주접떠는 놈에겐 몽둥이가 제일인데 상좌 녀석에겐 스승의 욕스런 짓거리가 작대기 구실을 한 셈이다. 이만하면 법문이고 설법이다. 욕스런 짓에다 법문을 실었으니 그야말로 욕법불이(辱法不二)다. 이래도 누가 미련떨며 욕에다 대고 욕하고 덤빌 것인가. 실제로 덕이 높은 스님들은 욕 단수가 높기로 정평이 나 있다. 욕쟁이 스님은 결코 드물지 않다.

"할마시들(할망구들) 며느리 씹어 댄 주둥이로 염불이라. 나무관세음보살."

이 정도는 오히려 약과다.

불교 중에도 선교에 봉갈(棒喝)이란 무시무시한 말이 있다. 몽둥이로 두들겨 패거나 찜질을 안김으로써 진리를 갈파하다니 등골이 오싹하다. 봉갈이 극도에 달하면 통봉(痛棒)이라고도 한다. 몽둥이 벼락,

아프디아픈 몽둥이 벼락이란 뜻이다. 사지가 짓찢기고 뼈가 가루로 부서지는 아픔이야말로 깨달음을 위한 진통이던가.

그러니 발로 차고 멱살 쥐고, 메다꽂고, 뺨 갈기고 하는 것은 선문답의 필수 불가결한 요식 행위라고 해야 한다.

"고양이와 여편네는 패라." 이 낡은 옛날 욕 흉내를 내자면 '못 깨닫는 중은 패라'고 해야 한다. 말로 하다가 안 되면 패라는 말은 이미 옛 어른들이 수없이 하신 말씀이다.

패는 선문답에 왜 욕이 설치지 않으랴고. 패고 욕먹이고 해서 진리로 나아가게 하다니. 하지만 이건 절대로 깡패들의 폭력이나 정치 테러와는 다르다.

임제 스님이 그의 스승 황벽에게 진리를 물었다가 그만 연거푸 두세 번씩이나 몰매를 당한다. 그러고서야 임제는 대우 스님에게로 보내진다. 다음은 두 사람이 주고받은 문답이다.

"그래, 황벽에게선 무얼 배웠나?"
"진리를 여쭈었다 세 번 작대기 세례만 받았습죠. 죄도 없이."
"이 멍텅구리, 황벽은 너를 위해 그토록 힘을 썼는데."
이쯤 되었을 때 임제가 투덜댔다.
"황벽 스님의 법력이야 뭐 별겁니까?"
대우는 임제의 멱살을 휘어잡았다.
"이 오줌싸개 얼간이, 뭘 믿고 그 따위 망발이냐?"
이에 응하다시피 임제는 대우에게 대들고는 그의 옆구리를 세 번씩이나 갈겼다. 그리곤 황벽에게로 되돌아왔다. 스승이 물었다.
"어디서 오는 길이냐!"
"네, 대우 스님에게서요."
"대우는 늘 말이 많은 편이지. 다음에 만나면 패 줘야지."

그 말이 떨어지자, 임제는 황벽의 뺨을 쳤다.

한 대 맞은 황벽이 말했다.

"상좌야! 이 미친놈을 선방에 데려가라."

그것이 계기가 되어 임제는 선 지식을 얻었다.

이 이야기는 『선과 현대 미술』(권기호)에서 재인용한 것이지만 워낙 유명해서 세상에 쫙 퍼져 있다.

이만하면 봉갈의 봉이나 통봉의 봉은 욕봉이다. '오줌싸개 얼간이'와 몽둥이질이 뒤범벅되어서 욕이 몽둥이고, 몽둥이가 욕이다.

익살을 떨면서 맺힌 가슴 풀어 주는 욕을 욕할 수 없듯이, 진리의 인도꾼이자 법의 길잡이인 욕을 욕할 수 없다. 몽둥이로 얻어맞아서 버쩍 정신이 들듯이, 욕으로 통봉을 당하고 퍼뜩 진리에 눈뜨는 수도 있다.

"말해서 안 되는 종자는 몽둥이로, 곱고 예사로운 말로 해서 안 되는 녀석은 욕으로!"

이만큼 여러 얘기에다 긴 사설을 섞어 늘어놓았어도 욕을 욕하는 사람이 있다면 도리 없다. 욕의 통봉을 안길 수밖에.

웃는 욕, 우는 욕

그런데 욕은 왜 내뱉게 될까? 안 하는 게 백 번 좋을 법한데 왜 입성 사나운 짓을 하게 될까?

특히 이 물음이 욕하는 사람, 이를테면 욕감태기 내지 욕쟁이의 감정과 연관될 때 어떤 답이 나오게 될까? 감정 때문에 욕을 하게 됨은 자명한 일로 욕하는 동기를 감정에서 구하지 않을 수 없다.

감정, 말하자면 희(喜)·노(怒)·애(哀)·낙(樂)·애(愛)·오(惡)·욕(欲) 등의 칠정은 우리 인간의 의식적인 통제 바깥에 있다. 그것은 느닷없이라고 해도 좋을 만큼 불끈불끈 터진다. 폭발하고 작렬한다. 그런가 하면 슬며시 기어 나오기도 한다. 요컨대 주체할 수 없는 게 감정이다.

본질적으로 욕은 본능적이고 자연 발생적인 것이다. 스스로 감정을 표출하고도 수습하기 힘들 뿐만 아니라 뒤늦게 곱씹어 보아도 이해할 수 없이 엉뚱한 게 인간의 감정이다.

> 인간과 동물이 나타내 보이는 주요한 표현 행위는 타고난 것이고 고유한 것이다. 그 행위는 개인적 학습의 결과가 아니다. 이 점을 모를 사람은 아무도 없다. 그 행위는 대부분 학습이나 모방과는 전혀 무관한 것이라서 아주 어릴 적부터 한 인간의 생애 내내 통제할 수 없는 것으로 머물게 된다. 가령 부끄러울 때 표피 혈관이 팽창한다든지 노여워할 때 가슴의 고동이 빨라지는 것 등은 좋은 보기들이다.
> 우리가 누리고 있는 대부분의 표현 행위가 타고난 것임은, 갓 태어난 아기들조차 그 같은 행위를 할 수 있는 것을 보아도 알 수 있다. 또한 우리는 인종이 다르더라도 늙은이 젊은이 할 것 없이 같은 동작으로 같은 마음의 상태를 나타낸다는 점도 익히 이해하고 있다.
> ─C. 다윈, 『인간과 동물의 감정표현』 중에서

분석심리학의 창시자인 C.G. 융이라면, 이 같은 다윈의 지적을 인간의 원초적인 무의식 속에서 인간의 감정 표현이 비롯하기 때문이라고 설명할 것이다. 어쨌든 감정과 그 표현 행위는 타고난 것이고 통제할 수 없는 것이다.

다윈은 인간의 감정을 일곱 가지 정도로만 가름하지는 않았다. 워낙 미묘한 게 인간 감정이라서 그는 자그마치 37가지로 나누고 있다. 엄청난 일이다. 인간 감정은 7면조 아닌 37면조인 셈이다.

그러나 다윈은 37가지를 다시 일곱 가지의 기본 감정으로 묶었다. 슬픔, 기쁨, 노여움, 두려움, 깔봄, 부끄러움, 놀라움이 그 일곱 가지다. 이들로 해서 우리는 울고, 웃고, 눈썹을 곤두세우고, 벌벌 떨고, 침을 뱉고, 얼굴 붉히고, 눈을 크게 뜬다. 일곱 가지 감정에 따라 일곱 가지 표현을 한다.

한데 어느 것이나 왈칵이고 느닷없고 불끈이다. 아니면 슬며시거나 저절로다. 아차! 했을 땐 이미 엎질러진 물이다.

그렇다 쳐도 도대체 이들 감정이며 그 표현 가운데 욕지거리를 내뱉을 장본인은 도대체 뭐뭐일까? 그 전부일까, 아니면 일부일까? 가령 기쁨이라면 욕과는 전혀 무관할 것 같다. 웃는 얼굴에 침 못 뱉듯, 웃는 입으로는 욕할 것 같지 않다. 하지만 천만에!

"제미랄, 좋다!"

노름판에서 광땡을 잡은 사람이 내뱉을 만한 쌍소리다. 웃는 아가리일수록 욕을 더 푸지게 잘 해대는 인종이 우리 주변에 수두룩하다. 사람이란 원래 그런 걸까? 웃는 얼굴에 침은 못 뱉어도 웃는 얼굴로 욕지거리를 할 수 있는 게 사람이다. 미국인이라면 비슷한 경우 이것 대신 "퍼킹!"이라고 소리칠 게 뻔하다.

그렇다면 슬픔에 겨워 울 때는 욕을 안 하게 될까? 이것도 천만에다. 우선 울면서 얼마든지 악다구니하는 여자는 수두룩하게 보게 된다.

"너 죽고 나 죽자! 나 죽여라 이놈아!"

이러고 가슴을 쥐어뜯으며 우는 꼴은 비교적 흔하다.

한데 슬플 때 또 달리 욕하는 수가 있다. 제 설움에 북받쳐서, 제 한스러움에 겨워 슬픔에 잠길 때, 홍건히 흘러내리는 눈물로 입술 축이면서

"이 팔자 더러운 년! 차라리 콱 뒈졌으면!"

이렇게 장탄식하는 꼴도 그다지 드문 편이 아니다. 제 자신이 눈물겨우면 스스로에게 자학적인 욕이며 쌍소리를 내뱉는 것이다.

이러니 어떻게 할 것인가. 웃으면서도 욕하고 울면서도 욕하는 게 인간이다. 이래저래 주책바가지란 욕 듣기 알맞다.

한데 이들 두 가지 감정과 그 표현에 따르는 욕은 모두 자신에게 돌아오는 욕이다. 남보고 하는 욕이 아니다. 제 팔자 제 운수에다 갈겨대고 토하는 욕이다.

욕은 감정의 삭임질

웃는 욕, 우는 욕 해서 별욕을 다 보았다. 정말 별꼴이다. 하지만 여기서 귀중한 교훈을 얻게 된다. 웃으면서도 울면서도 욕을 한다면 욕이란 것도 타고날 법하고 본능스러울 만큼 누르기 어려운 것이란 교훈이다.

억누를 수 없는 감정은 억누를 수 없는 표정이며 표현 행위를 낳는다. 남편의 죽음을 당하면 아내는 절로 슬퍼진다. 절로 눈물 흘린다. 그리고 덩달아서 "이년의 사나운 팔자! 남편 잡아 처먹고"라고 내뱉는 수도 있을 것이다.

이 지경이면 욕도 일종의 자연적 감정 발산이라고 할 만하다. 다만 피에서 타고난 게 아니고 문화에서 타고난 것이라는 점에서 욕은 감정과 사소하게 구별될 것이다.

그러나 욕을 감정 발산의 자연스런 연장선상에만 놓아서는 안 된다. 왜냐하면 욕은 감정의 발산인 동시에 감정의 달램이고 삭임이기 때문이다. 욕은 감정을 터뜨리면서 삭임질한다. 그런 점에서 욕은 감정만이 아니라고 말할 수 있다. 욕은 감정이면서 그 이상이다. 이 점은 욕을 평가할 때 놓치지 말아야 한다. 인간은 감정을 내쏟기 위해서도 욕하지만 감정을 스스로 달래기 위해서도 욕한다.

온 얼굴, 아니 온 낯짝 찢어지게 웃어 대면서 인간은 쌍소리를 한다. 눈물 단지가 터지고 눈물샘이 터지고 또 터져도 인간은 욕한다. 그런 게 인간이다.

장승 이야기 3 아들이 없는 아녀자들은 제가 남근을 닮았다 하여 아들을 갖고자 온갖 낯뜨거운 행동을 감행합니다. 저를 껴안고 빙빙 돌지를 않나, 입을 맞추지를 않나 한밤중에 잠을 쫓아 가며 하염없이 절을 해대기도 합니다. 심지어는 제 눈과 코 살점을 갈아 가서 갈아먹는 아낙도 있으니 이 몸 어찌할 바를 모르겠습니다. 그리고 천석이네 큰아들놈은 지나갈 때마다 저를 좆대가리라고 놀리니, 언제 잡히면 혼꾸멍을 내 줄 작정입니다.

전남 무안군 몽탄면 총지리 박수 · 사진 이형권

3. 욕과 에로스

욕은 색한이다

　욕지거리는 상당한 색한(色漢)이다. 그는 제일로 성을 즐긴다. 즐겨도 예사로 즐기는 게 아니다. 사뭇 색에 빗대어서 욕지거리는 아우성을 친다. 욕은 대단한 정력가다. 곰 발바닥을 얼마나 삶아 먹은 것일까?

　그런가 하면 욕은 또 대단한 금욕주의자처럼 보이기도 한다. 색정이나 정사에는 거품을 물고 대들기 때문이다. 세상에 몹쓸 짓거리가 남녀의 성인 듯, 욕은 뛰고 덤빈다.

　욕에 있어 성에 관한 중용의 태도, 어정쩡한 중간 태도는 없다. 욕은 성에 관한 한 언제나 명백하고 단호한 흑백론자다. 좌면 좌고 우면 우다. 좌면 우고 하는 일이 결코 없는 게 성을 바라보는 욕의 시선이다.

　그런 점에서 욕지거리는 농이나 우스갯소리를 매우 닮았다. 이른바 조크란 것은 성과 바보(및 불구자) 그리고 외국인을 즐겨 도마 위에 올려놓고 칼질해 댄다. 이 셋은 조크의 3대 소재다. 이른바 검정빛 농담, 이를테면 블랙 조크일수록 그 정도가 심해진다.

　이 같은 조크의 3대 소재는 사람들이 조크를 즐기는 이유에 대해 웅변을 토하면서 말해 준다. 아주 간단하다. 약자를 짓밟고 서서 잘난 척하기 위해서 사람들은 바보(및 불구자)와 외국인을 웃음거리로 삼는다. 그래서 야비한 우월감을 채우고 치사한 권력 의지의 배를 불리는 것이다.

이 점에선 성도 마찬가지지만, 특히 색한 곧 색골을 소재로 삼을 때 저 너절한 우월감이 우쭐대게 된다. 사람들은 색골을 웃음거리로 삼아서 자기 자신의 금욕주의를 증명한 것처럼 착각한다.

수화도 애무로

옛날 옛날 그 옛날, 어느 두메 산골에 영감 할멈이 살았었다.

영감은 앞을 잘 못 보는데다 듣지도 못했다. 할멈은 말을 못했다. 그러나 영감의 입과 할멈의 눈은 성했다.

어느 날, 이웃 고을에서 불이 났다. 불 구경을 다녀온 할멈에게 영감이 물었다.

"어디 갔다 왔지?"

할멈은 지푸라기에 불을 질러 흔들어 보였다.

"응, 불이 났었다고! 어디에?"

할멈이 영감 그 곳 털을 만졌다.

"응, 모(毛)씨네 라고? 그래, 얼마나 탔지?"

할멈이 이번에는 영감의 물건을 쓰다듬었다.

"저런, 기둥뿌리만 남고 다 탔다고?"

수화(手話)로는 기막힌 본보기다. 하지만 성에 겹쳐서 남의 신체적 결함을 웃음거리로 삼고 있다. 별로 악의가 없어 보이는 재담처럼 느껴지지만 그 느낌은 정상인의 것이다. 귀먹고 눈먼 사람, 벙어리들이라면 그들은 쓰디쓴 웃음을 짓는 게 고작일 것이다.

벙어리 아내의 기지! 그 기지가 낳은 수화의 절묘함! 말을 못 해서 오히려 더 말을 잘 한 것이라고까지 생각된다.

털이 모(毛)씨가 된 것은 음이 같아서 뜻을 상통하게 쓴 결과다. 모 씨란 우리말로 하면 털씨라고 읽혀지기 때문인데, 대부분 말장난의 우스갯소리는 이와 같이 뜻이 다르나 음이 같은 말들을 활용한다.

이에 비해 아래 골짝과 기둥뿌리는 절묘한 비유법을 쓰고 있다. 사람 몸뚱이 일부의 모양새로 각각 골짝과 집 기둥의 모양새를 말하고 있기 때문이다. 특히 기둥뿌리가 참 절창이다.

사내의 그것이 창이나 대포에 견주어지는 경우는 많지만 집의 대들 보에 견주어지는 것은 흔하지 않다. 사내에게 그 물건만한 대들보도 없 을 테지만, 씨를 잇고 살림을 지탱해 가는 데도 그것은 기둥뿌리 구실 을 하고도 남는다.

이만한 수화를 쓸 줄 알면 사랑과 이야기가 별도일 수 없다. 애무가 곧 통화고 대화가 곧 애무다. 벙어리고 장님이기에 부부의 정은 이 수 화로 해서 더 짙어질 수 있을 것이다.

이런 우스갯소리에서는 웃음은 나되 은근한 미소가 떠오를 것이다. 무슨 인간미 같은 게 느껴지기 때문이다. 하지만 거듭 말하거니와 당사 자나 비슷한 처지의 사람들이 결코 흐뭇해 할 리는 없을 것이다.

장님과 벙어리 부부로 소재를 삼은 이 우스갯소리의 바닥에 욕이 음 흉하게 숨겨져 있는 것 같지는 않다. 그렇다고 해서 아주 음담패설다운 야함이 두드러지는 것도 아니다. 그저 가벼운 재담이란 느낌이 오히려 짙다.

그 점은 다음과 같은 우스갯소리에서도 달라지지 않는다.

혼쭐 빠진 도둑

옛날 늙다리 영감 할멈이 살고 있는 집에 야밤중에 도둑이 들었다. 바깥도 방 안도 깜깜칠야였다.

도둑이 방 안에 들어갈 셈으로 문을 살며시 열었다. 한데 바로 그 순간이다.

"할멈, 오늘 밤은 문이 쉽게 열렸어."

방 안에서 들려온 소리에 도둑은 찔끔했다. 방 안도 잠잠했다. 해서 열린 문틈으로 고개를 약간 디밀었다.

한데 이번엔 할미 목소리.

"영감! 지금 들어오고 있소."

도둑은 질겁했다. 고개를 뺐다.

그런데 장단을 맞추듯 다시 할멈 소리.

"아이고 도로 나가긴!"

도둑은 그냥 삼십육계를 놓았다.

도둑이 제 발 저린다는 속담은 이래서 생겼다던가! 영감 할멈의 모처럼의 사랑과 그에 따른 밀담이 도둑을 쫓게 될 줄은 본인들도 몰랐을 것이다.

이 에로스의 한 장면 역시 재담이다. 도둑의 침입과 노부부의 사랑의 행위의 우연한 일치, 이런 엉뚱한 일치가 웃음을 빚어 내고 있다. 이 경우에도 재담 바닥에 욕이 묻어 있다고 보기는 어렵다.

에로스를 소재로 한 모든 우스갯소리나 재담이 두루 욕을 머금고 있는 것은 아니다. 그러나 지독한 욕을 은근히 내뱉고 있는 경우도 만만치 않게 흔하다.

옛날 옛날 조선조의 어느 시대에 제법 땅마지기나 지닌 부자가 살고 있었다. 그러니 비도 두셋은 거느리고 있었다.

해서 주인의 손버릇이 아주 나빴다. 비에 손대기를 예사로 했다. 일도, 이비, 삼과(一盜, 二婢, 三寡), 곧 첫째는 처녀 도둑, 둘째는 비, 셋째는 과부 따위로 호색할 대상의 순위가 매겨져 있던 시대라 그랬는지도 모른다.

그러니 그는 나이 든 본처를 아주 멀리했다.

그러던 어느 날 밤, 본처는 남편이 한참 빠져 있는 비로 가장하고는 그 비의 방에 누워 있었다. 마침 손님들이 와서 남편은 정신없이 취해 있었다. 남편이 들어왔다. 아내를 비인 줄로만 알고 정사를 벌이려던 판에 남편은 하지 않아도 좋을 소리를 중얼댔다.

"여편네라고 도무지 썩은 조개젓갈 같아서……."

늘상 비에 손대기가 좀 무안했던 모양이다. 일을 치르고는 옆전을 꾸러미째로 안겼다.

한데 다음 날 아침이다. 본처가 직접 밥상을 들고 들어왔다. 그리곤 안존하게 밥상 앞에 앉았다.

그런데 이게 웬일. 그 목에 옆전 꾸러미를 목걸이마냥 걸고 있는 게 아닌가!

영문을 모르고 남편이 물었다.

"부인, 목에 웬 옆전 꾸러미요?"

부인은 천연스레 대답했다.

"네, 사실은 어젯밤 제가 썩은 조개젓갈 팔고 돈을 받았답니다."

이것도 재담이라고 못 할 건 없지만, 아무래도 음담이요 패설이다. 추한 말이 거침없이 내뱉어지고 있다. 해서 이 우스갯소리 바닥에는 욕이 쩌렁쩌렁 울리고 있다.

"더러운 색골, 당해서 싸지!"

이쯤이면 우스갯소리가 큰 욕이요, 욕이 곧 우스갯소리다. 욕이 우스갯소리와 더불어 에로스를 가장 즐김을 보여 주는 전형적인 보기다.

"그 무엇을 마구 굴리다가 개망신한다고!"

이만한 욕이 이 우스갯소리를 낳는다. 때로 욕과 우스갯소리는 에로스의 쌍둥이가 되기도 한다. 에로스가 사람 욕보이고 웃음거리로 만든다.

성(性), 그 후레자식

욕은 남녀의 성기와 그들 사이의 성행위의 모든 것을 즐겨 소재로 삼는다. 성에 관한 한 욕거리가 못 될 것은 아무것도 없다. 성과 성행위는 온통 욕으로 얼룩져 있고 웃음거리로 뒤범벅이다.

왜 그래야 했을까?

워낙 변덕이 심하고 종잡기 힘든 것, 그게 성이다. 자유이자 억압이고 쾌락이자 죄악인 것, 그게 또한 에로스다. 사랑이자 배반인 것을 또 어쩔 수 없다. 인간은 그들 스스로의 본성인 에로스를 두고 갈팡대고 허방되어 왔다.

우리에 가두어 길들이고 싶었던 만큼, 성은 야성을 굽히지 않았다. 미화하고 승화시키고 싶었던 만큼, 성은 개망나니 짓을 서슴지 않았다. 성은 질서이기보다 반항이었다.

인간들은 그게 자신들의 몫임에도 불구하고 힘겨워했다. 인간은 성과 싸워야 했다. 가장 달콤하면서도 강인한 유혹인 그 힘과 싸워야 했다. 이것은 인간의 근원적 갈등이다. 아니 원천적인 비극이라 불러도 무방하다. 탐닉하지 않을 수 없는 그 성에 대해서, 사람들은 야릇하게도 피해 의식마저 느끼고 있는 것이다.

무엇보다 이 괴물스러움, 정체가 잡히지 않는 그 변덕스러움에 대한 혐오감이 작용해서 사람들은 성을 욕지거리의 앞장에 세웠을 것이다. 말 안 듣는 개망나니, 제멋대로인 후레자식을 욕하지 않을 수 없는 것과 마찬가지다.

주체궂어서 사람들은 성에 복수할 겸 성을 욕감태기로 삼았다. 성은 사람의 힘이면서 동시에 힘 바깥이었으니 주체하기란 애시당초 어려웠던 것이다. 그래서 미움을 받았던 것이다.

단칸살이하는 양주가 심하게 욕구 불만에 사로잡혔다. 자식들이 다섯씩이나 우글댔으니 야밤중이라도 마음놓고 사랑을 나눌 처지가 아니었기 때문이다.

해서 궁리 끝에 헛간으로 나가서 기회를 누리기로 했다.

"밤중에 내가 생각이 있으면 먼저 헛간에 나갈게. 나가서 '꼬끼요!' 하면 따라 나오란 말이야!"

남편은 이렇게 아내에게 암호를 일러 주곤 번번이 재미를 보았다.

그럭저럭 일이 잘 되어 가던 중이었다. 다른 날과 마찬가지로 꼬끼요 소리를 따라 아내가 부스스 밖으로 나왔다. 둘이 손 잡고 헛간으로 향하는데 뒤에서 소리가 들려왔다.

"삐약! 삐약!"

애들이 줄줄이 따라오고 있었다.

남편이 "제기랄!" 하고 투덜댔다지만, 이야말로 주책이다. 성이 주책바가지가 아니었다면 이 내외에게 애초에 망신살은 뻗지 않았을 것이다. 이쯤 되면 성은 망신살이다. 그래서 성 그리고 성기는 마구 욕을 먹게 된다. 성이 똥치망치다.

'ㅈ'과 'ㅆ' 붙은 낱말은 각각 성인 남녀 생식기의 비칭, 곧 낮춤말이라서 태어나기를 아예 욕되게 태어난 것이다. 사내아이의 '고추'를 욕으로는 쓰지 않는 것이나 '자지'를 욕먹이지 않는 것만 보아도 알 일이다. '자지'와 'ㅈ' 붙은 낱말은 아예 별개의 것일지도 모른다.

초등학교 운동장이었다고 한다.

쥐가 흘레붙은 곁에 1, 2학년짜리 꼬마들이 모여들었다.

"이게 뭐지?"

야단이 났다. 그런데 마침 교장 선생님이 지나쳐서 아이들이 이게 뭐냐고 물었다나.

"이놈들, 그건 쥐들의 줄당기기다."

교장의 기지는 대단했지만 6학년짜리의 입방아는 막지 못했다.

"교장 선생님이 ×도 모르고!"

이같이 애들이 교장 선생을 두고도 써댈 만큼, ㅈ과 ㅆ이 들어간 욕은 기승을 부린다.

욕과 패설이 성을 욕가마리로 삼은 데는 또 다른 곡절이 있다. 그것은 성을 더럽다고 생각하고 부정하다고 믿었기 때문이다. 성이 스스로 팔을 걷고 나서면 "쌍! 내가 왜 더러워, 연놈들 너희가 추하지!" 이렇게 소리지를지 모르지만, 인간은 성을 때론 똥보다 더 구리게 생각했다. "천하에 거름에도 못 쓸 것!"

한국인은 전통적으로 죽음과 낯선 것 내지 다른 것(다른 사람, 다른 곳, 다른 물건 등)과 성을 부정시했다. 여성의 월경, 남녀의 성행위를 부정시하다 보니 아기 낳는 것조차 부정시했다. 마을굿 날짜를 잡았다가도 마을 안에 초상이 나거나 아기가 태어나면 날짜를 뒤로 물렸다. 굿을 주관하는 당사자 부부는 당연히 다른 방에서 따로따로 잠을 잤다.

"더러운 짓!"
"짐승 짓!"
"짐승만도 못한 짓!"
"개짐승 같으니라고."

성은 이같이 추잡을 극하고 짐승스런 것의 극단으로서 욕을 바가지로 뒤집어썼다. 마치 성에다 욕벼락을 안기면 사람은 빠져 나올 수 있기라도 한 듯이…….

야밤중 네 발로 기는 아비

역시 단칸살이하는 내외가 있었다. 넷씩이나 되는 자식새끼들 사이에 두고서 내외는 그 국경선 바깥 이쪽 저쪽에서 잠을 잤다.
하필이면 때는 복더위철.
욕심이 동한 남편은 알몸 그대로 국경선을 에돌아 가기로 작심했다. 한데 불쑥 애들 머리 위로 기다가 제 불알이 그 녀석들 얼굴에 닿던 생각이 나서 이번엔 애들 발치로 포복하기로 한 게 탈이었다. 아비가 그런 줄을 미리 알고 있던, 그래도 제법 철난 큰 녀석이 그날 밤따라 아비를 피해서 머리를 거꾸로 하고 누웠을 줄이야!
아무튼 아비는 조심조심 살금대며 네 발로 기었다. 애들 발치라서 한결 쉬웠다. 방향 바꾸기를 잘 했다고 생각했다.

세 놈 발치를 넘기고 네 놈째. 아비의 긴 물건이 그 녀석 입을 문지르고 지나갔다.

땀에 젖은 그것이 반쯤 헤벌어진 녀석 입에서 물컹했다.

놀라서 아비가 엎어졌으니 그 참혹한 꼴이라니!

"젠장! 내 입이 무슨 ×길인가!"

큰 녀석이 투덜댄 소리다.

이 얘기가 앞서 말한 단칸방 얘기와 대동소이한 것은 사실이다. 하지만 이 우스개의 음담에는 주책말고 더러움도 끼여들어 있다. 자식 입에 물린 게 아비 손가락쯤 되었다면 녀석이 설마 투덜댔으랴. 더러운 것이기 때문에 주책없는 아비 망신살이 하늘을 찌른 것이다.

"× 빨아라!"

"○ 먹어라."

이들 욕은 성이며 성기가 더럽다는 것을 전제하고 내뱉어진다. 똥오줌 내갈기는 거나 다를 바 없이 쏟아붓는 쌍욕이다.

"× 대가리 같은 놈!"

"○ 구멍 같은 년!"

이들 무지막지를 극한 쌍욕도 마찬가지다. 이들 욕은 필경 "더러운 것들!" "추잡한 것들"이나 마찬가지다.

똥벼락을 씌우듯, 똥치망치로 만들듯 모욕을 주자는 것이다.

이런 우스개의 패설이나 욕은 결국 성을 인간을 유혹하다가 망신살

의 고랑에 내동댕이치는 불한당쯤으로 보고 있는 셈이다. 성은 애시당
초 안방 아닌 뒷간이나 똥칸에 처박아 두어야 할 크나큰 낭팻거리쯤으
로 치부하고 있는지도 모른다.

그러기에 성현이나 대성, 높은 선비들까지 끌어들여 성을 똥치망치
로 패대기치게 된다. 성현의 성(聖)도 대성의 성(聖)도 필경 성(性) 앞
에서는 쌍스러운 것으로 탈바꿈하고 본색을 드러내고 마는 것일까?

조선조의 어느 이름난, 누구나 아는 성현이라고 한다. 그야말로 학
문과 덕행을 두루 갖춘 사대부요 선비로 익히 알려진 분이다. 거유(巨
儒) 중의 거유이신 분이다. 이런 분을 성 애기가 똘똘 감고 있으니 기
가 찰 일이다.

야밤중에 실례하오, 부인

그분은 안방에 들어갈 때도 의관을 갖춘 채라고 전해진다.

아내의 방에 들어갈 때도 "부인 실례하오"였고, 아내의 배 속으로
들어갈 적에도 역시 "여보 실례를 용서하구려" 했다고 한다.

그러던 어느 날 밤 금침을 함께했다. 실례를 범하고 한창인데 그만
그 실례해서 들어간 놈이 쑥! 빠져 버렸다.

그러자 그 거유는 그놈을 다시 집어 넣긴 했지만 방법이 역시 거유다
웠다고 한다.

"이 더러운 것, 손으로야 집을 수 없지."

그러고선 젓가락으로 집었단다.

전해진 말이라서 참 거짓을 가릴 일은 못 되는데 다만 그분에게서 매

번 실례를 당한 어부인께서 그분을 두고는 '낮에는 성인 아무개, 밤에는 개 아무개'라고 빈정대더라는 말 또한 그럴싸하게 전해진다.

물론 이 일화 한 토막이 성인 군자를 보다 더 인간답게 느끼게 해주는 효과를 가졌다고 말할 수도 있다. 하지만 아무래도 이야기 줄거리의 초점은 '젓가락 집기'에 있고, 그러니 그분에게마저 그 물건은 더러운 것으로 낙찰되고 만다.

"성현도 더러운 것 찼다!"

"추잡한 것 달기는 성현이라고!"

"군자도 흘렛개 짓."

이 정도로 마무리될 것이다.

성행위를 '붙었다'느니 '붙어먹었다'느니 할 때는 자못 경멸감이나 혐오감이 크게 작용하고 있다. '배를 맞추다'라는 대유법도 이와 별로 다를 게 없다. 수치감을 자극하기 때문이다.

성이며 성기는 이같이 더러운 것이라서 심한 수치심과 창피함의 대상으로 핍박을 당해 왔다. 어둠 속에서 쓱싹 도둑질하듯 해치울 것, 뒷간에 가서 똥 싸듯 남의 눈 숨어서 처리할 것 등의 편견에 짓눌려 왔다.

그러는 사이에 사람들은 똥 누는 것과 성행위 사이에 여러 겹의 유사 항목이 있는 것으로 생각해 왔다.

첫째, 똥누기나 성행위나 남 안 보는 데서 한다.

둘째, 똥누기나 성행위나 밑을 홀랑 까는 건 마찬가지다.

셋째, 똥누기나 성행위나 쏟아내는 건 다를 바 없다.

넷째, 똥누기나 성행위나 끝나고 밑 닦는 것은 동일하다.

사람들은 이런 등식을 양자 사이에 설정하고는 똥을 구박하듯 성도 성행위도 윽박질러 왔다.

오직 남편의 파괴만이

"대롱에 ×을 박을 놈!"
"○ 구멍에 말뚝 박을 년!"
"남의 ○은 부지깽이로 쑤신다."

이건 욕이라기보다 악담이다. 성은 이 정도로 핍박을 당해 왔다.
한데 성이며 성기를 부정시한 바탕에는 당치 않게도 육체며 몸뚱이에 대한 경멸, 그리고 여자 육신에 대한 심한 모멸이 깔려 있었다.
정신이나 마음은 고결하고 육체나 몸뚱이는 허섭쓰레기로 친 그 편협한 눈길은 억울하게도 여자 쪽에 더 쏠려 있었다. 사람들은 더러운 육체 속이라면 깨끗한 정신도 온전할 수 없으리란 쉬운 진리도 쉽게 보아 내질 못했다. 편견은 사람을 눈멀게 한다. 그야말로 눈깔에 명태 껍질 바른 꼴이 되고 만다.
앞에 말한 저 거유 선비는, 루벤스가 막 욕탕에서 나와서 아슬아슬한 부분만 겨우 가리고 서 있는 그의 애처 푸르망의 나체화를 그렸음을 용서할 수 없을 것이다. 오른쪽 팔로 왼쪽 어깨를 잡은 그 시늉으로 해서 오히려 젖가슴을 도발적으로 융기시킨 나체화, 그래서 여체의 관능적 풍요가 넘치도록 묘사되어 있는 그 누드화를 보고는 고개를 외로 꼴 게 틀림없다. 나체화에 관한 한 우리에겐 르네상스는커녕 부분적으로나마 그것을 흉내낸 인문주의는 없었다고 말해야 한다.
우리의 중세기 선비들이 딱하게 여길 만한 성에 관한 일화를 서구 중세기에서 찾는 것은 매우 쉽다.
국내에도 번역되어 있는 자크 솔레의 『근대 서구 세계의 사랑』 몇 곳을 들여다보자.

루이 14세의 한 시종은 일 때문에 집을 오래 비웠을 때, 아내에게 제 자신의 물건을 묘사한 그림과 함께 사랑의 편지를 보냈다. 그런가 하면 프랑스의 한 화가는 루이 13세의 왕비인 안 도토리슈에게, 그가 자신의 하녀와 재혼한 것은 순전히 그녀의 성기가 훌륭해서임을 고백하면서 자기 아내의 가장 그윽한 부분을 그린 그림까지 덧붙인 편지를 보냈다고 한다.

하긴 남성들만 이런 짓을 한 것은 결코 아니다. 카누아라는 귀부인은 자신의 두 번째 남편의 애무와 포옹이 마치 천국의 쾌락이며 기쁨과 같다고, 리슐리외(루이 13세 당시의 프랑스의 추기경)에게 고백하고 있다. 그것은 어쩌면 천국이 성에 있음을 고백한 것이나 다를 바 없을지도 모른다.

이 방면의 화제는 이 정도로 그치지 않는다. 당대에 오베르텡이라는 목사의 아내는 자기는 '남편의 피리' 이외에 어떤 악기도 바라지 않노라고 내놓고 주장했다고 전해진다. 남편의 피리라. 참 절묘한 비유법이다.

이들 루이 왕조의 일화들이 결코 음담패설로 전해지는 것이 아님을 우리 동양인은 유념해야 한다. 그것은 부부간의 아리따운 금실을 전하고 있기 때문이다.

조선조의 포르노

그런데 우리의 사정은 그렇지 못하다. 포로노그라피조차 제대로 옷을 벗지 못한 것이 우리 중세기의 실정이다.

가령 혜원의 풍속화라면 포르노그라피에 들 만한 것을 몇 편은 고를

수 있다. 그 중에서도 이를테면 '유두 먹감기' 및 '개 흘레 넘겨다보기'
라고 제목을 붙일 만한 것을 대표선수 격으로 뽑을 수 있지 않을까 한다.

네댓 명의 기녀처럼 보이는 여인네가 산 속 개울에서 젖가슴을 뺀 어
깻죽지와 허리맡 밑도 한참 밑인 무릎까지만 내놓고 먹을 감고 있다.
그것도 구경거리라고 두 사람의 머리 박박 깎은 염탐꾼, 곧 '피핑톰'이
바위 뒤에서 엿보고 있다.

한데 뜻밖에 이 그림의 포로노그라피다움은 전혀 엉뚱한 데 있다.

개울 위쪽, 그러니까 피핑톰이 몸을 숨긴 그 바위 지척의 나무에서
한 여인이 그네를 타고 있다. 바야흐로 박차 오를 양 잔뜩 웅크린 자세
다. 내리꺾인 허리, 곧추 세워진 무릎, 그리고 턱 벌어진 사타구니 사
이(물론 속바지에 가려 있음).

이 대목에 착안할 때, 그네가 매달린 나무 등걸, 그러니까 사타구니
를 턱 벌린 여인의 자세와 거의 같은 수평면상에 그것도 나란히 자리잡

고서 그려진 나무 밑동 모양새에 눈이 가게 된다.(그 모양새라니! 자세히 들여다보기 바란다.) 좀 과장해서 말하면 그건 바지 가랑이에 가린 채 턱 벌어진 사타구니 안의 것과 심히 닮은 몰골을 하고 있다.

그러니까 이 대목에서 혜원은 그네 타고 하늘 나는 커다란 '바기나' 하나를 그려 놓은 것이다. 어깻죽지 위며 무릎 아래, 겨우 그 정도의 노출은 차라리 웃음거리다.

여기에 바로 혜원의 재치며 해학이 있지만, 아무려나 그도 옷 입히고 서야 겨우 포르노그라피를 그릴 수 있었다. '옷으로 가려진 누드'라는 기상천외의 그림 한 폭을 그는 남겨 놓았다. 그걸로 이 천재는 막히고 닫힌 조선조 사회에 통풍을 한 것이다. 이 경우, 욕 들을 것은 혜원이 아니다. '옷 입힌 누드'를 그릴 수밖에 없도록 성을 억압한 당대 사회가 욕감태기가 되어야 한다.

"막을 걸 막아야지! 쪽박을 쓰고 벼락을 막으라지!"

내친김에 또 다른 그의 화폭을 들여다보자.

은근한 달밤일까? 으스름한 한때 어느 대가집의 높고 긴 담장 한 모퉁이.

무슨 밀행(密行)인 듯 두 남녀가 가고 있다. 사람 그림자는 얼씬도 않으니 은근하기 이를 데 없다.

한데 아리따운 여인의 눈은 사뭇 옆눈질이다. 대체 무슨 한눈 팔긴가. 비뚤어진 그녀의 시선 끝에 당돌하게도 흘레붙은 개들. 그 야윈 땅강아지 같은 모양새가 덩그렇게 키 큰, 훤칠한 두 남녀보다 더한층 돋보이는 것은 웬 곡절일까.

"개눈엔 똥만 보인다더니!"

이렇게 욕하고 말 사람들을 위해 혜원이 이 광경을 그린 것은 아니다. 혜원은 이 그림을 그리면서 엉뚱하게 혹은 은근 슬쩍 이렇게 중얼댄 것은 아닐는지.

"개만도 못한 사람 꼴이라니! 개팔자가 상팔자지!"

혜원이 있어서 그나마 우리 그림을 소재 삼아 루벤스의 푸르망의 나체에 비길 수 있는 것을 다행으로 여겨야 할까. 성이며 성기를 얼마나 추잡하고 더러운 것으로 계속 침을 뱉어 댔으면 그랬을까 싶을 정도다. 성은 여인네들의 두세 겹, 서너 겹 속의 속옷이 있듯이 겹겹이 감아 붙이고 죄고 했던 것이다.

여자는 입이 둘이라니!

그 더러운 것, 그 추잡한 것 지니고 어떻게 얼굴 들고 살았을까? 친친 동여매고 끙끙 옭죈다고 해서, 그 속의 것이 문득 깨끗해질 거라고 생각했을까? 이 자기 모순, 이 위선을 처리하기 무척 어려웠겠지만, 그래도 당대 사람들은 무턱대고 구린 것을 뚜껑 해서 덮듯이 제 육신을, 특히 여성의 몸통을 붕대 감듯 감았다.

옛 사람들이 성이며 성기 자체를 더럽다고 본 것은 사실이다. 그러나 여자를 더럽고 부정한 것으로 봄으로써 성이 더한층 불결한 것으로 내몰리게 된 것 또한 사실이다. 부정한 여자의 몸과 섞이니 덩달아 남자도 더러워진다는 흉한 생각에 젖어 있었다. 심지어 남자는 정신적이고 이성적인데 여자는 육체적이며 감정적이라는 터무니없는 미신조차 이에 합세했다.

여자는 무엇보다 그 달거리, 곧 경도 내지 월경 때문에 부정하다고 생각되었다. 더러운 피의 소유자 또한 더럽다고 생각한 것이다.

경도는 여성의 아이러니였다. 원시 사회에서조차 첫 경도가 성숙의 첫 징후임은 익히 알고 있었다. 한 여성이 인간 생명의 창조자가 될 수 있는 바람직한 징후라고 생각되었다. 이 모순을 조정하는 것이 여성 성년식의 목적이었지만, 남성들이 여성을 대하는 기본적인 태도를 규정짓기도 했다.

우리는 누구나 단군신화에서 웅녀가 100일 동안 굴 속에 갇혀서 쑥과 마늘만 먹고 버티다가 나와서는 혼례를 올린 것을 알고 있다. 이 경우 굴 속에 갇힘은 격리다. 부정한 것을 사회에서 떼어 놓은 것이다. 그리고 쑥과 마늘 먹기는 약물에 의한 정화의 과정을 의미한다. 첫 경도를 보인 처녀들을 고조선 사람들은 이같이 해서 정화하고자 한 것이다. 그렇지 않고서는 혼인을 치를 수가 없었다.

"더러운 것들! 굴에 처박아서 맑혀라."

"독한 쑥과 마늘 기운으로 깨끗이 씻어 내게 하라!"

그 당시 사내들은 굴 밖 멀리에서 이렇게 아우성쳤을지도 모른다.

국내의 일부 지방에서는 염병이 돌면, 혹은 도깨비가 해코지하고 다니게 되면 디딜방아를 거꾸로 세우고는 거기다가 월경 피가 묻은 여자의 속옷을 뒤집어씌웠다. 그 더러운 꼴 안 보기 위해 염병 신도 도깨비도 내뺄 거라는 속셈 때문이다. 달거리는 그토록 더럽다고 했다.

달거리만이 문제가 된 것은 아니다. 여자는 숫제 살덩어리고 유혹의 함정이라고 믿음으로써 더러운 것으로 몰아붙였다. 이 경우에는 요상해서 위험하고 위험해서 더욱 추잡하다는 생각들이 꼬리에 꼬리를 문 것이다. 무서운 귀신이라면 정해 놓은 듯 모두 여자다. 살아서는 유혹하는 여우, 죽어서는 사람 꾀는 귀신이 되는 것 그게 여자였다. 꼬리치기로는 살아서나 죽어서나 다를 바 없는 게 여자였다.

"남자는 대가리가 둘이라 머리가 좋고 여자는 입이 둘이라 말이 많다"고 했다. 다 같이 무엇인가 많아도 여자는 그걸로 못되게 된다고 옛 사나이들은 생각한 것이다. 여자는 입이 둘이니까. 남자는 좆부리 조심하라고 했다. 오죽하면 계집애는 욕 밑천이라 했을라고. 무서운 생각이다. 계집애며 여자가 아예 욕 밑천이라니!

씹동티

성은 정체 불명의 괴물이고 통제 불능의 악한이라서 또한 욕 밑천이 되었다. 그렇게 추잡하고 더럽다고 믿어 온 것을 지니고도 용케 살아들 왔다고 생각될 정도다.

성을 욕 밑천으로 삼은 두 가지 동기가 겹치면 성은 당연히 위험시되고 또 금압의 대상이고 금기가 된다. 여자는 "진 데가 마르고 마른 데가 질어지면" 죽고, 남자는 "빳빳한 게 연해지고 연한 게 빳빳해지면" 죽는다고 했다. 앞에서 진 데는 여성의 성기고 마른 데는 눈이다. 뒤에서 빳빳한 것은 남근이고 연한 것은 힘살이다.

이처럼 성기의 흥망으로 인생을 측량하고도 성은 금압하고 금기로 삼았다. 알 수 없는 게 사람이다.

"씹동티."

소름 끼치는 악담이다. 한국 남성 및 가부장제 사회의 독선과 편견이 똥치망치로 엉겨붙은 저질의 쌍소리다.

동티란 살과 거의 어금버금하다. 부정을 타거나 신의 노여움을 타는 게 동티다. 하다못해 '두엄동티'도 있고 '뒷간동티'도 있다. 두엄은 똥오줌 친 거름이니까 두엄동티라면 부정동티다.

동티는 당연히 재앙을 부르고 파탄을 부른다. 병도 나게 마련이다.

재변과 위난의 동기가 곧 동티다. 거기에는 인간의 과오에 대한 징벌이
란 뜻도 포함되어 있다.

두엄동티가 말하고 있듯이 더러운 것일수록 동티가 잘 오른다. 무서
운 것에서 동티 타는 것만큼 더러운 것에서도 동티를 탄다. 더러운 것
이나 무서운 것이나 피장파장이다.

씹동티에는 씹이 더럽다는 생각, 씹이 무섭다는 생각이 엉겨 있다.
"춘삼월 보지 쇠줄도 끊는다"는 속담은 봄날 여성의 왕성한 그 부분의
힘을 과장하는 데 그치지 않는다. 쇠줄이 잘리는 판에 남자 자지는 오
죽하겠는가! 그 속담은 여성을 잔뜩 무서워하고 있기도 하다.

남자 뿌리가 잘린다는 망상은 '거세 공포'를 낳는다. 불알이 떼이고
자지가 잘린다고 무서움에 떠는 것이다. 그래서 '어금니 갖춘 보지'라
는 터무니없는 공상이 생겨났다. 남성 뿌리를 잘라 먹는 여성 성기라는
관념이 남성들 의식의 바닥에 웅숭그리고 있는 셈이다.

아니면 '사내 삼키는 보지'란 관념은 여성 생식기를 악마화해 버렸
다. 하마의 큰 아가리, 고래의 무시무시한 아가리를 남성들은 여성 성
기에 대놓고 망상하게 된 것이다.

이러저러한 터무니없는 상상이 씹동티란 말에 맞물려 있다. 자신을
낳아 준 것이 자신을 삼켜 버린다는 생각을 남성들은 여성 성기에 부쳐
서 가졌던 것이다.

씹동티에는 자신을 삼키고 잘라 먹는 더럽고도 무서운 보지란 관념
만이 엉겨 있는 게 아니다. 그걸로 해서 시진하고 패가망신하고 사람
구실 못 하게 된다는 생각이 또한 '동티씹'이란 말에 달라붙어 있다.
"여자는 젊어서 여우, 늙으면 호랑이"라는 속담도 이와 무관하지 않다.

"남자는 세 부리를 조심해야 한다"는 속담에서 세 부리란 혓부리, 발
부리 그리고 좆부리다. 좆부리를 조심하란 말은 바로 씹동티 조심하란

뜻이다. "좆 하자는 대로 하면 망조가 든다"는 속담 역시 씹동티를 경계하라는 뜻이다.

그곳은 바로 함정이요 덫이라고 생각한 게 사내들이다. 하지만 그것은 엄청난 유혹이고 인력이다. 아니 유혹이 없어도 사내들은 스스로 거기로 내닫게 마련이다. 그런데도 씹동티란 말을 만들어 낸 것이다. 마약 중독이나 알코올 중독처럼 성 중독 내지 색 중독이 있다면 여성보다 남성이 더 많이 중독되어 있을 법한데도 말이다.

이 점에서는 동서가 다르지 않다. "팔도 시어미 모두 한 말씨"란 속담대로라면 "온 세계 사내 모두 한 말씨"라고 해야 할까.

가령 마르틴 루터 시대의 독일 사내들은 끈질긴 유혹자인 주제에 여성을 절대적으로 열등한 못난이로 그려 내고 있다. 요컨대 '여자란 못되고 못난 유혹자'쯤 되는 것이지만 세상에 이럴 수가? 못된 유혹자는 있을 수 있지만, '못난 유혹자, 못난이 유혹자'란 당치도 않다. 사내는 요컨대 더한 못난이란 말인가.

여성이 유혹으로 간주된 것은, 그들이 남성들의 성적 흥분을 도발하기 때문이고 남성들을 육체적 쾌락에 탐닉케 하기 때문이라고 중세기 서구인들은 생각했다.

그것은 아우구스티누스에게서나 이른바 얀세니즘 그리고 영국의 청교도에게서나 다를 바 없었다. 일부 교부 신학에서는 심지어 정숙한 여성 신도조차 최악의 마녀와 동일시하였노라고 자크 솔레는 지적한다. 그리하여 혐오, 공포, 타락, 악마 등의 별명이 여성들에게 쏟아졌고 부부 사이에서조차 지아비는 되도록 지어미를 멀리하도록 충고받았다. 여성은 기피 대상이었다.

이 여러 현상은 분명히 히스테리요 편집광적이다. 남성들의 이지러진 광기 같은 것이다. 실컷 즐겨 놓고는 마녀로 몰았으니 한국 속담이 이럴 때 유효하게 쓰일 수밖에…….

"말 한 마리 다 처먹고 말씹 냄새난다."

이게 바로 그 속담이다. 이 속담이 옳다면, 그것은 입 따로 코 따로 놀아난 남자 탓이다. 하니 성이 위험한 것으로 금압되었다지만, 성 자체보다 여성 쪽이 더 심하게 핍박받았다고 하는 게 좋다.

욕이 성을 즐겨 활용하는 것은 그 성의 억압에 대한 반발이다. 억누를 수 없는 것을 억눌림당한 데 대한 반격이다.

나와 보라지!

"좆 달고 용두질 않는 놈 나와 보라지!"

"옴 핑계로 속곳 밑 손 안 들이미는 과부 있으면 나와 보라지!"

욕은 이렇게 악다귀한다.

그래 어쨌다고!

"좆 찬 놈이 칼 차는데야 뭘 어쩌라고!"

"보지 가는 데 좆 가고, 좆 가는 데 보지 따른다. 왜."

"방 중에는 서방이 제일이고, 집 중엔 계집이 제일이다."

"방아확은 새 것! 여자확은 닳은 것."

이같이 반발하는 욕을 대자면 끝이 없다.

그러나 저러나 "밑구멍에 속곳 걸쳤다고 그게 무슨 흉이야." 이 말 한마디면, 이 욕 한 토막이면 항변은 족하고도 남는다.

하지만 성이 끼여든다고 해서 언제나 욕이 쌍스러워지는 것은 아니다. 멋들어진 욕, 유식한 욕에서도 곧잘 성은 맛깔나는 양념 구실을 하기 때문이다.

개와 문의 한판 승부

옛날 아주 먼 옛날 사람들 머리가 사뭇 매끄럽던 시절 이야기다.

때는 무척 무더운 한여름 찌는 듯한 복날이었으나 다행히 해질녘. 한 아낙이 우물가에서 빨래를 하고 있었다. 웬간히 씻은 뒤라 헹굼질을 할 요량으로 아낙은 일어섰다. 물을 새로 길어야 했으니까.

별로 깊지 않은 앉은뱅이 우물이어서 허리 굽히고 머리 들이박아서 바가지로 퍼내기 딱 좋았다. 조금은 맹랑한 그런 꼴로 아낙의 위통이 거의 우물에 잠긴 바로 그 순간, 그림자가 고양이 새끼처럼 발소리를 죽이고 성큼 다가섰다. 텁수룩한 과객 차림의 그는 마흔은 실하게 넘겼을 흉물스런 상판의 사내였다. 물론 아낙은 낌새를 알아차리지 못했다.

바가지 넘치게 물을 퍼서는 아낙이 고개를 드는데, 웬 낯선 사내의 얼굴과 딱 부딪쳤다.

"에구머니나!"

아낙은 와락 뒤로 넘어졌다. 우물 바닥 물기마저 거들어 사정 없이 벌렁 나가떨어졌다. 하필 그때 어디서 일진 선풍이 불어닥칠 줄이야!

넘어지는 서슬에 이미 반쯤 열린 아낙의 속곳 앞이 훤히 드러나지 뭔가! 사내가 느물스럽게 웃으며 말했다.

"허! 누구 집 앞문 열렸네."

그리곤 아낙이 얼결에 내던진 바가지를 주워서 물 한 모금 시원히 들이켜는데, 중얼대는 듯하지만 사뭇 다부진 아낙의 목소리가 들렸다.

"그래. 오늘 밤은 문단속 잘 해야겠는걸. 해가 지기도 전에 지나가던 개가 짖어 대니……."

이건 소총으로 쏘고 바주카포로 얻어맞은 꼴. 기왕 욕을 할 거라면 이 정도는 앙칼지게 그러나 유머러스하게 해야 하는 법.

욕도 이 지경이면 시원하기가 복중의 시원한 약수 한 잔 몫은 되고도
남는다. 졸지에 개가 된 사내가 미처 못 마신 그 우물 물맛 정도의.
이 욕 이야기는 다음 시조를 연상케 해준다.

　솔이 솔이라 하니 무슨 솔인 줄로 아난다.
　천심절벽 위의 낙락장송 그 내로다.
　길 아래 저 초동(樵童)의 점낫이야 걸어 볼 줄 있으랴.

이는 조선조 기생 송이의 시조로 내용인즉 다음과 같다.
못난 사내들이 잘난 척하고 마구 집적대는 꼴에 송이는 부아가 나고
아니꼬웠다. 이름으로 쳐도 명색이 송이(松伊), 곧 솔이인데 하찮은 것
들이 사내랍시고 덤벙대다니…….
그게 꼭 낙락장송의 가지를 새끼 낫으로 치려 드는 풀 베는 꼬마 초
동의 짓거리로만 보였다. 그래서 읊은 시조지만 은근 슬쩍 욕하기로는
‘문’의 사설과 크게 다를 것 없다. 문과 개의 단판 싸움이 낙락장송과
낫 사이의 일방적 싸움으로 모습을 달리한 것뿐이다.
이 시조에서 낫이 사내들의 그 물건에 견주어진 것은 의심할 나위 없
다. 글쎄 낫도 낫 나름이지, 어디 잡풀이나 베는 게 고작일 무지렁이
새끼낫으로 낙락장송을 베려 들다니. 그걸로는 어림도 없다, 없어! 고
쬐끄만 걸론!
새끼낫과 뒤에 나올 햇고구마가 덤벙대다가 봉욕한 이야기들, 이런
것은 설혹 남성에 대한 여성의 성적 학대요 희롱이라고 쳐도 법이 엄연
히 보호해 줄 것이다.

돛대와 부지깽이와 배 이야기

조선조 중기쯤이라고 하자. 한 두메 마을에 꼴꼴 샌님이 살았다. 겨우 먹고 살 만한 땅뙈기를 가진 주제지만 책은 고작 천자문을 뗀 정도. 아니 그나마 천자의 반 정도 뗀 자칭 선비가 있었다. 하지만 워낙 궁벽한 산촌이라 그는 늘 유식을 떨고 우쭐했다.

그런 처지에서도 그는 기특하게 지나가던 가난하나 실속 있는 알짜 선비 내외를 붙들어서 제 집 아이들 글방 선생으로 눌러앉혔다. 반 년 정도 기간을 잡아서.

새끼들 글 공부가 그런 대로 잘 되어 가던 어느 날부터 장마가 들어 나들이하기가 어려웠다. 집구석에만 처박혔던 사내는 어느 날 어두워서야 비가 그친 틈을 타서 어슬렁 대며 동네 안을 거닐었다. 한데 또다시 한 줄기 퍼붓기 시작했다. 얼른 길가 집 처마 밑으로 몸을 피한다는 게 하필이면 글방 앞이라!

워낙 소인이라 숨소리조차 죽이고 안으로 귀를 기울였다. 하나 꽉 닫힌 문 안에서는 때마침 공교롭게 선생 내외의 거친 숨소리가 들려왔다.

그리고 한참 뒤, 엉터리 선비는 방 안이 조용해진 틈을 타서 능청을 떨었다.

"어험! 아무개 문안이요. 좀 전 소식이 궁금하다고 아뢰오."

그러자 방 안에서 선생의 태연한 목소리가 울려 나왔다.

"밤중에 돛 달고 뱃놀이했다고 아뢰오."

대뜸 엉터리가 반응했다.

"나도 그 배 좀 타자고 아뢰오."

그러곤 녀석은 제 재치에 스스로 탄복해서 키들키들 웃음쳤다. 한데 이게 무슨 된벼락!

방 안에서 어험! 경해(驚駭) 소리 요란한 뒤를 이어 소리가 날아왔다.

"돛대는 몰라도 부지깽이가 어찌 이 배를 탄단 말인가?"

되로 주고 섬으로 받은 이야기다. 실없은 욕에는 이 정도의 된욕이 들어가야 한다.

창졸간에 부지깽이가 된 건 무얼까? 그 엉터리 장본인일까? 아니면 그 녀석 그 물건일까? 우리야 금세 알겠지만 그 엉터리로서는 구별하기 어려웠을 거란 생각이 든다.

장승 이야기 4 학자들은 이곳 미륵사지 석탑에 있는 石人像인 저를 장승의 始原이라고 합니다. 물론 더 멀리서 찾는다면 신석기 시대의 뼈·흙·조개껍질·돌과 청동기 시대의 짐대신간·골제신간, 철기시대의 솟대 등이 삼국 시대와 고려·조선을 거쳐 오늘날 제 전형이 되었답니다. 아마 족보가 온전히 있었다면 엄청난 권문세가를 이루었을 것이고, 백성들의 삶을 애써 외면하면서 오늘날 이렇게 민초의 모습으로 남는 걸 거부했겠지요.

전북 익산시 금마면 미륵사지 · 사진 이형권

4. 욕은 왜 하는가

　욕은 하는 것보다 하지 않는 게 낫다. 그건 틀림없다. 이런 말은 누구나 할 수 있는 사뭇 뻔한 이야기다.

　이같이 이치가 뻔한데도 사람들은 욕을 한다.

　"제기, 누가 하고 싶어 하나."

　욕은 무엇보다도 인간 관계 때문에 하게 된다. 사람과 사람끼리 보고 듣고 만나고 하니까 욕을 하게 된다.

　"빌어먹을, 이게 다 뭐야, ㅈ같이."

　이같이 혼자 투덜댈 때조차 찢어진 인간 관계가 그 바탕에 누더기처럼 깔려 있게 마련이다.

　뒤틀림, 꺾임, 부서짐을 빼고 인간 관계를 말하기란 어렵다. 상처투성이가 인간 관계다. 어쩌면 인간 관계는 누더기이고 반창고 아니면 붕대 같은 것인지도 모른다. 멀쩡한 줄이나 끈으로 엮어 간 경우는 오히려 드물지도 모른다.

　너덜대고 삐걱대는 인간 관계, 찢길 대로 찢긴 그물 같은 인간끼리의 매듭이 욕을 하게 만든다.

　"젠장맞을, 이러고도 사람 사는 세상이야?"

　이런 생각이 욕의 안자락에 달라붙어 있다.

온전한 사람끼리라면 그럴 수 없는 일, 그래서는 안 되는 짓거리가 욕의 방아쇠를 당기게 한다.

"저, 개돼지만도 못한 것들!"

이런 울컥함이 욕을 내뱉게 만든다.

길을 가다가 급한 일이 생각났다. 근처에 공중 전화가 보이지 않는다. 헤매다가 간신히 찾는다. 달려간다. 하지만 안에는 사람이 있다. 기다린다. 1분, 2분, 3분……. 세 시간처럼 긴 시간이다. 시계를 들여다본다. 전화 부스 안을 흘깃 들여다본다.

상대는 전화 부스에 기댄 채 사뭇 느긋하다. 방긋 웃기도 한다. 소리가 새어 나온다.

"그래, 그때 거기 갔을 때 말인데, 정말 신났지. 어쩌고 저쩌고……."

"얼어 죽을, 저런 건 혀도 안 비틀어지나."

그러고도 또 한 식경쯤 떠벌거리더니 허리까지 꼬며 웃어 댄다.

"퉤, 퉤…… 재수에 옴 붙었네."

이렇게 해서 우리는 그만 입을 버리게 된다. 이럴 때 욕이 없다면 전화 부스의 유리창을 발로 차 버릴지도 모른다.

드디어 그 자가 나온다. 미안하다는 기색 하나 없이 사뭇 유유하다.

"우라질!"

마침내 전화 부스 속에 입성(入城)한다. 동전을 넣는다. 덜컹. 신호가 떨어지지 않는다. 깜깜하다. 또 한 닢, 두 닢 밀어 넣지만 여전히 깡통이다.

"절경절경."

수화기 고리를 사납게 밀쳐 댄다. 전화선은 끄떡도 하지 않는다.

"염병할! 돈만 처먹고. 이거 사람 약올리나!"
"와장창."
수화기가 내리꽂힌다.

이런 식이다. 욕은 나올 땐 불쑥이지만, 나오기까진 이만한 곡절을
갖게 마련이다.

"약올리지 마."
"울화통 건드리지 마."
"열통에 불 댕기지 마."
"화중 돋우지 마."
"열 받게 하지 마."

이 말을 할 때까지는 그래도 욕은 삼켜진다. 그러나 마침내 돋워지고
댕겨지면 욕은 폭발하고 만다.
남의 울화통, 열통에 불을 댕기는 불심지 혹은 도화선같이 깔리고 매
듭진 인간 관계가 욕을 부른다.
요컨대 세상이 지랄이다. 용천 지랄이 세상이라 욕 안 하곤 배길 수
없다. 입성이 사납기 전에 세상이 사납고 입이 더럽기 전에 세상이 더럽
기 때문이다.
세상이란 게 도무지 걸레쪽 같다. 아귀 안 맞기로는 박살난 사기 그
릇 같고, 꼬이고 뒤틀린 게 미친 강아지 꼬리 같은 세상. 이지러지고
찌그러지고, 뺨 맞고 국 쏟고 싸 덴 년 우거지 상만도 못한 세상. 이러
니 욕을 한다.
깨진 쪽박, 찢어진 속곳 가랑이 꼴을 하고도 덤벙대고 날치고 설치는

게 사람 세상이다. 그것은 끊임없는 발작이고 도전이다. 시비는 세상이 먼저 건다. 대들기도 그 녀석이, 그 불한당이 먼저 한다.

욕은 그 부당한, 번지수가 틀린 도전에 대한 응전일지도 모른다. 아니, 도전보다 악질인 도발에 대한 응징인지도 모른다. 이에는 이, 눈에는 눈 식의 대응인지도 모른다.

"주리를 틀 놈의 세상, 약올리고도 욕하지 마라니 병 주고 처방 주긴가? 이 돌파리야."

경쟁이란 이름의 사냥질, 거대한 명분의 바가지 씌우기, 협조란 허물을 쓴 탄압, 사랑을 내세운 간 빼먹기, 떡값에 청탁한 뇌물……. 요컨대 이런 아사리판, 깍다귀판에서 살아가는 사람들의 소리가 곧 욕이다. 그래서 그나마 세상에 매달리며 포기하지 않고 사는 것이다.

깐죽대며 남 약올리는 인종들, 생야단으로 남의 열통 몰라라 하고 불장난하는 인간들, 인두겁을 쓴 인간 아닌 것들, 개발싸개만큼도 제 얌치머리 싸바르지 못한 축들, 남들 보면 먼저 우려먹을 생각만 하는 늑대들, 온 세상을 그저 제 이익 챙기는 암시장쯤으로 치부하고 있는 망둥이들……. 이런 따위가 기승하는 세상보고도 욕하지 않으면 화증에 타 죽기 십상이다.

"요샌 귀신도 눈 멀었나. 저걸 안 잡아가고!"

이런 세상이 멀쩡한 사람 속을 벌컥벌컥 뒤집는다.

"야, 네 아버진 뭐 하시는 분이니?"

"그럼, 너희 집 아파트 몇 평이야?"

자기 아이의 친구가 모처럼 집에 놀러왔는데 어미란 게 겨우 요 따위로 요렇게만 묻는 세상이다.

"썅! 쌍판대기 넓더니 오지랖도 넓기는!"

제 어미 아비 시신이 든 관을 아파트 창구멍으로 크레인에 덜컹덜컹 매달아서 내리는 녀석들이 그래도 상주라고 상복 입은 세상!

"종 간나 새끼들, 손모가지 됐다가 장작개비로 쓸 건가."

예부터 속담에 "상가치고 욕 안 먹는 집 없다"지만 적어도 죽음 대접이 이럴 수는 없다. 죽은 자의 죽음을 깔보고 넘보면 산 자의 목숨이, 인생이 천해진다. 죽음은 삶의 진지함과 엄숙함의 마지막 보루다.

단지(團地), 지분(持分), 할증료(割增料), 공장도 가격(工場渡 價格). 이게 다 직수입한 왜말들이다. 일본이나 우리 나라나 다 한자를 빌려다 낱말을 만들긴 하지만, 개중에는 일본엔 맞아도 우리에겐 당치도 않은 게 있다. 위에 든 낱말들은 모조리 쪽바리 말들인데도 뻔뻔스레 들여와서는 막무가내로 퍼뜨려 놓는 세상!

"조심하라고! 혓바닥 따라 일본 건너갈라."

그게 어느 나라더라. 종합청사라고 엄청 크고 높은 집이 있는데, 그 전면의 넓고넓은 문을 일부러 피해서 뒷골목 옆댕이에 붙은 좁은 수구문 같은 문짝으로 국민들을 드나들게 하는 나라가 있지, 아마도. 겨우 그 좁은 문을 비집고 들어서면 턴스틸인지 뭔지 어려운 양말로 된 쇠붙이가 사람 뺑뺑이를 돌리기도 하지, 아마?

그러고도 민주 국가라고 떠드는 세상!

"우라질, 얌체 같으니. 눈 가리고 아웅도 꾀바르게 해야지, 순 머저리."

이렇게 보기를 들면서 욕 듣기 십상인 뒤틀린 세상 꼴 들춰 내자면 끝이 없다. 세상이 바글바글 악마구리로 욕이 들끓게 채근한다.

서울 남쪽 근교 어느 신도시에 대규모로 아파트 무리가 들어선 직후의 일이다. 거기 입주한 젊은 주부들이 떼를 지어 시위에 나섰다.

"아파트 인근 공동 묘지 철거하라!"

그들은 이렇게 소리쳤다. 공동 묘지가 그들을 찾아온 것도 아니고, 오래 전부터 엄존해 있는 그 지역에 자신들이 찾아 들었으면서 철거하라고 나선 것이다. 왜일까? 경관이 좋지 못하다는 이유도 있었겠지만, 그보다 아파트 값 떨어질 일을 더 걱정했을 것 같다.

"미련한 것들, 제 아비 어미도 없나!"

산 자가 죽은 자 앞에서 이토록 교만하고 건방질 수는 없다. 산 자가 옷깃이며 마음깃을 가장 숙연하게 여밀 대상이 곧 죽음이다. 모차르트는 「진혼곡」의 키리에 대목을 작곡하면서 스스로 울었다고 전한다. 모차르트, 베르디, 포레 등의 3대 레퀴엠이 왜 그토록 장엄하고 비창의 극을 이루는지 물어볼 일이다.

모르긴 하지만, 그 젊은 아주멈네는 대개가 대학 출신의 지성인이고 교양인이었을 게다. 자연히 기독교나 불교 신도도 많았을 것이다. 한데도 그들은 죽음 앞에서 오만방자했다. 요상을 떨고 자발없이 굴었다.

그들이 실제로 했어야 할 일이 있었다. 보기 안 좋았다면 자진해서 공동 묘지 미화 작업을 했어야 했다. 아파트 값 떨어질 게 걱정되었다면 더욱더 그래야 했다. 그렇지 못한 그들이 스스로 섬기는 신과 부처 앞에서 무슨 기도, 무슨 염송을 하는지 궁금하다.

이러한 보기들을 뒤져 보는 것만으로도 세상이 사람들의 노여움과 열통을 끊임없이 촉발하고 있음을 알아차리게 된다. "증오는 비겁한 자의 복수"란 서양 속담이 있다. 그렇다면 노여움이야말로 용감한 자의 복수라고 해도 좋을 것이다.

성경의 로마서에 "사람은 복수하지 말라. 다만 신의 노여움에 맡길 지어다"라고 했지만 이 말은 어쩌면 기왕 노여움을 폭발할 거라면 신의 노여움이듯 하라는 뜻을 은근히 품고 있을지도 모른다는 생각이 든다. "눈에는 눈, 이에는 이, 다리에는 다리로"라는 출애굽기의 유명한 대목을 떠올리면 그 생각은 더욱 간절해진다.

하지만 노여움은 복수심을 촉발하는 것에서 그치지는 않는다. "노여움을 늦추라"는 말이 있는 걸 보면 노여움도 미움처럼 삭일 것은 물론 삭여야 한다. 그러나 노여움은 노기충천(怒氣衝天)이란 말이 있듯이, 당당함이며 장관스러움 등을 갖출 수 있다. 뭇 짐승이 호랑이의 포효를 대하듯, 사람들이 대하게 되는 노여움도 있는 법이다.

몹시 무서워 벌벌 떨면서도 감히 고개도 못 들고 엎드려 웅숭그릴 수밖에 없는 노여움도 있다. 그런 경지의 노여움의 발언일 수 있는 욕, 그래서 꾸짖음이요 질타일 수 있는 욕도 있는 법이다.

그리하여 벼락치듯 하는 욕이 있음을 우리는 알고 있다. 벼락은 지기(地氣)를 돋워 보리 이랑에 싱그러운 푸르름을 더해 준다. 그런 욕이라면 벼락치듯 하면 할수록 좋다.

다들 바로 되자고 하는 욕, 세상 제대로 돌아가자고 다그치는 욕이 아쉬운 요즘이다.

장승 이야기 5 저는 임진·병자의 양란을 거치면서 대대적인 불교의 중흥과 함께 사찰 장승과 마을 장승으로 자리를 잡았습니다. 민간 신앙의 하나인 제 족적을 불교에서 적극 수용했던 것이지요. 조선 후기에 이르러 기존의 신분 질서가 무너지고 생산에 직접 참여하는 백성들의 의식이 향상되면서 새로운 민중 문화가 성장했고 제가 더욱 강력한 전파력을 갖게 되었습니다.

전북 남원군 운봉면 서천리 벅수 · 사진 이형권

5. 욕은 태초에도 있었나니

신들도 욕을 했을까

실제로 신들도 욕을 했다. 그건 북유럽의 신화며 희랍 신화를 보면 짐작하고도 남는다. 노여움이 벼락이며 천둥 뺨치던 그들이 욕을 안 했다면 좀 수상쩍다. 성경에서도 어느 대목에서 "인간의 노여움은 신에게 맡기라"고 했다. 온 인류의 노여움을 도맡아서 처결할 신이면 그 질책이 엄청났을 것이다.

쌍소리 아닌 질책하는 욕은 신의 입에서도 나왔을 법하다. 타이름이되 어조가 높고 강한 소리라면 욕이라도 남 보기에 위풍당당할 수 있다.

"네 이놈, 발칙하기는. 이실직고하렷다!"

우렁우렁 이런 소리가 들리는 것 같다.

그러기에 한국 신화에도 당연히 욕이 메아리치고 있어야 한다.

　龜乎龜乎 首其頭也
　若不頭也 燔灼而喫

누구나 배웠을 노래, 『삼국유사』에 실린 「가락국기」의 첫머리에서 드높이 외쳐진 소리로 번역하면 이렇다.

거북아 거북아, 머릴 내어라
아니 곧 내면, 구워서 먹으리.

여기서 머리를 목으로 해도 좋다. 한데 구워 먹겠다고 위협하고 있으니, 그렇다면 목보단 모가지가 더 문맥에 어울리고 머리보단 대가리가 더 어울린다.

목숨 가진 것을 보고 구워 먹겠다는 것부터가 이미 악담이다. 험구고 악구(惡口)다. 악설(惡舌)이라 해도 좋다. 그런데 점잖게 머리 아니면 목이라니, 앞뒤가 뒤틀린다. 그러니 천생 다음과 같은 번역을 크게 욕할 수 없게 된다.

거북아 거북아, 대가리(모가지) 내어라
아니 곧 내면 구워 먹어 버리겠다.

자! 이러니 한국인의 악담은 신화와 더불어 이미 태고 적부터 시작한 것이다. 「가락국기」는 분명히 그 첫머리에서 개벽 이후라고 말하고 있다. 그러니 나라의 개벽과 욕의 개벽은 때를 함께한 것이다.

가락의 백성들은 신내림을 받기 직전에 이 거북이 노래를 불렀다. 신내림 직전, 그건 고도로 긴장되고 팽팽한 순간이다. 사람들은 외줄을 타는 마음가짐일 것이다. 바로 이 긴장이 악장치는 노래를 부르게 한다. 그럴 만한 충분한 이유가 있다. 후세의 탈춤이 욕쟁이란 것은 누구나 알고 있다. 탈춤도 사실은 한 마을이 신내림을 받기 전후해서 사람들이 쳤다는 것을 참고로 삼고 싶다.

잡아서 구워 먹는 것. 그것은 원시 사회 이래 인간의 원시적 충동, 공격적 충동의 발현이다. 짐승 사냥하는 것, 죽이는 것, 불태우는 것, 먹어치우는 것. 이것은 인간 야성, 그것도 동물로서의 인간 야성의 극치다. 그러니 욕이 나와야 하고 악담도 험담도 내뱉어져야 한다.

신화에는 또 다른 욕의 보기가 있다. 이번은 욕하는 쪽 얘기가 아니라 욕먹는 쪽 얘기다. 그가 바로 고구려 제2대의 유리왕이다.

동명왕은 부여 여섯 왕자의 핍박을 피해서 남으로 도망친다. 요즘 같으면 국외 망명이다. 그는 아기를 밴 아내를 두고 혼자 떠나간다.

아비 없이 태어난 유리는 씩씩하게 자란다. 그러나 장난이 심하고 행실이 좀 별났다. 돌팔매질 솜씨는 활의 명수이던 아버지를 닮아 대단했다.

여인네들이 물을 길어서 동이를 이고 오는 것을 보고서 그는 솜씨를 자랑하고 싶었다. 먼 거리에서 정확하게 물동이의 손잡이를 맞혔다. 잇따라 또 한 방. 동이에 구멍이 났고 아주머니는 물벼락을 뒤집어썼다.

그러니 욕이 쏟아질밖에…….

"아비 없는 자식이."

기록엔 이 정도지만, 그 꼴 당한 당사자의 입에서 직접 쏟아진 소리는 그렇게 고울 수 없다.

"아비 없는 후레 자식!"

유리는 어미에게 달려가서 왜 내겐 아버지가 없느냐고 따지고 들었다.

이것이 계기가 되어 유리는 아버지를 찾아 남하하게 되었고 태자로 책봉될 수 있었다고 이규보의 「동명왕편」은 전한다.

모르긴 하지만 단군신화에서 곰과는 달리 사람으로 변신할 수 없었던 호랑이가 투덜댔다면 뭐라고 했을까? 다 같이 그 쓰고 매운 쑥이며 마늘만 먹고 굴 속에 박혀 견뎠는데도 중도 포기하고 뜻을 못 이룬 이 백수의 왕이 체면 깎이고 나서 중얼댔다면 뭐라고 했을까?

"제기랄, 이게 무슨 개망신이람!"

이쯤 하지 않았을까.

태초에 말씀이 있었다고 했다. 도교에서도 태초에 명(冥) 곧 어둠이 있었고 이어서 명(名) 곧 이름이 있으니, 그게 곧 만물의 어머니라고 했다. 이름도 말이니까 이러나 저러나 태초에 말이 있었던 셈이다.

태초에 말이 있었는데, 설마 태초에 욕이 없었을라고. 욕이 말이 아니라고는 아무도 말하지 못하기 때문이다.

"어흠, 태초에 욕이 있었느니라!"

욕에도 씨종자가

욕이라고 해서 다 같은 씨종자는 아니다.

"개새끼." 이러면 쌍욕이다. 상대방보다 욕하는 입이 더러워지기 십 상인 게 쌍욕이다. 똥은 싸면 바깥으로 나가지만 쌍욕은 잘못하면 욕하는 사람 자신에게로 돌아온다. 그래서 쌍욕은 하늘 보고 침 뱉기다.

"개만도 못한 놈!"
"똥개 밑으로 빠진 놈!"
"개를 붙어서 나온 놈!"

이것들은 맨 쌍욕이다. 하긴 세상엔 이 따위 욕 듣기 꼭 알맞은 축, 아니 욕도 오히려 아까운 축이 있는 게 사실이고, 그래서 급한 나머지 제 속옷에 똥 싸듯 마지못해 하는 쌍욕도 있게 마련이다. 욕하는 사람 입 더럽다고 나무랄 수 없는, 정작 더럽고 치사한 치들이 있는 것은 사실이다.

하지만 그런 축, 그 따위 치들과 맞대면하다 보면, 꼭 까마귀판에 끼여든 백로 꼴 당하기 쉽다. 똥을 싸도 쌀 데 못 쌀 데 고르는 것과 마찬가지로 욕을 해도 할 데 못 할 데 가리는 게 좋다.

또한 욕의 종류, 욕하는 방법도 가리는 게 좋다. 입 더러워지는 것쯤 각오하고 "개새끼!"라고 쌍욕을 해봤자, 막무가내로 개새끼 그대로 머물 축을 두고 헛고생할 것 없다. 그야말로 똥이 무서워서 피하냐.

학교건 백화점이건 관공서건 상관없다. 계단을 올라가는데, 네댓 명이 독수리 날개 펴듯 옆으로 늘어서서 지껄이며 내려오는 망나니들과 맞닥뜨린다. 녀석들은 아랑곳없이 이쪽 어깨를 짓누르듯 건드리며 지나간다. 절로 "개새끼들!" 이렇게 되어야 앞뒤가 딱 들어맞는다.

욕 중에는 악착같이 성을 물고 늘어지는 것이 있으니, '성과 불구자나 바보 그리고 외국인'은 욕이 가장 즐기는 대상이기 때문이다.

성은 인간 본능에서 시작하지만 그 끝은 문화와 맞물려 있다. 그래서 인간의 성은 문화가 된다. 그런 뜻에서 인간과 동물은 다르다. 사람의 그 짓이 개의 그 짓과 같을 수 없는 것이다.

따라서 추한 쌍욕이 성에 달라붙어 있는 것은 일종의 문화 현상이다. 무턱대고 가리고 숨겨야 할 추한 것, 더러운 것, 심지어 짐승 같은 짓이라고까지 생각하면서 성은 욕먹기 시작했다.

우리 문화에서 에로스는 승화될 여지가 전혀 없었던 듯 보인다. 단 한 점의 누드 그림, 누드 조각이 없는 것만 보아도 알 수 있다. 성은 필요악이거나 필요죄 정도로 한국인들 머릿속에 등록되어 있었던 것 같다. 오늘날 성의 해방, 그 승화로운 해방을 위해서라도 성을 욕감태기로 만들지 말아야겠다.

추한 쌍욕말고 저주욕도 있거니와 이 또한 권장할 만한 욕이 못 된다.

"벼락을 맞아 뒈져라!"
"송장으로 무덤 차지도 못 할!"
"염병할!"
"늑대가 할켜 갈 년!"

모두 무시무시한 저주고 악담이다. 이것들을 악담욕이라 불러도 무방할 것 같다. 한데 더 악랄하고 섬뜩한 것들이 있다.

"모래 바닥에 혀를 박고 죽어라!"

몸서리쳐진다. 사막 한가운데 모랫더미 속에 혀를 꼬나 박고 있다고 상상해 보라. 이 악담욕에는 독기가 성성하다. 독사 아니면 무슨 마귀가 내뱉을 만한 욕이다.

그러나 불행히도 우리 욕에는 악매(惡罵)라고도 하는 악담욕이 많다. 증오와 적개심이 저주로 내닫고 있다. 잔인한 공격 충동이 발광을 하고 있다. 심히 반사회적이고 비인간적이다. 이런 욕은 아예 입에 담을 생각을 하지 말아야 한다. 비록 민족이나 사회의 공적(公敵)을 향해서라도 되도록 삼가야 할 것 같다.

한때 "박살내자, 붉은 무리!"라는 구호가 널리 통용된 적이 있다. '타도하자'고 해도 좋을 것을 '박살내자'고 했다. 이쯤 되면 한 시대, 한 사회의 공적인 구호가 악담욕 비슷해져서 타락한다.

쌍욕이 성에 걸쳐 있어서 좋지 않듯이, 악담욕은 주로 죽음을 노리고 있기에 좋지 않다. 그 욕이 죽음에서 경건함이나 엄숙함을 빼앗기 때문이다. 죽음이란 게 마치 천벌이고 재앙인 듯 사람들 가슴 속을 결딴낼지도 모르기 때문이다.

쌍욕과 악담욕은 가장 잔인한 인간적 공격 충동의 직선적인 발로다. 인간 감정, 그것도 상처받은 인간 감정 자체가 창이 되고 칼이 되고 불길이 되곤 한다. 그 바닥에는 좌절의 응어리, 우울한 핏덩이 그리고 원한의 멍이 서리 감고 있을 게 뻔하다.

이들 두 가지 욕을 할 때, 사람들은 이미 물불 가리지 않아 체면이고 안면이고 아무짝에 소용 없다. 다짜고짜 무턱대고다. 궁지에 몰린 멧돼지가 저돌할 때의 까 뒤집어진 어금니 같은 것이다. 분노, 억울함, 서러움 등이 부글대고 있을 것이다.

사람이란 묘하게도 처지가 약해질수록, 경우가 궁해질수록, 막장으로 몰릴수록 논리에 약해지고 이성에서 멀어진다. 이 경지에서 악담욕이 독을 뿜고 쌍욕이 악을 쓴다.

궁지에 몰린 멧돼지의 이빨이 조금쯤 숨겨지거나 기세 높은 축이 조금 허랑해질 때, 비아냥거림의 욕, 조롱의 욕 또는 조소하는 욕이 힘을 얻게 된다. 슬쩍 한발 비켜 선 노여움이지만 모멸감이 꿈틀대고 있을 것이다. 공격 충동이 아주 없는 것은 아니지만, 그보다는 비판 의식이 제법 초롱초롱할 것이다.

"흥, 제 눈깔 제가 찌르고서!"
"그래 봤자, 벼룩이 뛰기지!"
"용을 쓰라지, 구린내나 뿜을걸!"
"잘난 척하긴, 모가지에 무쇠 심지 박고서."

이런 욕들은 코방귀와 함께 뱉어지게 마련이라서, 이들을 통틀어 코방귀욕이라 부를 수 있을 것이다. 그러나 이 욕은 욕쟁이의 처지 여하에 따라 성격을 달리할 수 있다. 처지가 나은 쪽 또는 높은 쪽에서 아래를 향해 내리면 깔봄이나 능멸 일색이 된다. 그리하여 나쁘게는 욕쟁이의 교만, 좋게는 마음의 여유 등이 드러날 것이다. 그러나 역으로 아래에서 위를 향해 치하면 비아냥거림이 다소간의 저항 의식을 수반하게 된다.

"우라질, 사내라고 불알 차면 여편네 발길질해서 차라는 법도 있나!"

이런 욕은 치하는 코방귀욕이지만,

"못난 게 잘난 짓 해도 흉하기만 하니."

이러면 내리하기의 코방귀욕이다.
코방귀욕이 욕쟁이 자신에게 안겨지면 그건 물론 자조요 자탄이 된다. 자신에게 침 뱉는 꼴의 욕이 생겨난다.

"젠장맞을, 가난뱅이라 가진 거라곤 불알 두 쪽 달랑 차고 나왔으니."

이같이 쌍욕, 악담욕 그리고 코방귀욕만 들어 보아도 욕의 씨종자가 단순하지 않다는 것, 그리고 그 씨종자 사이에 높낮이가 매겨질 만한 품계 비슷한 게 있을 수 있다는 것 등이 헤아려질 것이다.

그렇다고 씨종자를 두루 살펴본 것은 아니다. 죄 지은 자를 응징하거나 보고도 모르는 자를 눈뜨게 하는 교육성 높거나 처벌성 강한 욕도 있으니, 이들을 채찍욕이라고 부를 수 있을 것이다.

"사람의 도리로서 쥐도둑놈들에게 능욕을 당할 수는 없다."

이 말은 서슬이 퍼렇다. 상대를 쥐도둑놈이라고 욕하고 있지만 위엄이 늠름하다. 체력이 미진해서 한 여인의 목숨이 꺾인다 해도, 그 때문에 그녀의 뜻은 오히려 하늘을 찌른다. 욕이 오히려 당당하게 상대방을 짓부수고 있다. 이 욕 섞인 말은 이재현의 『역옹패설』에 실려 있다.

현문혁(玄文赫)은 어릴 때부터 말타고 활쏘기를 잘 하였으므로 삼별초의 두령이 되어 있었다. 처자를 데리고 작은 배를 타고 도망하여 스스로 돌아오니 적도가 추격해 와서 활을 쏘아 그의 팔을 관통시켜 배 안에 쓰러지니 그의 아내가 말하기를 "사람의 도리로서 쥐도둑놈들에게 능욕을 당할 수는 없다"고 하고 그의 딸을 이끌고 물에 뛰어들어 죽었다.

이런 사연 속의 적도가 장렬한 이 여장부의 욕의 뜻을 제대로 알아들었다면 그 기개에 눌려 고개를 들 수 없었을 것이다. 가령 세상 인심이란 하도 고약해서 적도들이 적반하장으로 "독한 년!" 하고 뱉었다 쳐도 일단은 오장육부가 찔리는 느낌을 받았을 것이다.

이같이 채찍욕은 위엄 당당하다. 욕 중의 극상품이라서 덕 높은 스님들의 화두며 설법에 곧잘 활용되곤 했다. 뇌성벽력, 곧 천둥 치듯 벽락 치듯 하는 호령이 이에 속함은 지극히 당연하다.

"네 이놈들, 오만방자하기가 후레자식 꼴이로고!"

이상의 여러 욕은 대체로 노여움과 화증을 동반하게 마련이다. 코방귀욕조차도 조금은 그렇다. 노기 등등하고 머리에 뿔이 돋은 꼴이다. 욕이 뱉어지는 현장 내지 맥락은 싸움판이거나 그 비슷한 겨룸판이기 십상이다. 시비가 벌어진 아수라판일 수도 있다. 코방귀욕에서는 그런 상황이 겉으로는 조금 덜해 보이지만 막상 속은 그렇지만도 않다.

　그러나 욕 가운데는 전혀 욕 같지 않게 쓰이는 것도 포함되어 있다. 가령 호남인들이 남을 "이 잡것"이라고 할 때, 그것이 언제나 "이 잡놈, 잡년"이라고 욕하는 거라고 말하기는 어렵다. 친구에 대한 반가움을 나타내거나 서로가 스스럼없는 사이임을 과시하고 있을 수 있기 때문이다. 심지어 일종의 애칭일 수도 있다.

　경상도에서는 "아이구, 이 문둥아"가 이에 버금가게 쓰이고 있다. 이 경우 '문둥'은 "용천지랄 하지 마"라고 할 때의 용천과는 전혀 딴판이다. 여인네가 만면에 웃음을 띠고 서로 손 마주잡고는 "야, 이 문둥아, 니 잘 있었나"라고 소리치는 정경은 욕과는 전혀 무관하다. 친구끼리 예사로 허물없이 주고받는 "야, 이 새끼야!" 또한 비슷하다.

　이러한 잡것, 문둥이, 이 새끼 들은 인류학에서 말하는 이른바 '농담 관계'를 터놓는다. 무엇을 해도, 무엇이라 해도 서로 흉허물 없게 터놓고 말한다. 이들을 통틀어서 '농담 관계의 욕'이라고 이름할 수 있을 것이다.

　욕이면서도 전혀 욕 같지 않은 욕에는 또 한 종류가 있다.

　"제기랄, 운수치고는."
　"제미랄, 재수 옴 붙었네."
　"염병할, 비가 오다니."
　"우라질, 날씨 하곤!"

이런 경우 제기랄, 제미랄, 염병할, 우라질 등등은 간투사나 감탄사로 둔갑한 욕들이다. 상대가 없어도 무방하게 쓰인다. 듣는 사람이 있다 해도 구태여 그를 면박하려 드는 것은 아니다. 그저 내뱉는 사람이 제 감정에 북받쳐 있는 것뿐이다.

독기가 거의 빠지고 없거나 뒤로 물러난 욕인 것은 농담 관계의 욕과 크게 다를 바 없다. 이들을 '감탄사욕'이라 해도 좋을 것 같다.

미국의 대중성 짙은 영화에서 대사의 거의 절반 이상(?)이 가령, "퍽!", "갓댐!" 등으로 시작할 때 이들 역시 거의 간투사로 퇴화한 욕들이다.

독기 빠진 욕은 더 있을 수 있다.

익살욕이 그렇다.

"별, 새 뒤집어 날아가는 소리."

남의 말을 말 같지 않다고 타박 줄 때 쓰이는 것이지만, 비유가 하도 절묘하고 과장이 하도 탁월해서 욕먹은 사람조차 피식 웃게 될 것이다.

"다 굽은 ㅈ, 제 발등에 오줌 누기는."

제 허물에 제가 다친 사람을 비웃는 욕이긴 하지만, 발상이 기발하기에 역시 욕먹는 사람조차 얼마쯤은 웃을 수 있다. 하다못해 고소라도 하게 될 것이다.

"네 어미 궁둥이와 네 아비 궁둥이와 마주 대면 양장구 똥구멍이 될 놈."

박첨지극에 나오는 이 대목도 웬간히 익살맞다.

위의 두 가지 보기는 그 익살의 동기가 황당한 둘러대기, 억지 춘향의 견강부회에 있다. 둘러대고 끌어다 붙이는 말재주가 익살의 비결이다. 그런가 하면

"네 놈이 거리 노중이냐, 보리 망중이냐, 칠월 백중이냐, 네가 무슨 중이냐?"

와 같이 말장난으로 웃기는 익살욕도 있는데, 탈춤, 꼭두각시놀음, 판소리 등이 즐겨 활용하는 수법이다.

물론 아이들도 이 방면에서 탁월하고 타고난 재주를 발휘한다.

"가리 가리 민대가리 파리 미끄러져 맨대가리."

이 지경이면 동요가 된 말장난이다. 욕이라고 야단치기가 도리어 민망하다. 김삿갓이 자신에게 쉰 밥 먹인 흉측한 놈들에게

"망할(마흔) 놈의 마을에서 쉰 밥 먹이더라."(四十村中 五十食)

라고 일격을 안긴 것도 같은 수법이다.

하지만 소월의 시쯤 되면 옆에서 욕을 듣는 제삼자는 몰라도 직접 듣고 있는 당사자는 예사로 웃기는커녕 고소조차 할 수 없게 된다. 그러잖아도 떫은 게 익살인데 떫은데다 쓴맛까지 가미되었기 때문이다. 독을 머금은 장난기다.

가령 박첨지극에서는 어머니 상여가 나가는데 개고기를 메고 뒤따르

는 상주인 평안 감사가 등장한다. 제 어미 저승길 가는데 그게 무슨 요 깃거리 아니면 안줏거리라고 하필 개고기를 마련한 평안 감사. 예사 사람도 아니고 당상관 대감인 평안 감사.

관객은 포복절도할 장면이다. 대사 한 마디 없다손 쳐도, 박첨지나 홍동지가 입으로 욕이며 쌍소리 한마디 구시렁대지 않았다손 쳐도 관객들은 배꼽을 잡을 것이고 허리가 끊어질 것이다. 무대에 희극성이 듬뿍 괴겠지만, 당사자인 감사 곧 개고기 멘 감사는 개망신, 개코망신이다. 익살을 부릴수록 독기가 빠지기는커녕 더욱 승승한 욕도 있는 법이다.

장승 이야기 6 저는 한국의 남쪽 섬 제주도에 삽니다. 이곳 사람들은 저를 돌하루방, 돌영감, 벅수머리, 장군석, 동자석, 옹중석, 망주석 등 여러 이름으로 불렀으며 제주시, 대정, 성읍 등 3현성(三縣城)의 성문에 세웠습니다. 남태평양 문화와 북방 퉁구스 문화가 이곳 토속적인 제주도 문화와 만나면서 저와 같은 이미지를 낳았답니다. 저더러 멍청한 듯하면서도 강직·온순하며 장수의 기질이 얼굴 전체에 있다나요. 정말 그래요?

제주도 대정읍 안성리 벅수·사진 이형권

6. 어디까지가 욕인가

욕은 혼구멍 내는 창이고 간을 도려 내는 칼날이다. 우락부락하기가 꼭 깡패 같다.

"혓바닥 빼서 네 모가지를 묶을라!"

사납고 독하기가 이를 데 없다.

　　신작로 닦아 논 께 말깨나 하는 놈 형무소 간다.
　　철도길 뚫리더니 얼굴깨나 생긴 년 갈보로 간다.

이 두 아리랑 가사는 왜놈들 배때기에 꽂힐 칼을 대신했다.
　그러나 느물대고 음흉을 떠는 것도 욕이다. 오죽하면 흉측한 걸로 정평이 나 있을까?

　　아이고, 망할 년, 색기허고는. 너도 참 주막각씨 팔짜로 천상 타고났다. 팔짜 오망은 시상 없어도 못헌단등만. 낯반태기 저렇게 핥아논 것맹이로 매조름히 생겼으니, 니 팔짜가 순탄허겄냐?

이것은 최명희 소설 『혼불』에서 한 여염집 아낙이 주막집 색시에게 구시렁대며 하는 욕이다. 워낙 미색인 것이 완연한지라 공연한 까탈을 피우자면 흉물스러울 수밖에 없다. 특히 뒷공론으로 욕하거나 본인 없는 틈을 타서 욕할 때 음흉은 정도를 더한다. 고자질할 땐 더 말할 게 없다.

아유, 그 젊은 년 꼴이라니. 미장원에서 꼬리치고 나서는데, 난 또 그년 미장엘 가는 길인 줄 알았지.

이런 식이다. 혀 놀리기를 뱀처럼 할 수 있는 사람이면 이 방면 욕에 능할 것이다. 음흉한 욕은 대체로 비웃으려 들고 헐뜯기 일쑤다. 조롱, 야유, 비아냥 등이 이런 경우 돋보이게 된다.

"외간 사내에겐 엉덩꼬리 치고 눈꼬리 치고 하면서도 제 서방에겐 흰눈만 까뒤집는 년."

뒷동산 딱따구리는 나무껍질도 뚫는데
우리 집 저 반편,
가죽방아도 못 찧는다. (아리랑)

잘난 여편네와 못난 남편이 듣기 알맞은 욕들이다. 아마도 앞의 가락쯤 되어야 뒤의 아리랑을 능청스럽게 불러 댈 것이다.

"아유, 저것도 자식 낳았다고 제 어미 미역국 먹었을까."

이런 빈정댐은 아예 악담을 겸하고 있다.

씨엄씨 드릴려고
북어를 삶았는데
냄비 뚜껑 열고 보니
빨래 방망이가 삶겼네. (진도 아리랑)

하지만 이것은 사뭇 앵돌아진 비아냥댐이다. 차마 내놓고 빨래 두들기듯 패고 싶다고는 못 하는 앙칼진 심보가 은근 슬쩍 노래로 비켜 섰다. 못 할 소리 하고도 않은 양 시치미 뗀 말재주가 일품이다.
다 같은 진도 아리랑이라도 다음 것은 이와 다르다.

이놈의 고등 대학 불이나 나라
낙방한 내 아들이 목 매러 간다.

이것은 독기가 성성하다.
욕이 비웃고 헐뜯다 보면 그 도가 지나쳐 에누리 없이 악담이 되고 악매가 되고 저주가 되기도 한다. 물론 패악질이 되기도 한다. 눈에 불을 켜고 입에 거품 물면 꼭 독두꺼비 같을까.
그 지경으로 살기 등등한 욕, 이를테면 험구라고 부를 욕도 얼마든지 있다. 도살장의 도끼가 피해 갈지 모르고 교수대의 밧줄이 넌더리를 낼지도 모를 욕들이다. 불행히도 이 방면 욕일수록 극성맞고 가짓수도 많고 쓰임새도 매우 헤프다.
"산 개새끼가 죽은 정승보다 낫다"고 한 만큼, 또 "개똥밭에 굴러도 이승"이라고 한 만큼, 죽음은 욕에서 가장 농한 저주로 쓰인다.
얼어 죽을, 뒤질, 꼬꾸라질, 지옥에 떨어질, 골로갈, 간을 내 씹을, 염통을 꺼낼, 능지처참할, 육시랄 등등은 살기가 등등하다. 죽음의 협박들이다. '육시랄'은 능지처참과 마찬가지로 죽은 시신을 무덤에서 꺼내 짓찢어 놓겠다는 악담이다.

이 방면에는 "벼락을 쫓아가 나이대로 맞아 뒤져라"는 기절초풍할 사설도 끼여 있다. 그런가 하면 "모래 바닥에 혀를 박고 죽어라" 따위 소름끼칠 것도 있다.

주리를 틀, 벼락맞을, 가랑이를 찢을, 혓바닥을 뽑을, 손목대기 분지를, 발모가지 잘라 놓을, 대가리를 부술, 모가지 빼다 똥장군 마개를 할, 눈구멍을 쑤실라, 아가리를 채울, 주둥이를 쥐어박을, 머리통 박살낼, 귓구멍에 송곳 박을, 주둥이가 반퉁이(이남박)가 될, 불알을 깔, ㅈ을 뺄, ㅆ에 못 박을, 작살을 낼, 아가리를 지질라…….

일일이 들자면 끝이 없을 이 등속의 욕은 신체에다 상상도 못 할 아픔을 주겠다고 덤빈다. 형벌, 담근질, 사형에 속할 악담들이다. 모질기가 이를 데 없다.

악담의 욕엔 또 다른 종류가 있다.

염병할, 간에 옴이 올라 긁도 못할, 학질을 앓을, 열병 3년에 물 한 모금 못 마실, 염병에 땀도 못 낼…….

이것들은 말할 것도 없이 '병들어라', '병들어 고통받아라' 등으로 저주하고 있다. 형벌까지 한몫 끼인 육체적 고통, 죽음의 협박, 질병의 겁주기 등이 악담과 저주의 욕의 대종을 이룬다.

그런가 하면 가난이며 재난 역시 저주의 욕에서 큰 구실을 하고 설치는 편이다.

쪽박을 찰, 사흘에 피죽도 못 얻어 걸릴, 빌어먹을, 문전걸식할, 거지 같은, 동냥질이나 해라, 거지 3년에 동냥 3년을 할…….

가난은 나라도 못 구하고 호랑이보다 무섭다고 했으니, 비럭질이 악담일 수밖에.

호랑이가 물어 갈, 뱀이 감아 갈, 족제비가 찍어 갈, 급살맞을, 벼락맞을, 기름 지고 불 속에 들, 귀신이 잡아갈, 쪽박 쓰고 벼락을 피하라지, 삼재 맞을 놈…….

이것은 모두 불의의 재난을 당하라는 저주들이다. 들 삼재, 날 삼재해서 삼재를 무서워한 한국인들이다. 재난에 빌붙은 욕이 없다면 오히려 이상해진다.

이상은 모두 매우 공격성 강한 욕들이다. 잠재된 공격 충동을 털어내는 것으로, 하는 쪽은 시원할 테지만 당하는 쪽은 분통 터지고 열통마저 터질 게 뻔하다. 그러니 욕은 화를 돋우고 분노를 살수록 그 유효성이 커진다. 길길이 뛰게 하고 푸르락 누르락하게 만들고 드디어 비두발광해서 욕하는 쪽이나 먹는 쪽이나 피장파장이 될 지경까지 가서야 욕은 그 직성을 푼다.

그러나 공격의 칼날이 다소 무뎌지는 수가 있더라도 침을 뱉고 똥을 퍼 씌우는 듯한 수법을 쓰는 욕도 있다.

더럽거나 걸다고 하는 욕은 대개 이 등속에 속하는데 결과적으로 상대를 업신여기고 모멸하고 똥치망치로 만들어 버린다. "개새끼", "ㅆ할", "ㅈ빨" 등은 대표적이지만 이런 따위 보기는 셀 수 없이 많다. 육두문자란 것은 대부분 이 종류에 속하는 것이긴 해도, 그것도 일부에 지나지 않는다. "ㅆ과 ㅈ 빼면 욕 안 되고, 주먹 없으면 싸움 안 된다"는 속담은 이래서 생겨났다.

"뜨물로 된 놈."

뜨물이야 물론 쌀뜨물이지만, 어떻든 그걸로 된 사람이라니? 고쳐서 '뜨물로 만든 놈'이라면 좀 알아차리기 쉬울까? 하지만 꼭 그렇지만도 않은 것 같다. 왠고 하니 뜨물로 만든 것은 숭늉이나 나물국이 고작이기 때문이다. 아무리 머리를 쥐어 짠다고 해도 시원한 답이 나올 것 같지 않다.

그렇다면 생각을 달리 해보자. 뜨물이 무엇인가 다른 것에 빗대어져 있다면 어떨까!

"과부가 재수 없으면 뜨물을 마셔도 애기 선다"라고 해도 감이 안 잡힐까? 그렇다면 "과부 봉변하려면 뜨물에 밑 씻어도 애기 든다" 이렇게 고치면, 아! 그랬구나 하며 무릎을 칠 것이다.

그렇다. 이제 까놓고 말하자. 이 경우 뜨물은 남자 정액에 견주어져 있다. 그 빛, 그 진득하기가 비슷한 탓이리라.

뜨물이 난자를 만나서 생긴 애기라니 포복 절도할 일이다. 기상 천외하다. 어림도 없을 일이다. 요컨대 쌀 씻은 그 허여멀건한 찌꺼기 물로 만들어진 인종이라면 그걸 무엇에 쓸꼬?

"뜨물로 만들 놈." 이것은 비아냥과 야유와 모멸을 겸한 볼썽사나운 욕이다. 하지만 지금 세상 돌아가는 꼴 봐선 뜨물 아니라 맹물로 만들어진 축도 없지 않으니 딱하다.

술에 물 타고 기름에 물 섞어 파는 치들은 차라리 고전적이다. 콘크리트에 정량 이상으로 물 쏟아붓는 치들, 예산을 뻥튀기는 관료들, 과

잉 치료하고 의료보험 과다 청구하는 의사들은 어쩌면 뜨물로 되었을지도 모를 일이다.

이런 등속의 인간들보고는 달리 "뒷(밑)구멍으로 빠진 놈(년)"이라고도 한다. "뜨물로 만든 놈"은 시작이 잘못된 데 비해서 "밑구멍으로 빠진 놈"은 결과가 잘못된 것이다. 이러나 저러나 이 두 가지는 덜 된 인간들을 싸잡아서 하는 욕이다. 비슷한 욕은 또 있다.

"발가락 쑤셔서 만든 놈."

이때 발가락으로 뭘 쑤셨느냐고 묻는 것은 좀 덜 떨어진 수작이다. 뻔한 것을 시치미떼고 물으면 내숭떠는 게 된다. 발가락 대신 젓가락, 손가락, 하다못해 부지깽이, 몽당빗자루든 뭐든 임기응변으로 활용할 수 있다.

"태만 키워서 생긴 놈."

이것도 비슷한 욕이다. 아기는 떼다 버리고 태를 아기라고 키웠으니 제대로 되었을 턱이 없다. 순전히 착각 자체가 사람 인두겁을 쓰고 있는 거나 다를 바 없기 때문이다.

모멸감과 수치심을 자극하는 욕은 바보 같은 인간에게 집중적으로 덤빈다.

바보, 천치, 병신, 못난이, 축구(경상도), 얼간이, 멍청이, 벅수(경상도), 얼빠진 놈, 머저리, 멍텅구리, 돌대가리, 빙충이, 푼수…….

하고많다.

농담에서도 바보만한 웃음거리가 없는 것은 당연하다.

신혼 초야에 바보 신랑이 오줌 누겠다고 하고선 밖에 나갔다. 때마침 늦가을 비가 추적추적 내리고 있었다.

한식경이나 지났을까. 기다리다 못한 신부가 내다보았다.

허리춤을 내린 신랑 앞 그 물건에서는 오줌이 흐르지 않고 있었다. 그러나 그 녀석이 그 꼴로 서 있는 머리 위 처마 끝에서는 주룩주룩 신랑 발부리께로 빗물이 떨어지고 있었다.

"왜 그러셔요."

신부가 물었다.

"뭐하긴! 나도 왜 이렇게 오줌이 나오는지 모르겠다니까."

그러고는 신랑이 부르르 몸을 떨었다. 얼어서 자라 자지 꼴이 된 그 물건이 덜렁댔다.

바보, 제 오줌 누는 소리와 비 떨어지는 소리도 구별 못하는 얼간이!

옛날 바보 새신랑을 처가에서 불렀다. 외동딸만 두었던 집이라 손이 아쉬워서 사위더러 소시장에 소 보러 같이 가자는 장인의 전갈이었다.

막막한 신랑에게 신부가 방법을 일러 주었다.

"우선 소 입 안을 들여다보고 이빨을 보셔요. 이빨이 실하거든 '그 아가리 좋다' 그러셔요. 다음으로 소가 암놈이거들랑, 엉덩판을 만지고 두들겨 보셔요. 펑퍼짐하거든, 엉덩판을 손바닥으로 치며 '그 암소 엉덩짝 실하다' 그러세요. 알았죠?"

신랑은 장인을 따라가서 신부가 시킨 대로 했다. 장인은 크게 만족했다.

몇 해 지나고 처가에서 또 전갈이 왔다. 장모가 편찮으시니 장모 보러 오라고 했다.

"이제 뭐든 보는 건 문제없지, 히히히."

사위는 거침없이 처가 안방에 들이닥쳤다.

장모 입을 억지로 비집어 열었다.

"그 아가리 좋다."

이내 이불을 들쳐서 장모 엉덩판을 철썩!

"그 엉덩짝 실하다."

하긴 "여자는 엉덩짝 맛에 산다"는 말이 있긴 하지만, 이 사위는 아무래도 좀 지나쳤다.

옛날에 이미 들은 것만 가지고 변통할 줄 모르는 사람을 '옻나무 궤짝'이라 한다고 홍만종은 『순오지』에서 지적하고 있다. 그 사연인즉 다음과 같다.

웬 늙은이가 옻나무 궤에 쌀 쉰다섯 되를 넣고는, 그 궤를 만든 나무와 궤 속 알맹이를 알아맞히는 자를 사위 삼겠다고 광고했다. 딸은 하필이면 어리석은 총각을 사랑하고 있던 터라, 그에게 귀띔해 주었고 덕택에 둘은 혼례를 올릴 수 있었다. 그 늙은이는 사위가 자랑스러웠다. 혼수로 황소를 붙여 주면서 물었다.

"이 소가 어떤가?"

그러자 사위가 대답했다.

"이건 옻나무 궤요 속에는 쉰닷 되의 쌀이 들었소."

욕은 세상에 흔히 돌아다니는 우스갯소리와 마찬가지로 섹스와 외국인과 바보를 즐겨 웃음거리로 삼지만, 외국인과 바보를 소재로 하는 욕은 피치 못하게 악취미가 되기 쉽다는 점에 유념하고 싶다. 다만 헛똑똑이, 말하자면 잘난 척하긴 해도 실상은 머저리인 상대라면 악취미라고 피할 까닭이 없다.

바보에 관한 것만큼 호칭이나 별명이 많은 욕은 드물다. 아니, 없다. 이것은 이른바 지능지수나 높고 잔꾀나 많은 사람을 치켜세운 것과는 아무 관계도 없다. 오히려 정신 차리고, 마음 곧게 먹고, 세상 바르게 살라는 신념 때문에 생긴 결과라고 생각해야 한다. 왜냐하면 잔꾀 많아서 소위 머리 회전 빠른 사람은 욕가마리가 되어 있기 때문이다. 약은 사람, 이문에 밝은 사람, 제 이득만 챙기기 바쁜 사람들은 그 머리 좋은 것 때문에 오히려 욕가마리가 되기 십상이기 때문이다.

쥐새끼, 족제비, 밤눈 먼 고양이, 조조 같은 놈.

이 따위 욕 듣기 알맞다. 무안을 주고 타박을 주는 것, 수치심과 모욕감을 주는 욕으로는 달리 또 이런 것도 있다.

병신, 배냇병신, 반편, 또디기(경상도), 병태.

그러나 이 욕을 실제로 신체적 장애를 지닌 사람을 대상으로 삼아 사용해서는 안 될 것이다. 사대육신 멀쩡한데도 꼴값하는 축에게나 퍼부을 욕이기 때문이다. 따라서 남의 신체 장애를 꼬집어서 하는 모든 욕은 사라지는 게 좋을 것이다.

모욕당해서 싼 축으로는 또 방정맞은 여인네가 있었다.

초라니 방정, 깨방정, 오두방정, 지랄방정, 생방정, 요란방정……

같은 방정이라도 잡색으로 욕을 듣는 것을 보면 수다쟁이, 엉덩이 가벼운 여자, 경망한 여인, 체신머리 사나운 여성 등등이니, 참 얄궂고 짓궂게도 사내들은 방정을 아예 여자 몫으로만 떠넘기는 방정을 떤 것이다.

초라니는 광대다. 소매라고도 하는데 여자로 분장한데다 요란한 복색까지 갖추어서 법석을 떠는 나머지 욕가마리로 전락한 것이다. 심청전의 뺑덕 어미쯤 되면 일종의 초라니 방정이다.

깨방정은 쇠가마에서 볶이는 깨알이 튀고 퉁기면서 요란한 소리를 내는 데서 생긴 말이기 쉽다. 방정은 요란방정이니까 그럴 수 있을 것이다.

방정이 여성 전용의 욕이라고 해서 사내들이 무슨 면죄부라도 얻은 것처럼 지레 촐싹대면, 그 또한 "물색없이 까부는 놈" 소리 듣게 된다. 여자 초라니 남자 까부리면 천생배필이다. 불경기의 바닥과 우울증의 밑창조차 이들을 억누르기는 애시당초 틀렸기 때문이다.

방정이 지나치면 야스레나 요스레가 되고 요상한 것, 요망한 것, 발칙한 것, 촐싹꾸러기 등의 욕을 듣게 된다. 치맛바람, 꼬리치기, 눈웃음치기, 베갯밑 송사 등의 말도 이 경우에 쓰이기 알맞다.

그런가 하면 아부꾼도 일종의 야스레꾼이니 욕지기가 나게 마련이다.

"알랑방귀."
"간에 붙었다 쓸개에 붙었다 할 놈."
"남 밑구멍 핥을 놈."

이런 욕은 그들에게 헌정되어 있다.

그 밖에 뻔뻔이보고는 "오지랖 넓다"고 하지만, 이 욕은 남 앞에 무턱대고 나서기 좋아하는 축한테도 쓰일 수 있다. 뻔뻔이는 건방진 것이나 방자한 경지에서 극에 달한다. 유들유들하고 느물대고 더 나아가서 우쭐대는 것 역시 대단한 욕가마리다.

그러나 욕이라고 해서 그것이 공격적이든, 조소적이든, 칼날이든 비아냥이든 언제나 남에게만 쏘아지는 것은 아니다. 자기 한탄, 자기 모멸 그리고 자학을 위해서도 욕은 쓰인다. 하늘에 침 뱉기가 아니라 제 얼굴에 침 뱉고 제 대가리에 똥 싸는 짓인 욕도 있다. 그것은 이를테면 팔자 한탄이고 신세 타령이다. 넋두리고 푸념이다. 심지어 자학적이기까지 하다.

부대끼고 지질리다 보면, 억장이 무너지고 애가 끓고 간이 녹고 기가 목 천장까지 꽉찰 때가 있다. 악이 머리 끝 아니라 하늘 끝까지 가득 받칠 때도 있다. 악지가 온 가슴, 온몸을 바싹 죄고 들면 피 아니라 온 땀구멍에서 목숨의 진액이 흐른다.

이럴 때, 이 땅 여인들은 가슴을 치고 땅을 쳤다. 이때 땅을 치는 것은 세상을 치는 일이다. 세상 간에다 칼을 꽂고 세상 염통에 말뚝을 박아야 하는 충동으로 땅을 친다.

그러나 땅을 치던 그 손으로 이내 제 가슴을 친다. 미어지라고 뚫어지라고 두들겨 댄다. 아니, 패 댄다. 이것은 자책이고 자탄이다. 제 팔자를 제 손으로, 제 주먹으로 으스러지라고 팡팡 두들겨 대는 것이다. 그러다가 마치 뒷마무리라도 하듯 제 무릎, 제 허벅지를 쓸어 댄다. 그것은 쓰라린 자의 시늉이다. 쓰라림을 달래고 한을 토닥거리는 몸 시늉이다.

이때 바로 자신을 탓하는 욕설이 꾸역꾸역 목을 넘어온다. 그것은 욕지기 같은 것, 토악질이다. 미식거리는 팔자를 그렇게 토해 놓는다. 제 삶에 제가 침을 뱉는다. 손으로 가슴 치고 무릎이며 허벅지 쓸어 대는 사이사이 신세 타령, 팔자 한탄을 하게 된다.

> 아이고, 옆집 임서방 반절만 좀 하시오.(중략) 참말로 눈치만 있으면, 절
> 깐에 가서도 새비젓을 얻어먹는다는디, 무신 사램이 새비젓통에 들앉아서
> 도 소금 어됐냐고 허게 생겼으니, 멋 헐라고 아그들은 논바닥에 머구리 새
> 끼들 맹이로 와글와글 나 놓고 저 주뎅이들을 다 멀로 채와 줄랑고. 이 껄보
> 지 숭년에 피죽 한 그릇도 없이. 아이고.
>
> — 최명희, 『혼불』 5권에서

이렇게 남편에게 절반쯤, 자식새끼들에게 절반쯤 쏟아붓는 것 같지
만, 꼭 그렇지만은 않다. 이것은 자탄을 겸하고 있기 때문이다.
『혼불』은 부서방 아낙의 위와 같은 푸념 다음에 영락없이 흥부네 꼴
같은 장면을 묘사해 보이고 있다.

> 그 총 중에 가운뎃놈은 엉거주춤 선 채로 절절절절 방바닥에 오줌을 누는
> 데, 황급히 방구석지 걸레를 집어 드는 어미한테 아직 기어다니는 어린 것
> 이 칭얼칭얼 기운 없이 보채며 품으로 기어들었다. 배도 고프고 잠도 오는
> 것이리라. 한 손에 걸레 들고 한 손으로 아이를 안아 무릎에 앉히는 어미의
> 등에 또 한 놈이 찰싹 달라붙는다. 업어 달라는 말이었다. 뜨끈한 목을 감고
> 늘어지며 등에서 떨어지지 않는 것을 흔들어 떨구고는, "아이고 이 노무 새
> 깽이들아, 차라리 에미를 뜯어먹어라. 뜯어먹어. 느그들이 자식이냐, 웬수
> 냐아."

이 또한 자식에 빗대어서 자신의 처지에 내뱉는 투정이요 악이다.
서부 경남의 여성들은 친정 부모 초상을 당하면 부모 영전에서 한글
제문을 읽는다. 오라비들이 한문으로 된 제문을 읽은 뒤를 이어 대개는

스스로 지은 제문을 읽는 것이다.

　상청에 모인 사람들을 절절이 울리게 되는 그 제문은 큰 줄기가 '여자의 한'으로 엮어진다. 딸로 태어난 한, 남의 집에 시집가서 부모 못 모신 죄를 주축으로 삼은 자탄과 참회가 내용을 이룬다. 요컨대 여자란 것 자체가 한이요 눈물이요 울음이다.

　욕으로 읊는 넋두리, 욕지거리 섞으면서 내뱉는 푸념, 그것은 이 땅 여성들의 가장 여성적인 담론 자체였다고 해도 지나치지 않을 것이다.

장승 이야기 7 판소리 열두 마당 중의 하나였던 「변강쇠전」은 그 무대가 경남 함양 지리산 산자락. 그 짓만은 빼놓고 온갖 게을러빠진 변강쇠가 나무인들 해오겠나. 산 길목의 목장승을 보고 그걸 뽑으려 하니 장승이 두 눈 부릅뜨고 욕을 바가지로 했겠다. 변강쇠는 그래도 일을 저지르니 결국 목이 부러지고 몸이 동강나 땔감이 되고 말았다. 얼마나 원통했겠나. 이 장승의 원혼은 곧장 두령인 대방장승에게 찾아가 이를 고하고 대방장승은 곧 전국 장승들에게 통문을 내서 하나도 예외 없이 새남터에 모이게 하니 그 수가 엄청났다더라. 뒷이야기는 p. 291에 있습니다.

경남 함양군 마천면 추성리 벅수 · 사진 이형권

7. 욕도 성 차별을 한다

찢어진 년

"찢어 죽일 년."

물론 독살 맞은 욕이다. 그러나 이것조차 "찢어진 년!"보다는 낫다.

이와 맞비길 사내 욕이라면 "튀어나온 놈!"이나 "차고 다니는 놈!" 쯤 있어야 하는데 실제로는 없다. 이것부터가 이미 성 차별이다. 그 못된 욕들도 성 차별을 해서 다시 한 번 더 그 검은 속을 드러낸다. 1996년 가을 광주에서 열린 '전국 욕대회'에 광주 대표로 나선 한 젊은 여기자는 육친에게서 이 욕을 들으며 자랐노라고 실토했다. 계집아이만 연달아 다섯이 태어난 게 죄라고 그녀는 울먹이며 말했다. 육친도 그 딸이나 손녀를 두고 이 쌍욕으로 성 차별을 했다.

"찢어진 년!" "패인 년"이라고 해도 다를 바 없는 이 망측한 욕이 단순히 제유법, 이를테면 여성의 육신 일부인 성기의 생김새로 여성 자체를 나타내는 비유법(곧 부분으로 전체를 나타내는 비유법)으로만 그치는 것은 아니다. 그것은 그것보다 훨씬 심각하고 복잡한 함축성과 상징성을 갖추고 있기 때문이다.

여성은, 그것도 가부장제 사회의 여성은 원천적으로 '찢어진 존재',

'금간 존재'였다. 그들은 '상처난 존재'였다. 아니 아예 상처 그 자체였다. 이런 뜻이 바로 "찢어진 년"에는 담겨 있다.

산도 그 골짝 몰골이 찢어진 형상이면 유식하게는 '여근곡'(女根谷)이라 하고, 우직하게는 '보지골'이라고 했다. 섬이 그런 모양이면 '보지섬'이라고 했는데, 경남 통영만에는 지금은 '보디섬' 또는 '바디섬'이란 이름으로 남아 있다고 한다. 그러다 보니 바위에 세로 금이 나 있으면 당연히 '암바위' 또는 '보지바위'다.

물론 흔히 부암(符岩)이라 일컬어진 바위도 암바위거니와 이는 찢어진 것이 아니라 움푹 패어 있다. 부암이란 암바위의 움푹 패인 구멍에 숫돌 맞비벼서 꼭 틀어박히게 마련인 바위란 뜻이다. 숫돌과 암구멍이 꼭 부합하는 돌이라고 해서 '부암'이라고 한 것이지만, 부분적으로 '부암'(婦岩), 곧 아내 바위라는 뜻도 숨겨져 있을 성싶다. 하니 부암은 암수 '짝짓기 바위'나 다를 바 없고 보면 돌도 색을 누리고 즐기나 보다는 생각을 하게 된다. 하니까 사랑에 무딘 사내를 보고 '목석 같다'는 욕은 하지 말아야 한다.

"찢어진 년"이란 악담, "패인 년"이란 악담에는 가부장제하 여성의 역사가 실려 있다. 그 찢어진 금, 그 패인 구멍은 이를테면 역사적 생채기이다.

음순을 잘라 내라

인류 가운데 적어도 일부의 종족은 미성년 소녀를 찢고 금냄으로써 성년이 되게 하였다. 소녀 할례는 그 성기의 일부, 특히 음순이나 음핵을 찢어 내는 일, 잘라 내는 일이었다. 이미 찢어진 것을 더 찢어지게

함으로써 성숙한 여인 대접을 했다.

알영은 혁거세의 왕비이고 유화는 고주몽의 어머니 곧 모비이다. 알영은 태어나면서 새의 것과 같은 입부리를 일부러 잘라 내었고 유화는 애기 낳기 직전 같은 짓을 했다.

두 여인이 다 입술 자르기를 당하고 있거니와, 이를 음순 자르기의 은근한 표현이라고 읽을 가능성이 아주 없지도 않다. 입술은 구순이다. 음순과 같은 순이다. 해부학 용어인 '라비아'(Labia)도 비슷하게 위 라비아와 아래 라비아로 구순과 음순을 구별한다. 이렇듯 구순의 순과 음순의 순 사이의 연관성을 강조할 수 있다면, 알영과 유화도 소녀 할례를 당한 것이라고 감히 추정하게 된다.

소녀는 잘리고 찢어져서 비로소 성인 여성이 된다. 생리적으로만 그런 게 아니다. 정신적으로는 더 심하게 찢기고 금가면서 삶을 지탱한다. 그래서 여성은 숙명적으로 찢어진 년이다. 그것은 여성이 원천적으로 또 근본적으로 당하고 겪은 성 학대요 성 폭력이다. "찢어진 년"이란 말에는 이 모든 아픔이 담겨 있다.

"찢어진 년"으로 만들기 위해서는 찢어야 했다. 그래서 "찢을 년"이란 악담이 생겨났다.

시집을 가면 이른바 출가외인 곧 집 나간 남이 된다. 옛날이면 20년 가까이, 지금으로는 그보다 더 되게 한 곳에 뿌리내리고 자라던 나무는 시집가면서 어느 날 문득 뿌리가 잘려 이식당한다. 이때 여성은 찢어지는 정도가 아니다. 아예 잘리고 뽑힌다. 찢어질 년은 잘릴 년이고 뽑힐 년이다. 그 모든 것을 "찢어진 년"이 대변하고 있다. 찢은 가해자들이 찢김을 당한 피해자에게 적반하장으로 뒤집어씌운 욕이 다름 아닌 "찢어진 년"이다.

가랑이 찢을

사내보고는 "찢어 죽일 놈"이라곤 별로 하지 않는다. 역시 계집들에게라야 실감나게 "사지를 찢을 년!" 아니면 한 수 더 떠서 "가랑이를 찢을 년!"이라고 악을 써 왔다. 이럴 때 남자 몫은 "뽑아 놓을 놈!" 또는 "빼 놓을 놈!"이 되어야 한다. 성 차별은 다시금 완연해진다. 찢을 것과 뽑을 것끼리 그렇게 어울려 살아온 것이던가!

"가랑이 찢을 년"이 더 험악해지면 입에 담기가 차마 민망하게도 'ㅆ' 붙인 글자 하나 덤으로 얹어서 "ㅇ가랑이 찢을 년!"이 된다. 찢은 김에 아주 통째로 끝장보게 찢어 놓자는 수작이다. 그렇다고 "불(불알) 가랑이 찢어 놓을라!" 이런 욕은 없다. 이 또 무슨 성 차별인가. 욕도 남녀 칠세면 부동석이던가.

여성에 대한 욕의 성 차별은 낱말 차원의 형용사에서부터 시작된다.

요망한, 요상한, 간사한, 간특한, 간악한, 발칙한, 추잡한, 방정맞은, 재수 없는, 부정 타는, 시끄러운, 잡스런, 교활한, 경망한, 수다스런, 재잘대는, 촐랑대는, 까불대는, 꼬리치는, 눈꼬리 찢어진……

이 정도만 해도 이미 대단하다. 더러 꼬마들에게도 쓸 수 있는 게 섞여 있긴 하지만, 여자 욕할 때 단골로 쓰이는 꾸밈말 아닌 헐뜯음말들이다. 여성 전용의 욕 형용사들이다.

마찬가지로 부사(副詞)의 욕에도 여성 전용이 있다.

배시시, 게슴츠레, 키득키득, 알랑알랑, 께죽께죽, 재잘재잘, 뾰로통, 삐죽삐죽……

이 말들은 모조리 여성을 헐뜯을 때 주로 쓰일 만한 것들이다. 사정이 이렇고 보면, 농담도 우스갯소리도 여자에게만 욕으로 들릴 만한 게 있게 마련이다.

남성만 오세요

한 미끈한 젊은 여성이 비키니 차림으로 바닷가 넓으나 넓은 모래 사장을 걷고 있었다. 마를린 먼로 뺨치게……

한데 뒤에서 살며시 다가든 짓궂은 사내가 젖가슴받이 뒷줄을 예리한 가위로 싹둑. 근처에 숨을 만한 건물도 나무도 없다면 다급해진 그녀가 어떻게 해야 할까?

옆 잔디밭에 뛰어들었다. 거기 서 있던 팻말을 보고 자시고 할 것 없이 뽑아 들고는 가슴을 가렸다. 사람들이 웃어 댔다.

왜?

하필이면 팻말에 쓰이기를 "잔디밭에 들어가지 마세요"라니!

누군가의 손가락질로 사정을 알아챈 그녀는 홍당무가 되었다. 자, 이젠 어떻게 대처했을까?

저만큼에 또 다른 팻말이 옆눈으로 보였다. 그 길로 뛰어가서 아까처럼 그걸 뽑아 앞을 가렸다. 한데 또 사람들이 배를 안고 웃어 댔다. 이건 또 뭔가.

이 팻말에는 하필이면 "한국은 동방예의지국. 노 브라 절대 불가!"라고 적혀 있었다. 일이 공교롭게 꼬여만 가다니, 그녀는 더 새빨개질 수밖에……

한데 지옥에도 부처라던가? 저만큼에 또 다른 팻말이 보였다. 또 설마하니! 뛰어간 그녀는 다짜고짜 뽑아서는 브라 대신으로 삼았다. 그리곤 기세 좋게 허리를 비틀고 다리까지 꼬았다. 타고난 교태로 난관을 날려 버릴 셈으로.

아니! 이건 또 뭐람. 사람들이 이젠 뒹굴고 박장대소였다. 더 이상 근처엔 팻말도 없었다. 그녀는 헛기침을 하고 팻말을 가슴에 바싹 붙이곤 호텔 쪽을 향해 걷기 시작했다.

그런데 사내들이 그 뒤를 따라 장사진을 치고 따라왔다.

왜? 팻말에 뭐라고 써 있기에?

"남성만 오세요. 성인 5000원, 1회에 30분!"

그녀는 그게 남성 샤워장 앞 안내판인 것을 모르고 계속 걸어 호텔까지 갔다. 사내들의 수는 점점 늘어 갔다.

이건 순전히 여성 욕보이는 실없는 소리다. 하지만 "남성만 오세요. 성인 5000원, 1회에 30분"에 엉뚱한 망상을 품고 촐랑거리고 뒤따르는 사내들 꼴은 칭찬할 게 못 된다.

농담에서도 이러니 욕은 오죽할까?

욕의 성 차별은 비유법을 활용하면서 사뭇 극심해진다.

"불란서 여자 배우의 줄임말은?"

"불여우."

이때 불여우가 여자의 별호임을 모를 한국인은 없다. 사전에 보면 "북한 및 만주 지역에 사는 붉은 빛이 나는 여우"라고 해 놓고선 이어서 "변덕스럽고 요사스러운 여자를 속되게 이르는 말"이라고 사족을 달고 있다.

한데 한국 남성은 이 사전의 정의 따위에는 아랑곳하지 않고 제 말 안 듣는 카랑카랑한 여자, 고분고분 않는 영리한 여자 등을 무턱대고 불여우라고 한다. 이것은 억눌린 자존심과 불붙은 적개심의 소치이다. 남성의 적개심에 불을 돋운 만큼, 여성은 불여우 대접을 받았다.

역사적 인물로는 장희빈쯤 되어야 불여우로서 제격이지만, 백여우라고 해서 후한 대접을 받고 있는 것은 결코 아니다. 이 경우에는 백색이 지닌 좋은 상징성, 예컨대 평화, 안식, 순수, 무구함 등의 상징성은 아무 효력도 발휘하지 못한다. 오히려 늙은 할미 마귀의 흰 머리카락이 띠고 있을 법한 무시무시함만 두드러져 있을 뿐이다.

이 지경이면 불여우나 백여우나 여성의 비유법으로 쓰일 때, 불이냐 백이냐는 아무 차이도 없다. 그저 남성이 여성에 대해 갖고 있는 편견으로 진하게 물들어 있을 뿐이다. 백여우 같은 년이나 불여우 같은 년이나 그저 그렇고 그렇다.

여우가 개과란 것을 고려하면, 여우에 대응될 남성 비유법을 위한 동물로는 무엇이 좋을까? 그야 당연히 늑대다. 개가 얼핏 머리에 떠오를 수 있지만, 따지고 보면 욕으로 쓰이는 개에게는 전혀 성 차가 없다. 적어도 욕으로 쓰이는 한, 개는 남녀 공용이다. 개 같은 놈과 개 같은 년이 사이 좋게 짝지워져 있기 때문이다. 그런 점에서 개는 쥐와 같다. 쥐나 쥐새끼도 남녀 차이 없이 쓰이기 때문이다. 쥐새끼 같은 놈이 쥐새끼 같은 년 앞에서 '나는 사내'라고 뽐내 보았자 귀담아들어 줄 사람이 없다. 욕에서 쥐는 개와 동등하다.

그러니 여우와 맞설 동물로는 천생 늑대를 들어야 한다. 여우에도 암수가 있고 늑대에도 물론 암수가 있다. 그러나 인간들의 전설 따위에서, 그리고 욕 속에서 여우는 으레 암컷이고 늑대는 정해 놓다시피 수컷이다. 인간은 자신을 위한 비유법으로 짐승을 다룰 때, 짐승들의 자연적이고 생리적인 성 차는 무시해 버렸다. 개를 제외하고는 비교적 명쾌하게 동물들을 암수 한쪽으로 몰아붙인 것이다. 여우와 늑대가 가장 좋은 본보기다.

한데 늑대는 악랄하고 여우는 교활한 것으로 되어 있으니 윤리적으로나 도덕적으로나 낫고 못하고 할 게 없다. 나쁜 걸로 보면 서로 난형난제다.

처녀 딸을 둔 부모는 남의 사내를 몽땅 늑대라고 접어 둔다.

"귀한 우리 딸아! 세상 사내 녀석들, 죄 늑대니라. 조심해라."

이런 타이름은 관례화되어 있다.

그런데 총각 아들을 둔 부모는 남의 여자는 모조리 여우로 몰아붙인다.

"금지옥엽 같은 우리 아들아! 세상 계집들은 죄 여우니라. 조심하거라."

그야말로 명군장군이다. 그럴 때 아버지들은 자신을 늑대 무리에서 빼고, 어머니들은 자신을 여우에서 빼는지 궁금하다.

세상 부모들의 견해를 따르면 신랑 신부는 결국 늑대와 여우가 짝이 되는 셈이다. 그렇다면 그들이 낳는 아이들은 무엇이 되는 걸까? 늑대와 여우의 티기를 뭐라고 할까? 모르긴 하지만, '늑우' 아니면 '여늑'쯤 될 것 같다.

한데 욕에서 남녀의 비유법이 여우와 늑대로 그치는 것은 결코 아니다. 벼라별 짐승이며 동물이 입성사나운 사람들의 입질에서 짓씹힌다. 개와 늑대를 제외하고 나면, 단연 욕은 여성에게 불리하게 돌아가고 있다.

뱀(독사), 참새, 고양이. 이들 동물은 욕에서 에누리 없이 여자다. "뱀같이 찬 년", "독사같이 모진 년"에다 "참새같이 재잘대는 여자",

"고양이마냥 앙칼진 아낙" 이런 식이다.

원한을 품고 죽거나 욕구가 좌절된 채 죽은 여자는 뱀으로 환생한다고 전해진다.

가령 어느 고매한 선비나 관원을 한 비천한 여인이 사랑한다 치자. 정석대로 그녀의 애틋한 정은 거절당한다. 그녀는 꼬리를 친 셈이 되고 사내는 덕을 지킨 꼴이 되지만, 여우 같은 그녀는 목을 매어 자살한다. 그리고는 한참 세월이 지난 뒤 그 목석 같던 사내는 천수를 다한다. 그는 향교에 모셔지는데, 그 나무 신주에 뱀이 서리 감고 있는 것으로 이야기는 마무리된다.

끔찍하다. 소름이 끼친다. 조선조 사회에서 여성을 보는 사내들의 이지러진 시각이 이보다 더하게 표현될 수는 없을 것이지만, 이 지경이면 여자는 뱀 같은 게 아니라 아예 뱀 자체가 된다.

그 당시 사내들은 여자를 얕보고 깔보고 핍박했음에도 불구하고 그 반작용으로 강한 피해 의식을 붙안고 있었다. 저것들, 저 당치도 않은 것들에게서 무엇인가 당하고 산다는 턱도 없는 망상 때문에 사내들은 여자를 독사 또는 여우로 몰아붙였다. 죽어서도 그 피해는 못 벗어난다고 생각한 아주 좋은 징표가 바로 뱀에 서리 감긴 신주다.

그 당시 말대로 하면 '사내는 여자에 빠지는 그 무엇'이다. 여색에 빠진다고 했고 미색에 혹한다고도 했다.

빠진다면 여성은 피치 못하게 남성을 삼키는 함정이 된다. 덫일 수밖에 없다.

이 꼴사나운 피해 의식이 저 유명한 '거세 공포', 말하자면 불알 잘리는 공포와 짝지워질 것은 아주 뻔하다. 남성에게서 성행위는 빠짐이고 그래서 급기야는 당하는 것이 된다. 덫일 수도 있는 함정에 푹 빠져서 꺾이고 마는 게 사내들의 성행위의 끝장이다.

사내들의 성행위에 해피 엔딩은 없다.

"왔노라, 싸웠노라, 이겼노라"는 이 경우에는 가당치도 않다. "왔노라, 싸웠노라, 이겼다고 환상했노라"라고 고쳐 말해야 한다. 사내는 여성에게 우선은 정복자처럼 대든다. 하나 그것은 싸움의 첫판에 불과하다. 사내는 헐떡이며 분전하다가 마침내 꺾인 패배자가 된다. 그에게서 정복자 의식과 피해자 의식은 한 동전의 양면이다.

이럴 경우 다음과 같은 우스갯소리는 매우 교훈적이다.

남들 알아서는 안 될 은근한 사랑에 빠진 남녀가 있었다. 그들은 별로 폭이 넓지 않은 골목길을 사이에 두고 마주 보고 살고 있었다. 창을 통해 서로 빤히 들여다볼 수도 있었다.

어느 날 사내가 창을 열고 여성을 불렀다. 그리고 소리쳤다.

"이리로 건너와."

"무슨 재주로?"

"자! 보란 말이야. 이걸로 다리 삼아 타고 오라고."

"하지만 그걸로는 돌아올 때 수가 없잖아."

여자는 한심한 듯 이렇게 말하고 창을 닫았다.

이 이야기를 미처 못 알아듣는 사람이 있을까? 그렇다면 사내가 평소부터 늘 제 물건 크고 긴 것을 자랑했었노라고, 그래서 그걸로 사랑의 교량으로 삼으려 했노라고 덧붙여 두는 게 좋을 것 같다.

제가 아무리 그래 봤자 일이 끝나면 만사 끝이다. 그녀가 돌아올 때 그 일물은 완전히 파멸해 있을 것이기 때문이다.

여자는 욕인가

요상하다. 방정맞다, 꼬리친다, 깨방정 떤다…….
여우, 불여우, 구미호, 참새, 뱀…….

이 낱말들은 주로 여자 전용으로 쓰이는 욕지거리들이다. 남자에게 못 쓸 건 없지만, 상대적으로 따질 때 아무래도 여자 편에 치우쳐 쓰인다. 심지어 도둑년보다 또는 잡년, 쌍년보다 더한 "아랫것 장사, 갈보년, 똥갈보, 화냥년" 등도 역시 여성 전용이다.

도둑년이나 잡년의 경우라면 이들에 대응해 남성에게 전문으로 쓰이는 욕설이 있다. 그러나 아랫것 장사를 비롯한 같은 계열의 욕은 이에 대응하는 남성의 욕이 없다. 이들은 절대적으로 여성에게 국한해서 사용되어 왔다. 이 욕이 특정 직업을 가진 여성만이 아니라, 미움 박힌 여자에게도 사용되었다는 점은 사뭇 끔찍한 일이다.

이것은 사내라면, 사내아이라면 안 들어도 될 욕을 여성들은 오직 여자며 여자아이라는 이유 하나만으로 들어 온 것임을 말해 주고 있다. 요컨대 팔자 사나운 게 여자다.

여자가 뭔데, 여자로 태어나고 싶어서 태어난 것도 아닌데, 왜 여자들은 전용의 욕을 들어야 했을까. 욕일수록 성 차별에 더욱 민감하다고 해야 할까?

"여자와 명태는 두들겨라."
"여우 꼬리와 여자 혀."
"여자 나이 삼십, 남자 나이 오십."

"여자 무게는 강짜 무게."

"여자와 바가지는 나돌면 깨진다."

"여자 사흘 안 맞으면 꼬리가 난다."

"여자는 양념."

"여자는 익은 음식."

이같이 여자를 몰아붙이는 속담을 찾자면 끝이 없다. 이러고도 사내들이 여자와 왜 짝짓기를 하는지 알 수가 없다.

심지어 여자는 단적으로 더럽다고 했다. 더러워도 그냥 더러운 게 아니고 부정(不淨)으로 더럽다. 남에게 동티가 되고 재앙 끼치는 부정이란 뜻으로 여자를 '더러운 것'이라고 했다.

아침 첫 손님으로 여자가 택시를 타면 재수 없다고 했다. 이런 뜻으로도 여자를 '부정 타는 것'이라 맹신했다. 여자는 부정 중의 부정이어서 단적으로 재앙과 동티의 동기 자체였다.

옛날에 오랫동안 비가 오지 않으면 기우제를 올렸는데, 그 가운데는 여자들이 떼로 몰려 산꼭대기에 올라가서는 한꺼번에 오줌을 누어 대는 별 괴상한 기우제가 다 있었다.

"엇! 더러워."

부정을 겁낸 하늘이 질겁을 하고는 비를 내릴 거라고 생각한 탓이다. 하늘도 사뭇 다급해져 어떻게든 빨리 씻어 내려 할 것이기 때문이다. 이쯤 되면 여자는 공해고 오염이었을지도 모른다.

여자는 바로 이 때문에 억울하게, 당치도 않게 욕설의 제물이 되었다.

다 같이 '죽인다'고 할 때에도, 여성을 상대로는 "박아 죽인다"거나 "찢어 죽인다"고 했다. 물론 사내들과 다를 바 없이 "쳐 죽인다", "패 죽인다", "때려 죽인다"는 쌍스런 악매에 이 두 가지를 덤으로 더 들어야 했던 것이다. 죽을 때조차 여자는 몰골 사납게 죽으라고 저주당한 것이다.

누구나 알고 있을 희랍의 서사시 『오디세이아』에서는 주인공인 영웅 오디세우스가 갖은 풍랑과 난관 끝에 고향 이타카로 돌아와서 아내 텔레마코스를 괴롭히던 일당을 모조리 처치하는 장면이 통쾌하게 벌어진다. 이때 사내들은 활이나 창 따위로 죽이는 데 비해서 여자는 목을 매달아서 흔들어 죽인다. 이 살인 방법은 희랍의 경우, 여자들에게만 적용되었다지만 창피한 사내를 죽일 때에도 이 방법이 사용되었다고 한다.

"박아 죽일 년"에서 '박는다'는 성행위에서 유추된 살인 아닌 살인의 방식이다. 박히는 게 여자라는 편견이 작용하고 있는 셈이다. "씨에 말뚝 박을 년"이란 욕과 짝을 이루는 게 곧 "박아 죽일 년"이다.

그건 그렇다 치고 "찢어 죽일 년"은 또 뭘까? 이와 관련해서는 다음과 같은 처절한 사연이 있다.

앞에서 언급한 전국 욕대회는 성대하고 흥겹게 치러졌다. 판소리와 노래의 고장, 「진도 아리랑」과 '시나위'의 고장다운 행사였다.

이 대회에는 각도에서 내로라하는 욕쟁이들이 몰려들었는데 사내 대표들 가운데 뜻밖에 앞서 말한 홍일점 여성 대표가 끼여 있었다. 명단만 보는 동안은 믿을 수가 없었다. 그녀가 실제로 연단에 올라섰을 때, 유달리 힘찬 박수가 터지고 아우성이 들끓은 것 역시 뜻밖의 사건이 일어났기 때문이었을 것이다. 그녀의 욕 사설은 사내들과는 달랐다.

사내들은 예외 없이 육두문자가 판을 치는 욕설로 기를 돋웠다.

옛날 어느 산골 외딴곳에 오막살이하는 한 가족이 있었다. 한동안 장마가 계속되었다. 사내 새끼놈들 셋도 제 어미 아비 처박힌 방 안에서 노상 궁싯대고 있었다.

지아비와 지어미는 삭신이 근질근질했지만, 감시꾼 아닌 감시꾼 때문에 겨우겨우 사타구니 긁적이는 게 고작인 나날이 계속되었다. 밖에 나들지 못해 운동량이 적은 탓인지 녀석들은 잠도 없었다. 하긴 잠들었다 해도 워낙 콧구멍만한 방이니 따로 옴짝달싹을 할 수가 없었다.

그러자 기갈이 들린 부부가 어느 한낮에 꾀를 냈다. 밖엔 여전히 비가 질름대고 있었다.

"애, 큰놈아. 오늘은 소 물 좀 먹여야겠다."

"애, 둘째야. 저녁 반찬 하게 미꾸라지 잡아 오렴!"

"셋째는 반장 집에 가서 공문 왔으면 보아 오고."

이런 식으로 셋을 내몰았다. 한데 뜰을 나가면서 세 녀석이 쑥덕댔다.

"형, 이상해. 비 오는데 소 물 먹이는 게 다 뭐야, 재수 없게."

"맞어, 네 말이. 평생 반찬 제대로 해 먹인 일이 없는데 웬 또 미꾸라지 타령이야, 우라질."

"그러고 보니 그러네. 그런데 나보고 공문서 읽어 오란 건 또 무슨 뚱딴지야. 언제 우리가 공문서 보면서 살았나, 제기랄."

그런 끝에 세 녀석이 합의했다. 아무래도 수상쩍으니 방 안 동태를 엿보자는 것이었다.

문구멍을 뚫어도 내외는 몰랐다.

눈이 휘둥그레진 세 놈이 귀를 쫑긋 세우는데, 어미가 속살댔다.

"여보, 오늘 내 아래 우물에 물 많아서 좋지."

그러자 아비가 받았다.

"응, 그러니 난 지금 하늘로 하늘로 날아오른다고."

어미가 코맹맹이 소리를 쳤다.

"으으응, 난 땅 밑으로 꺼지는 것 같애, 여보."

아니, 이게 다 무슨 무말랭이 비틀어지고 꽈배기 사대육신 꼬아 대는 소린가?

한참 뒤 방 안이 조용해지자 세 놈이 시침을 떼고 들어섰다. 아비도 시침을 떼긴 마찬가지.

"다들 심부름하고 왔니?"

"네, 아버지. 아래 우물에 물이 많아 실컷 먹였네요."

아니? 했지만 설마 하고 둘째를 다그쳤다.

"네, 아버지. 미꾸라지 잡으러 갔는데 없데요."

"없긴 왜 없어, 이 장마에."

"그게요, 수놈은 하늘로 날아가고 암놈은 땅에 꺼져서 없더라니까요, 쌍."

아비 어미는 이것 들켰구나 했지만 확인할 요량으로 셋째에게 물었다.

"공문서 봤냐."

"네."

"뭐라디."

"뭐라긴요. 젠장, 낮거리하는 연놈 다 잡아들인데요."

사내들이 한 욕은 이런 식이었다. 전국 최우수로 뽑힌 욕이라고 해서만 그런 것은 아니다.

그러나 여성 선수는 사뭇 달랐다.

"여기 나서기까지 무척 망설였습니다. 욕쟁이 소릴 들을까봐 겁도 났습니다만, 그보다도 제가 드릴 말씀이 제 자신의 사생활에 관한 것이어서 부끄럽기 때문입니다."

이렇게 멈칫대며 말문을 연 그녀의 말투는 차분했고 또 느릿했다. 당장 청중석에서 욕이 날아왔다!

"크게 해, 아가리 막혔냐, 혀가 부러졌냐."

사회자가 가만 있지 않았다.

"왜 큰 소리 치고 지랄이야! 턱주거리 닫아 걸어."

그러나 끝내 그녀는 차분했다.

그녀는 1남 5녀 중의 넷째. 막내가 사내니까 위로부터 내리닫이 넷째딸이다. 미움을 무던히도 받았다. 넷이 모두 집안의 미운 살이었다. 이름도 차례로 말남, 끝남, 종남, 막남 등이었다. 예외 없이 딸아이는 이로써 끝(말, 종, 막)이기를 바라서 붙여진 이름이다. 결국 사내 되다가 만 계집아이, 그런 뜻의 이름들이다.

중세기의 한 한의학 책에는 이미 배 안에 든 여자아이를 성 전환시키는 비법이 적혀 있다. 약을 먹여서 계집아이를 사내아이로 탈바꿈하는 처방이 있었다니 놀라운 일이다. 그러고도 안 되면(보나마나 안 되었겠지만) 또 다른 약을 먹여서 낙태시키기도 했다.

여자아이에게는 모태조차 안식처가 못 되었다. 못 들어갈 곳에 잘못 들어간 존재, 그런 게 여자 태아였다. 굳이 비유법으로 말하자면 '오입된 태아'였던 셈이다. 그녀는 당연히 쫓겨나야 했다. 잘못 들어갔으니 피치 못할 일이었다.

여자 태아는 모태에 달라붙은 혹 같은 것이었다. 잘라 내야 마땅한 게 그들이었기 때문이다. 이들에게 끝남, 말남 따위 이름이 붙여진 것은 '잘못된 당연'이었다.

여성 욕선수는 그 가족들, 특히 할머니에게서조차 "이 찢어진 년" 소리를 들었다고 하는 대목에서는 울먹이기도 했다. 넷이 한 방에 모여서 떠들고 놀다가 들키는 날이면, 영락없이 "찢어진 년들, 시끄럽기는"이라는 소리를 들어야 했다.

"찢어진 년." 이것은 악담이고 쌍소리다. 남도 입에 올릴 수 없는데 하물며 가족이야!

여성 성기의 생김새에 빗대어 하는 욕이 "찢어진 년"이다. 뭔가 하나 안 달고 나왔다는 뜻이다. 뭔가 모자라도 한참 모자라서 금이 나 있다고 해서 하는 쌍소리다. 차마 입에 담지 못할······.

한데 이 여성 욕선수는 다섯째만은 이 악매 소리를 안 들었다고 했다. 여섯째가 아들이었기에, 사내 동생에게 터를 잘 팔았다고 해서였다. 다섯째는 늘 '터 잘 판 것'이라고 칭송받았다고도 했다.

오늘날 이 흉한 욕을 들을 수 없는 것은 물론 다행이다. 그러나 입으로 안 한다고 그 욕의 찌꺼기가 깨끗이 사라졌다고 볼 수는 없다. 아직도 저 중세기의 한의학 책과 마찬가지의 작태가 벌어지고 있기 때문이다.

일부 어머니가 이에 앞장 서고 일부 의사가 북을 쳐 대는 딱한 상황은 "찢어질 년"보다 더한 악담이고 욕이다.

2장

욕의 대상

장승 이야기 8 저는 지리산 뱀사골을 뒤로 하고 평생을 살아 왔습니다. 사람들은 저를 남원 운봉의 돌장승이라 부르고, 민중의 자화상을 그대로 닮았다 하여 후세에 빛이 아닌 빛을 보고 있습니다. 세상사 하도 기막힌 일이 많아서 커져버린 두 눈, 얼어터져 버린 듯한 주먹코, 차마 할 말마저 못하고 삐뚤어진 채 다물어진 입. 정녕 당시를 살았던 찌들리고 핍진한 농투성이 모습 그대로가 아니겠습니까.

전북 남원군 운봉면 서천리 박수 · 사진 이형권

I. 똥에 얽힌 욕

무서운 똥통 귀신

옛날 시골에서는 밤에 뒷간 가기가 무서웠다. 누구나 "큼큼큼" 세 번 크게 헛기침을 하고서야 뒷간엘 들어섰다. 뒷간 귀신은 귀신 중에서도 사뭇 무서운 축에 들었기 때문이다.

어떻게 생겼을까, 그 똥통 귀신은? 똥대가리 모양? 아니면 똥바가지 거꾸로 서서 걷는 모양? 사람들은 잘은 몰랐지만 아무튼 귀신 중에 측간 귀신을 제일 두려워했다. 모르지, 똥처럼 후줄그레했을지도.

왜 무서워했을까? 뒷간이란 으레 아래채의 한켠이나 뒤란의 외딴 구석에 박혀 있다 보니 밤이면 귀신 날뛰기 좋았을지도 모른다.

그러나 뒷간 무서운 곡절에는 똥도 한몫 했을 것 같다. 그 지독한 냄새만 해도 똥은 무섭고도 남음이 있다. 혐오감은 으레 두려움과 겹치기도 하는 법 아니던가! 더럽다 못해 마침내 무서워지기도 하는 똥! 그래서 그 무서움을 떨쳐 버리려고 사람들은 똥을 주제로 익살을 떨었다.

옛날 또 옛적에 영남 지방의 크나큰 세 곳의 절 대표가 저희네 절 자랑을 늘어놓았다. 먼저 갑의 절 대표가 익살을 떨었다.

"아따, 우리 절은 억세게 크제. 큰 방에 군불을 지필라치면 한 달을 계속 지펴야 겨우 윗목까지 불 기운이 미친당게!"

을의 절 대표가 가만 있지 않았다.

"그까짓 것도 자랑이라고. 우리 절에선 아침 죽을 끓일 때, 가마솥 안에 배 한 척 띄우고 두 사람이 젓고 다니면서 죽을 쑤지!"

그러자 병의 절 대표가 씩 하고 웃었다.

"말도 마소. 우리 절은 다른 것은 몰라도 통시(뒷간)가 엄청나제. 얼마나 깊은지 모를 기다. 우리 스승 첫 기일이 내일인데, 마지막 누신 똥 떨어진 소리가 여지껏 안 나는 기라."

이래서 병의 절 대표는 판정승을 얻게 되었노라고 전해진다. 실제로 대찰에 가서 뒤를 본 적이 있는 사람이면 이 똥통 얘기가 크게 과장되었다고 우기지는 않을 것이다.

똥도 재치 있게 누어야지

한데 똥통의 익살은 이에 그치지 않는다. 월등한 똥의 익살이 역시 절을 무대로 해서 전해지고 있다.

장난기 짙은 상좌 셋이 모였다. 소년들이라 익살도 재롱도 남 못지않았던 모양이다. 한 녀석이 수다를 떨었다.

"요즘 장마 뒤라 똥통에 물이 가득해서 똥 눌 적마다 똥물이 튀어올라 불알이며 궁둥이가 똥벼락을 맞는단 말씀이야! 그래서 내가 고걸 용케 피하는 방법을 연구해서 터득했지 뭐냐! 들어 볼래?"

빤히 쳐다보는 나머지 두 녀석에게 덮어씌우듯 그가 다시 말을 이었다.

"삿갓을 두었다 무엇에 쓰나. 똥이 궁둥이에서 떨어지자마자 그걸로 방패 삼지. 똥이 가라앉으면 다음 똥이 나올 때까지 삿갓을 들고……. 어때, 문제없지?"

세상에 녀석이 머리에 쓰라는 삿갓을 궁둥이에 씌우다니!

그런데 둘째가 키들키들 웃었다. 그리곤 내뱉었다.

"바보는 똥 피하는 꼴도 바보 짓이로고!"

이 녀석 방법은 분명히 한 수 위였다.

"나는 말씀이야! 경판 하나에다 내 똥구멍만큼 구멍을 냈지. 그걸로 그네를 만들었거든. 이제 알겠나! 그걸 뒷간 대들보에다 매달고는 그네를 타면서 똥을 눈다 이 말씀! 뿡! 하고 누고는 피하고, 피했다가 다시 똥통 위에 날아들었을 때 또 뿡! 그게 보통 재민가. 춘향이가 보면 미칠걸?"

첫째 상좌는 고개를 숙였으나 셋째는 사뭇 코방귀로 응수했다.

"별 똥 같은 재미 다 보겠네. 난 그런 유치한 짓 안 해! 나는 요격 미사일 방법을 택했지! 너희들 똥통머리로는 모를걸? 자! 잘 들어. 한 방 누지? 반사적으로 똥물이 튀어오르면 제2탄을 쏘아 요격한다 이 말씀이야. 어때 이만하면!"

이렇듯 똥에 관해 익살을 떤 것은 똥이 더럽다 못해 무섭기 때문이다.

"똥이 무서워 피하나" 하는 속담은 별로 믿을 게 못 된다.

똥 맛보고 똥을 산 사람들

그러나 세상엔 똥보다 더 무서운 사람들이 한때 살았었다. 옛날 개성 사람들이 그랬다. 돼지고기를 '성계고기'라면서 먹어 댄 그들이다. 임란 때 몽진을 나선 선조가 개성에 들자, 나라 버린 주제에 웬 피난이냐고 팔을 걷고 나섰다는 개성 사람들이다. 그 절개, 그 의기가 사뭇 당당한 사람들이다. 그러면서 세계에서 최초라고 할 만한 상거래 장부를 개발한 사람들이라고 한다. 상거래에도 매우 밝았던 모양이다.

그래서 생긴 얘기 한 토막. 물론 똥오줌에 관한 얘기다.

김장 채소를 갈 때가 되면, 개성에선 똥오줌을 사고 팔았다고 한다. 개중에는 똥오줌을 모아다가 아예 거나하게 전을 벌인 장사치도 있었다니 기가 찰 노릇이다. 온 세계 상업사를 통틀어도 '똥오줌 상(商)'이란 걸 찾아볼 수 있을 것 같지 않다.

"자! 똥오줌 사려. 진국에다 값도 헐한 똥오줌 사려."

이렇게 호들갑도 떨었을 법하다. 한데 역시 장삿속은 어쩌지 못하는 법. 말만 진국이지 희석 소주 아닌 희석 똥오줌도 있었던 모양. 이를테면 100%짜리, 90%짜리, 하다못해 15%짜리까지 상하품이 있었던 모양이다.

해서 파는 쪽에선 물을 섞어 양을 늘리려 하는 게 이치고, 사는 쪽에선 물 섞인 만큼 값을 깎아야 하는 게 이치다. 깎자니 더 받자니 옥신각신하는 흥정도 오갈 수밖에.

그러나 어느 정도 진국인지 물국인지를 가릴 측정기가 있을 턱이 없다. 그래도 개성 농부들에겐 방법이 있었다.

그게 뭘까? 그 현장은 이렇게 묘사된다.

"가만, 이게 진국인가 직접 확인해 봐야지."

그러면서 똥오줌 전에 나선 농부가 똥오줌받이 속에 검지를 담갔다. 그리곤 천천히 동그라미를 그려 댔다. 똥덩어리가 부서지고 오줌물이 제법 소용돌이를 일으켰다 싶은 바로 그때 검지 끝을 쑥 뽑았다.

그리곤 한참을 뚫어지게 들여다보았다. 오밀조밀 따지는 게 분명했다. 그러더니 이젠 검지 끝을 콧구멍에 쑤셔 박다시피 디밀고는 킁킁 요란하게 콧김까지 내며 냄새를 맡았다. 크게 숨을 들이켜 대길 서너 번. 모처럼 만에 담배를 얻어 피고 난 사람처럼 한 모금의 냄새도 놓칠세라 깊으나 깊은 심호흡.

그제야 웬간히 심증이 가는가 싶은데, 아뿔사! 코에서 떨어진 검지가 인중을 미끄럼 타는가 싶더니 스르르 입 안으로. 그리곤 쩝쩝 술맛 다시듯 입질을 해댔다.

모든 게 끝난 후 농부는 끌끌 혀를 찼다.

"이게 진국이라니. 예끼, 똥물에 찜질할 사람. 절반 값도 아깝소."

그렇다고 가만히 있을 장사꾼이 아니다.

"아따, 그놈의 아가리하고 혓바닥하곤. 젠장맞을! 평생 똥오줌으로만 배를 채웠나."

이쯤 해서 겨우 상거래는 이뤄졌다고 한다.

이 얘기 듣고 얼굴 찡그리고 코 막는다면 제대로 된 장사꾼도 상인도 기업인도 될 수 없다. 똥오줌을 맛보고 흥정할 정도로 야무지지 않다면 돈벌이에 나서지 말라. 그러다간 똥에도 못 쓸 장사꾼 되기 십상이다.

모차르트의 똥타령

한데 똥을 대접한 것은 개성 상인만이 아니다. 인류 역사상 가장 빛나는 천재, 우리 인간들의 신동 모차르트와 그의 어머니는 아예 똥 예찬가였다. 그렇다고 이 천재가 똥에 바치는 미사를 쓴 것도 아니고 우리의 똥타령쯤 될 똥 디베르티멘토를 남긴 것도 아니다.

마르틴 부버의 말대로 천사들이 즐겨 연주하기 알맞은 작품 속에 똥 환상곡 하나쯤 없는 것은 안타까운 일이지만, 다행히 그는 똥 편지는 남기고 있다.

어머니, 오늘 제 연주는 대성공이었습니다. 난생 처음으로 청혼을 한 테레사 공주도 제 음악엔 홀딱 반한 듯하니까요. 온 쉰부른이 떠들썩한 것은 당연하죠. 그러니 어머니, 이 편지 받는 밤엔 침대 위에 질펀하게 똥오줌 누시고 깔고 해서 주무십시오.

모두 이런 투는 아니지만, 대체로 이 비슷한 줄거리의 똥 편지 몇 편을 우리의 영원한 신동은 그의 어머니에게 부치고 있다. 그의 어머니가 보낸 답장은 아예 한술 더 뜬다.

사랑하는 내 아들아! 네 지난번 연주회의 성공을 축하한다. 마음껏 똥오줌 싸서는 베갯머리에 칠하고 거기 코를 박고 어미 편지 묻고 자도록 하려무나! 아! 사랑하는 내 천재야!

이 비슷한 똥 편지를 쓰고 있다.

한데 이것이 모차르트 집안만의 괴벽도 악습도 아니라니 기가 차다. 당시 합스부르크 왕조 시대의 사회적 습관이라니 더욱 놀랍다. 그렇다고는 해도 그 예술성의 싱그러움으로, 그 음악성의 발랄함으로 푸른 오월에 견주어지는 모차르트가 똥의 탐미에 젖어 있었음을 놓쳐서는 안 된다. 그는 짙푸른 신록의 숲에 꽃을 피우듯 똥타령을 질펀하니 늘어놓은 것이다.

그의 똥타령 편지는 실로 유쾌하다. 그의 어떤 알레그로토 악장보다도 더 쾌활하다.

이래서 똥에는 인생의 재미가 엉겨 있다. 뒷간 앞에서 세 번 헛기침하는 사람에게 똥은 무섭다. 똥의 농지거리를 만들어 낸 상좌들에게 똥은 사뭇 익살스럽다. 맛보면서 똥의 순도를 저울질한 개성의 농부에게 똥은 황금이다. 모든 빛나는 게 황금은 아니지만, 그 농부에게 똥의 노란 빛은 금빛과 다를 게 없다. 그런가 하면 모차르트에게 똥은 신명이고 흥겨움이다. 똥이라면 코를 비트는 사람들에게는 어림도 없는 절묘한 뉘앙스를 똥은 숱하게 풍긴다.

그러니까 한국인이 똥으로 욕거리를 삼았다고 해서 크게 흉볼 게 못된다. 하긴 한국인만 그런 게 아니다. 일본인이 "쿠소!"라고 하면 우리가 "개똥 같은!"이라 소리지르는 것과 같고 미국인이 "오, 싯" 해도 마찬가지다. 독일인도 곧잘 "샤이세"라고 외마디 소리를 낸다. 그러나 그들은 한국인만큼 질펀한 똥의 욕판을 벌이지 못했다. 그것도 재주니까 누구나 할 수 있는 게 아니다.

똥을 욕거리로 삼을 수 있는 것도 똥의 효험과 기능 때문이라고 생각해야 한다. 실제로 똥은 약으로 쓴다. 바르기만 하는 게 아니라 마시기도 한다. 오죽하면 "개똥도 약에 쓰려면 없다"고 했을까! 개똥은 애기들 머리밑 버짐에 발랐다. 그런가 하면 인분은 신경통의 찜질액으로 처방되었다. 그러던 중에도 타박상이 심하거나 출혈이 심하면 똥을 약으로 마시기도 했다. 그러니까 "똥에도 못 쓸"이란 욕은 잘못되었어도 한참 잘못된 욕이다.

똥술 마신 사람

다음은 몇 해 전에 어느 외딴 시골에서 필자가 목격한 사실이다.

한 이른쯤 된 농부가 소를 몰고 있었다. 비탈에서 갑자기 날뛰기 시작한 소에게 떠밀려서 그는 낭떠러지 밑으로 떨어졌다. 어깨뼈가 부러졌다. 자식들이 달려와서 입원 치료를 받게 했다. 하지만 자식들이 돌아가자 그는 그들에게 알리지도 않고 퇴원해 버렸다. 뭐하러 자식들 귀한 돈 쓰느냐고 생각했기 때문이다. 기동도 불편한 처지에 그는 그렇게 자식 생각을 했다.

그리곤 뒷간 똥 속에다 술 거를 때나 쓰는 용수를 박았다. 하루 만에 노란 똥물이 괴었다. 그는 그걸로 술을 빚어 그 똥술로 병을 다스리다 다른 합병증이 생겨서 이내 세상을 떴다.

"똥 같은 놈의 세상!"

이렇게 내뱉으며 나는 그의 상여가 나가는 것을 지켜보았다.

그는 자식들 돈 아껴 주느라고 빚은 똥술 몇 사발을 이별주 삼아 이승을 떠나갔다. 가는 길엔 노란 국화가 지천으로 피어 있었다.

나는 다시금 "똥 같은 놈의 세상!" 그렇게 내뱉었지만 스스로도 욕인지 감상인지 아니면 감탄인지 잘 가늠할 수가 없었다. 때맞춰 장끼가 산이 찢어지게 울어 댔다.

똥이 병에 효험이 있는지 어떤지는 장담할 수 없다. 그러나 욕의 효험으로야 똥만한 것이 드물다는 것은 어김없는 일이다. 경멸과 악담이 겸해진 그 효험은 뒷길에 묻어 두기 아깝다.

똥장군 마개로나 쓸 대가리

곡진하기로, 다양하기로는 똥욕을 당할 욕이 달리 없다. 가장 번성한 욕의 일족이 똥이다. 귀여운 강아지에게 똥을 씌워서 똥강아지, 가뜩이나 더러운 돼지에게 똥을 안겨서는 똥돼지라고 한다. 폐차해야 할 차도 똥차다. 더럽고 치사한 것 그리고 구닥다리는 무턱대고 똥이니 번창할 수밖에 없다.

똥은 욕으로는 무소불위다. 세상에서는 노란 돈이 만능이고 욕에서는 노란 똥이 만능이다. 그래서 '똥 같은 세상'이라고 한 것인지도 모른다.

"똥개, 똥강아지, 똥차, 똥대가리, 똥파리, 똥방구."

관례적으로 똥을 머리에 얹은 것만 해도 이 정도다. 그런가 하면 욕에 등장하는 똥의 가짓수도 적지 않다.

"노란똥, 된똥, 마른똥, 물똥, 피똥, 오줌똥, 며느리똥."

실정이 이러니 똥욕이 너저분한 것은 당연한 이치다.

"똥치망치!"
"아가리에 똥을 퍼 담을라!"
"똥바가지를 씌울라!"
"똥벼락 맞아라!"

똥욕 가운데서도 이같이 덮어씌우거나 맞히는 게 사뭇 요란스럽다. 이것들은 이열치열의 처방으로 더러운 인종은 더러운 방법으로 처치하자는 것이다. 추잡한 인간붙이는 추한 것으로 욕보이자는 것이다. 실상은 더러운데 시치미를 떼거나 위선을 떨면 그 본색을 까 뒤집어 드러내기로는 똥 씌우기만한 게 없기 때문이다. 그래서 이 악담은 급기야,

"똥물에 튀길 놈(년)!"
"똥에 박을 년(놈)!"
"똥에 저릴 놈(년)!"
"똥을 주고 얻어 온 놈(년)!"
"오줌에 씻어 똥물에 헹굴 놈(년)"

등을 줄줄이 낳게 되지만, 그러고도 성에 차지 않으면,

"모가지를 빼어 똥장군 마개로 쓸 놈(년)!"

이 되고 만다. 이것은 극형 중의 극형이라 능지처참이 오히려 무색할 정도다. 저주도 여간 저주가 아니고 악담도 무지하기 이를 데 없다.
그러나 이 욕도 상대가 이미 똥일 때 쏟아붓는 욕이다. 그 행색은 번지르르한데 그 처신이 개차반일 때, 그 언행이 쑥구렁일 때 쾌적하게 써먹을 욕이다. 겉으론 기생 뺨치게 치장했지만 속마음이 썩어서 이미 똥통일 때 써서 마땅한 욕이다.
세상에는 그 속에 똥만 가득해 있을 성부른 사람이 적지 않다.

"똥집 큰 녀석."

이 말은 그럴 때 쓰는 말이지만, 똥집이 남달리 큰 정도가 아니라 아예 똥집으로만 생겨먹은 사람도 있게 마련이다. 간이 크면 좋은 점도 있겠지만 똥집이 크면 거름으로밖에 달리 쓸모가 없는데도 전신이 똥통인 딱한 축이 있다. 그런 사람은 별수 없이 "밥 먹고 하는 일이라곤 똥 싸는 일, 똥 게는 일밖에" 없게 된다.

언젠가 제자들이 석가모니불에게 물었다고 한다.

"세존께서는 여색을 대하시고도 탐하는 마음이 일지 않습니까?"

이에 석가모니불은 "왜 아니 그럴라고. 하지만 나는 아리따운 몸매 속에 가득한 똥만 보는걸"이라고 대답했노라고 속설은 전한다. 절세미인의 여색도 보기에 따라선 똥색인데, 하물며……

한데 참 묘한 것은 똥집 큰 것도 자랑이고 똥 굵게 많이 싸는 것도 난척하는 밑천이 된 적이 있었음이다. 별꼴이지만 실제로 그랬던 것을 어찌하랴. 그래서 생긴 말이 바로 이것이다.

"똥깨나 끼고 방구깨나 날린다."

남보다 잘 사니 잘 먹게 되고 그러자니 잘 싸게 되는 것은 자연스런 이치. 남보다 더 큰 덩치의 똥을 무더기로 싸 놓고는 기세를 세운 사람이라야 똥깨나 끼고 방구깨나 날릴 수 있었던 것이다.

이게 소위 '똥 자랑' 일 테지만, 세상 망측한 꼴에는 똥 자랑과 다를 바 없는 것들이 흔하다. 남 보기엔 그저 노상방뇨요 길바닥에 똥 누긴데도 그게 무슨 공적이요 명예인 듯 으스대는 꼴이라니.

이만한 느낌을 받을 때 하는 욕이 "사람이란 게 똥집만 커가지고"이다. 역대의 독재자들이, 또 그 뒤를 이은 권력자들이 소위 치적(治績)이란 것을 내세우면 필경 그건 똥 자랑이다.

수뢰죄며 독직죄로 옭아 들어갈 공직자가 미리 훈장을 탄 게 있다면 그 또한 "똥 끼고 방구 날린 꼴"이 된다. 권력에 아부하기를 남의 밑 핥 듯 하고서 그걸로 입신 양명해서 우쭐대는 지성인이 있다면 이 또한 똥 자랑이 아닐 수 없다.

이쯤에서 "모가지를 떼다가 똥장군 마개로 박을 놈(년)"이, 그 당돌 한 끌어다 붙이기(곧 똥장군 마개와 사람 머리를 같은 것으로 가져다 붙이 기)의 수법, 그 희한한 몰골과 과장법 등으로 말미암아 꽤나 익살을 떨 고 있음에 유념해야 한다.

실제로 똥장군에 마개로 박힌 사람 머리를 상상해 보자. 그게 산발하 고 눈알이 불거져 나와 있다면 여간 무서운 꼴이 아니다. 그러나 실상 이 아니고 상상이기에 그 기상천외한, 이를테면 초현실주의의 그림 솜 씨 같은 기상천외한 모습은 다분히 웃음거리가 될 수 있다. 욕 듣는 당 사자는 몰라도 옆에서 듣는 사람은 미운 놈에 대한 공격적 충동과 익살 의 재미를 동시에 채울 수 있어 무척 통쾌할 것이다. 욕은 옆에서 듣는 사람에게 이바지한다.

장승 이야기 9 저는 생명과 생산과 공동체의 힘으로 민중의 삶의 정서를 상징적으로 대변하며 살아 왔습니다. 개화 이후 저는 구습과 미신이라는 멍에를 져 갖은 고초를 겪어야 했고, 20세기 말에는 연세대 교정에서 우상숭배라는 누명으로 목이 잘려 나가야만 했습니다. 노강 선창목(지금의 서울 대방동) 대방장승이 살아 있다면 전국의 장승이 모여 결사항전할 일입니다. 하지만 저는 믿습니다. 짓밟힐수록 들꽃은 끈질기다는 것을.

충북 단양군 대강면 방곡리 장승·사진 이형권

2. 옛날 옛날 아주 옛날에

서울것과 시골내기

조선조 숙종 때 사람인 박두세의 『요로원 야화기』에는 돼먹지 않은 서울 출신 양반이 공연히 허세 부리다가 시골 양반에게 된통 당한 얘기가 실려 있다. 요컨대 서울놈 까불다가 촌구석 개에게 뭐 물린 꼴이 퍽 재미있게 그려져 있다.

. 과거를 보고 고향 집으로 돌아가는 길이라 박두세는 행색이 초라하고 말마저 병들어 있었다. 그런 꼴인지라 곳곳에서 업시름을 당한 끝에 성환과 온양 사이의 중간 지점에 있는 요로원에 다다르면서 사건이 벌어진다. 서울 양반은 '경화거족'(京華巨族)이라 표현되어 있다. 이자는 하룻밤 같이 묵게 된 박두세의 절도 온전히 받아 주질 않는다.

그런 지경에서 이 시골 선비는 그 자의 '어리석은 기세와 교만한 뜻'에 계략을 써서 골려 주려고 작심한다. 그러고는 아는 게 없는 척, 면무식을 못 한 척 일부러 못나게 군다. 심지어 양반이 뭔지 모르고 갓과 벙거지, 관원과 서리의 구별도 모르는 듯이 꾸며 댄다. 또한 문자 곧 진서 내지 한문은 모르고, 겨우 열다섯 줄의 글 곧 한글만 아노라고 둘러댄다. 심지어 공자(孔子)는 알아도 공부자(孔夫子)는 모른다는 식으로 능청을 떨기도 한다.

이렇게 시골 선비가 자신을 낮추어 짐짓 구렁이 짓을 하는 사이, 서울내기 양반은 더욱 기고만장해진다. 여기에 맞장구치면서 시골 양반은 서울 양반 기를 더욱 북돋운다.

그런 줄도 모르고 서울 양반은 잘난 척하고는 네가 한문 풍월을 모를 테니 육담(肉談) 내지 언문 풍월을 하자면서 수다를 떤다.

서울내기가 먼저,

> 我觀鄕之睹(아관향지도)
> 怪底形體條(괴저형체조)

라고 한다. 이 가운데 鄕은 물론 시골 향, 睹는 내기 도, 條는 나뭇가지 조다. 음과 뜻을 동시에 살려서 향가와 같이 이두식으로 고쳐 읽으면 아래와 같이 풀이된다.

> 내가 시골내기를 보니
> 몰골 가지가 괴저(괴상)하구나.

그러자 시골 선비는 물색도 모르고 공연히 노한 척하고 "행차(당신)께서는 나를 기롱하나이까"라고 뜨악해 한다. 그러자 서울 양반은 상대가 알아듣지도 못하는 주제에 무턱대고 펄펄 뛰는 줄만 알고 달래는 듯하면서 다시 또 기롱한다.

"시골 사람이 어찌 그대뿐이랴. 시골치들은 워낙 그 따위가 많아서 내가 한번 해본 말이지, 특별히 그대를 놀린 것은 아닐세."

시골 양반이 거짓 기뻐하면서 그러면 그럴 테죠 하는 식으로 되받자, 서울 양반은 한 걸음 더 나아간다.

不知諺文辛(부지언문신)
何怪眞書沼(하괴진서소)

이때 이 시 풀이의 열쇠는 앞의 시와 마찬가지로 두 시행의 마지막 글자인 辛과 沼에 있다. 이것을 소리로 읽으면 뜻이 안 통한다. 뜻을 따라 읽되, 辛은 '쓸 신'이고 沼는 '못 소'를 살려서 읽어야 한다.
그러면 전체 풀이는 이렇게 된다.

언문(한글)을 쓸 줄 모르니
진서(한문) 못함이 어찌 이상하랴.

그래 놓고는 무식한 척하는 시골 양반에게 응답해 시를 지으라고 윽박지른다.
시골 양반이 마지못한 척 시를 한 수 짓는다.

我觀京之表(아관경지표)
果然擧動戎(과연거동융)

이것이 서울 양반이 처음 내보인 시의 모작, 곧 패러다임은 말할 나위도 없다. 따라서 풀이도 같은 요령으로 해야 하는데 결과는 다음과 같이 된다.

내가 서울것을 보니
과연 거동이 되도다.

戎은 오랑캐 융 또는 되(되놈) 융이다. 그리고 表는 겉 표다. 전체를
모욕당한 시골 양반의 앙칼진 복수심까지 고려해서 다시 번역하면 이
쯤 될 것이다.

내 서울것들 꼬라질 보니
진짜 하는 짓이 되놈 짓이구나.

한쪽이 농으로 놀리자, 다른 한쪽이 욕으로 되받아 상대방을 병신 만
든 꼴이다. 되로 주고 말로 받은 꼴이라 해도 좋겠지만 카운터 펀치도
여간한 카운터 펀치가 아님을 지적한다면, 시를 주고받는 과정의 희극
적인 속성이 떠오를 것이다. 겉이 어수룩하다고 속까지 헛것인 줄 알고
상대에게 멋모르고 덤빈 진짜 속 빈 강정이 역으로 박살나는 줄거리는
희극이 가장 즐겨 한다.
　이 점은 뒤늦게 잘못했노라고, 알아뵙지 못했노라고 손이야 발이야
빌어 대는 되놈 같은 서울것에게 시골 양반이 던진 시에서 선명하게 드
러난다.

　大抵人物代(대저인물대)
　不過衣冠夢(불과의관몽)

위와 같은 방식을 좇아 풀이하면 다음과 같거니와 그 속뜻은 매우 신
랄하다.

> 대저(대체로, 무릇) 인물을 꾸며도
> 옷과 관을 꾸미는 데 불과하다.

아무리 난 체하고 인물됨이 근사한 듯 꾸며 보았자 그건 필시 겉치레 꾸밈에 지나지 않는 것. 그래서 시는 이렇게 읽혀진다. "속빈 강정, 네 녀석이 서울것이라!"

한데 오늘날은 어떨까? 오늘 서울 양반을 서울것이라 감히 넘볼 수 있는 시골내기가 얼마나 있을까? 가령 입으로 그럴 수 있다 쳐도 속까지 그럴 수 있는 사람이 그렇게 흔하지는 않을 것 같다. 혹 그럴 수 있는 사람이 있다 해도, 서울 못 간 나머지 부리는 안달쯤으로 받아들여질까 겁난다.

지방에서 대를 이어 온 지주들, 그 지역의 대표적 향반(鄕班)이었던 집안일수록 상대적으로 국회의원이나 관료를 많이 배출했다. 대학 출신도 물론 많았다. 그들은 시골 돈 가지고 서울로 가거나 시골 돈 써서 서울로 내달았다. 정치인의 경우라면 의원 생활 두세 번에 이름만 쓸쓸히 남은 대가로 향리의 집도 땅도 모두 폐허화시켰다.

결과적으로 그들은 시골을 야위게 하는 만큼 서울을 살찌웠다. 그리곤 대부분 다시는 고향을 돌보지 않았다. 이게 바로 서울과 지방의 역학 관계다. 해서 극히 최근의 서울것과 시골내기 얘기는 아주 딴판이다. 과천서부터 벌벌 떨며 기기 시작했다는 빙충이 처지가 낳은 얘기투성이다. 서울것 되놈 같다고 누가 감히 말할 수 있으랴.

몇 해 전 어느 무지렁이 촌놈 하나가 서울 역사에서 나왔다. 눈앞에 버티고 선 어마어마하게 높은 건물! 눈이 휘둥그레졌다. 햐! 이게 도대체 몇 층일까?

"하나아, 두울, 세엣, 네엣, 다서엇……."

소리내어서 맨 꼭대기까지 다 헤아려 보았다. 아마 삼십몇 층?

설마 그렇게야? 이번에는 위에서부터 세기 시작했다. 한데 이게 무슨 날벼락이람. 서울것이 앞을 막아 서며 눈을 부라렸다.

"이 촌놈 공짜론 못 봐."

"아아, 아니, 안 봤어요."

"거짓말 마! 이 시골뜨기야. 내가 다 봤어. 꼭대기까지 다 본 것을. 한 층 보는 데 백 원이니까, 임마, 삼천 원 내놔! 썩 내놓지 못해, 이 촌새꺄?"

"아니오. 나 오층밖에 안 봤다니까요. 오백 원 드릴게요."

궁지를 면한 촌놈이 혼비백산하고는 그 길로 시골로 돌아갔다. 그리곤 고향 마을에 들어서는 그의 기세는 매우 당당했다. 친구가 뜨악해서 물었다.

"서울에 뭐 좋은 일 있든?"

그 자가 으쓱했다.

"그래, 이래 봬도 내가 서울놈 속여먹었단 말이야. 야! 그 서울것들 잘난 체해도 순 숙맥, 바보 천치라니까."

이런 줄거리가 요새 나온 신판이다. 『요로원 야화기』와는 아주 거리가 멀다. 이긴 척 우쭐댄 촌놈은 우쭐댄 만큼 바보 노릇을 하고 있다. 서울것은 남의 빌딩 층수를 팔아먹고 시골내기는 당하고도 이긴 줄 아는 세상. 이게 요즘의 서울과 지방 관계의 실상이 아니라고 잡아뗄 수 있는 사람 있으면 나와 보라고 하고 싶다.

대동강 물 팔아먹은 김 선달도 기절초풍할 얘기다. 시골내기가 문 빌딩 층수 값은 가난한 농민이 물고 있는 세금 같은 것 아닐까?

남의 빌딩 층수 팔아먹는 솜씨가 기업에, 장사에, 혹은 정치에 부분적으로 반영된 것은 아닌지? 그 흔해빠진 로열티란 것하고 남의 빌딩 층수하곤 얼마나 다를까? 요란한 명함, 번쩍대는 이력으로 남들 겁주는 사람하고 남의 빌딩 층수 팔아먹는 놈이 크게 다를 것 같지도 않다.

"당나귀 ㅈ 치레하고 귀때기 치장."

그 못난, 말 같지 못한, 말 종자의 말단의 말단인 당나귀에게 볼거리라곤 그 ㅈ하고 귀뿐이니, 그 두 가지를 오죽 요란히 흔들고 다닐까.

아무튼 요즘 시골내기는 번번이 서울것들에게 당한다. 온통 얘기는 그렇게 끝장나게 되어 있다.

어느 한적한 시골 버스 정류장. 비바람 피할 데도 팻말도 없는 길머리의 이름뿐인 정류장이다.

네댓 사람이 얼씬대고 있었다. 그 중에 초라한 꼴의 한 시골치가 옆에 섰던 서울것에게 물었다.

"○○에 가는 버스가 몇 시에 있소?"

"모르오."

여행길인 서울것은 사뭇 퉁명스러웠다. 시골치가 발칵했다.

"젠장, 넥타이 맨 주제에 무식하긴."

가만히 있을 서울것이 아니다. 그는 잽싸게 넥타이를 풀어서 촌놈 목에 걸었다. 그리곤 소리쳤다.

"이 자식, 네가 알아맞혀 봐라!"

시골치는 보기 좋게 당했다. 독사 무서운 줄 모르고 개구리 덤빈 꼴이다. 이게 요즘 시골 사람의 처지다. 농업 정책에 대한 항변도, 미곡 수매 가격에 대한 항의도 결국 이런 꼴일 것 같다. 서울 높으나 높은 곳에 침 뱉어 보았자 결국은 하늘 보고 침 뱉기다.

"하룻강아지, 범 무서운 줄 모르는 촌것들!"

서울것 넥타이는 시골치 목 조르개다. 하지만 이 비유법에서 넥타이는 넥타이 이상의 것이다. 모든 번쩍대는 것들, 온갖 화사한 것들, 발전이니 기적이니 하는 그 모든 것들을 넥타이가 상징하고 있다고 본다면 지나친 걸까.

하지만 이야기는 여기에서 그치지 않는다. 이보다 더한 얘기도 있다.

"서울 놈 코는 코도 아니다."

이 말은 서울을 다녀온 시골 중늙은이가 한 말이라고 세간에는 전해져 있다. 왜일까? 왜 서울놈 코는 코도 아닌가?

거기에는 좀 민망한 사연이 있다. 그 시골내기는 서울에 갔다가 뜻밖에 어느 지하 술집 칸막이 안에서 오럴 섹스 장면을 목격했다. 그 당장은 기절할 뻔했지만, 집으로 돌아와서는 엉뚱한 생각이 동해 아내를 상대로 서울것 흉내를 내었다가 한 소리가 다름 아닌 "서울 놈 코는 코도 아니다"였다고 한다. 제 코를 안식구 거기에 들이댔을 게 뻔하니 그 말을 하게 된 전후 사정은 알 만하다.

조금은 지저분하고 기괴한 이 얘기에 교훈이 전혀 없다고는 말하지 말자. 상징성이나 풍자가 아주 없다고도 말하지 말자. 서울것들 하는 짓거리가 다 그런 것은 물론 아니지만, 적어도 일부는 이런 말이 나올 만하다.

"사람이라면 그 짓을 어떻게 한담!"

이렇게 시골치들 혀찰 일이 어찌 한둘일라고. 눈 뜨고 못 볼 일, 귀로 못 들을 일, 코 대고 냄새 못 맡을 일이 수두룩할지도 모른다. 서울것 눈은 눈도 아닐 수도 있다. 서울 것 귀는 귀가 아닐 수도 있다. 그렇기에 코라고 왜 예욀라고.

"아서라! 서울 사람, 사람도 아니다."

이제 이 소리 나올까 겁난다.

상것과 양반

양반 양반 한 냥 반
돼지 팔아 두 냥 반
송아지 팔아 석 냥 반.

송아지로 양반 사면
두 냥이 남고
돼지 팔아 양반 사면
한 냥이 남는다.

돼지 팔아 양반 사세
송아지 팔아 양반 사세.

이 무슨 해괴한 노래? 생원님네 들으시면 노래 부른 녀석 아가리에 똥을 퍼 담아도 시원찮게 되었다.

하지만 이 괴이쩍은 노래의 첫 토막부터 그 문리가 통하기 쉽지 않다. 양반을 무엄하게도 돼지며 송아지에 걸어서 욕 주고 있는 것은 짐작이 간다. 그리고 양반을 흥정하고 있는 얄궂음도 짐작이 간다. 그러나 말의 씨는 쉽게 잡히지 않는다. 양반을 느닷없이 돈으로 쳐서 한 냥 반이라니? 이 부분이 왜 그런지 잘 잡히지 않기 때문이다.

이 부분의 문리는 순전히 말장난이나 글자 장난에 걸려 있다. 글놀이 또는 글장난을 벌이고 있다.

양반은 물론 한자로 兩班이라고 쓴다. 兩은 '둘 량' 또는 '쌍 량' 혹은 '짝 량'으로 읽는다. 양각(兩脚)이면 두 다리다. 이에 비해 '벌려 설 반' 또는 '반차 반'이 곧 班이다. 차례라든가 순서라는 뜻이다. 누구나 알다시피 문반(동반)과 무반(서반)을 하나로 합쳐서 양반이라고 한다. 한데 그 '둘 량'은 돈의 단위로도 쓰인다. 돈 한 냥의 양이나 양반의 양이나 같은 글자를 쓴다. 그러니 양반의 양이나 돈의 냥이나 그게 그거다. 워낙 돈이란 양반의 몫이었을까? 설마…….

兩이 그만 돈의 양이 되다 보니까 班은 덩달아서 그와 소리가 같은 半으로 탈바꿈한 것이다. 양반 전체가 그만 한 냥 반이 된 곡절이 바로 여기에 있다. 그러니까 양반(兩班)님네가 돈 한 냥 반(兩半)으로 전락한 것이니 꼴이 말이 아니다.

당찮은 짓, 뚱딴지 같은 짓을 두고 사람들은 "어림 반푼어치도 없다"고들 한다. 아니면 귀신 씨나락 까먹는 소리를 두고는 "어림 반 닷곱도 없는 소리"라고도 한다. 닷곱이면 반 되 곧 다섯 홉이다. 한 되의 허리 잘라서 반이 된 것을 다시 또 반으로 거덜낸 게 곧 '반 닷곱'이다. 반의 반이다. 남는 것은 겨우 두 홉 반이다. 그러나 양이 많고 적음보다는 그러잖아도 부실한 것을 두 번씩이나 반토막 낸 게 중요하다.

이 곡식의 '반 닷곱'이 돈으로 바뀌어서 '반푼'이 되었다. 눈깔 사탕 한 알 사면 동이 날 한 푼의 절반이 반푼이지만, 그만하면 인간 반푼의 반푼도 겸했을 법하다. 돈이 고작 반푼이면 사람으로 쳐서 바보 반푼과 다를 게 없기 때문이다. 가뜩이나 모자라는 인간의 절반, 그게 반푼일까. 돈이 반푼이면 사람도 반푼이다. 그게 세태다. 마음 속도 달랑 반푼으로 보는 게 세상이다.

한 냥 반이면 한 냥하고 군더더기 반 냥이다. 양반님네 그 지존하신 분들을 돈으로 환산해서 겨우 그 꼴이라니! 그만 해도 양반네들 눈깔 뒤집힐 소린데 한 수 두 수 더 떠서 돼지, 송아지만도 못하다니. 망측하기로 이보다 더한 일이 또 있으랴!

양반에겐 욕이 치명적이다. 양반은 태 안에서부터 이미 욕 안 들을 귀라도 달고 나왔는지, 욕이라면 질겁을 한다. 그러니 욕은 양반에게 대들기 좋아한다. 발칙하다고 해도 도리가 없다.

'발칙하다'느니 '고얀'은 워낙 지체 높은 데서 얕은 데로 내리 퍼부어지는 욕이다. 아니면 강자가 약자를 욕보이는 말이다. 신분이나 처신에 맞지 않은 짓거리, 윗분을 능멸하려 드는 작태 같은 것을 두고 발칙하다거나 고얀이라고 한다. 고얀은 '고약하다'의 준말이긴 하지만 고약스럽고 욕스럽기는 아무래도 '고얀'이 '고약하다'보다 한 수 위다.

그야말로 발칙하게 양반더러 '한 냥 반짜리' 물건 값밖에 더 나가느냐고 상민이 대들고 있다. 이럴 때 욕이 저항이고 대거리란 것이 분명히 드러난다. 계층간 혹은 상하 및 강약간, 또는 가진 자와 못 가진 자 사이의 갈등이 가장 축약되어 순간적으로 폭발하는 것이 곧 욕이라는 것 또한 분명해진다. 크게는 인간 관계, 사회 관계까지를 내포한 갈등이 욕을 낳는다.

양반이 잘난 척하길래, 돈으로 쳤더니 겨우 한 냥 반! 애개개, 그 주제에 뻐기기는. 순 돼지, 송아지만도 못한 처신하고는.

양반에게 퍼부어진 이 최상급의 욕은 양반들이 환장하게도 노래로 불려진다. 그냥 보통 주둥아리 놀림이라도 참을 수 없는데, 엎친 데 덮친 꼴로 노래로 너울대고 있다니! 그야말로 개망신이다.

조선조 그 전통 사회에서 이런 욕노래가 불렸다면 거짓말이라 할 것이다. 언감생심, 어느 안전이라고 감히! 그렇게 고개를 저을 것이다.

그러나 이 욕노래는 실제로 불렸다. 물론 뒤로 숨어서 상민들이 부르기도 했을 것이다. 다 부르고 나면, "용용 죽겠지!"로 혀를 날름댔을 것도 같다. 상상하기 어렵지 않다.

그러나 뒤로 숨어서만 부른 게 아니다. 내놓고 일부러 "지엄하신 양반님네들 듣죠시오" 하는 투로 불러 댔다. 점점 더 믿기 어렵겠지만 정말이다.

앞에서 들어 보인 욕노래가 전부는 아니다. 그 중 첫 토막만이지만 그것은 어엿하게 대물림으로 상민 마을 안에 전해진 노래다. 상민들은 그것을 마을굿의 난장판에서 소리쳐 불렀다. 마치 흥타령처럼.

그러니까 이 욕노래는 마을 판굿놀이의 일부라고 생각해도 좋다. 풍물과 난전들, 탈춤과 줄타기, 편싸움. 이런 것들이 흥청대는 것과 한 패가 되어서 욕노래는 불렸다. 판굿은 워낙 초나니 방정이고 야단지랄이다. 성난 장판이고 뭣이나 버꾸를 넘는다. 어깨춤을 춘다. 진짜 야단굿인 게 어김없는 사실이다. 버꾸는 몸통 뒤집어서 까불대는 놀이다. 머리 곤두박고 다리 흔들대면서 놀아친다. 그래서 양반쯤 쉽게 땅바닥에다 메친다.

탈춤에서 "개다리 밥상인지 양반인지" 하면서 양반 골리는 것과, 탈춤 곁에 두고 마을 상민이 "양반 양반 한 냥 반"이라고 입방아 찧는 것은 서로 막상막하다. 주거니 받거니 죽이 잘 맞아 돌아간다.

판굿이며 난장판(난장놀이)은 일종의 무법 천지고 별천지다. 그것은 무질서며 혼돈이 따른 해방의 공간, 자유의 시간이다. 제멋대로 놀아날 수 있는 시공(時空), 그게 난장판이고 판굿이다.(이 경우 판굿은 판놀음 곧 마을 전체가 참여하는 집단적 놀이라고 생각해야 한다. 무당굿만이 굿이 아니다.)

경북 안동의 하회 마을은 누구나 알다시피 전국을 통틀어 대표적인 반촌(班村) 곧 양반네 마을이다. 임란을 다스린 유성룡 선생의 공덕이 물들어 물빛 사뭇 짙푸른 곳이다.

그런데도 저 떠들썩한 하회 별신이 벌어지고 덩달아 탈춤이 놀아지는 분위기 속에서는 일종의 유사 반란 내지 거짓 대거리가 상민에 의해 자행되었다. 상민은 하회네 그 엄청난 대가집 솟을대문을 박차고 들어와서는 흙발로 사랑채 마루에 올라설 수도 있었다고 전해진다. 낭자해도 여간 낭자한 게 아니다.

상것답게 마음껏 놀아날 수 있었다고도 한다. 상민이 흙발로 반가 대청 마루에 뛰어오르는 것, 그것은 몸사위의 욕이다. 욕을 말이 아닌 몸짓으로 해치우고 있다. 망발도 보통 망발이 아니고 망측하기 이를 데 없다. 어느 안전이라고 감히……

그러나 지엄하신 분들은 그 한때, 지나가는 분란을 당하고도 모른 척했다. 보고도 짐짓 눈 감은 것이다. "그래, 해봐라!" 그런 투로 분탕질을 받아넘긴 것이다.

맺혀서 숨겨진 한이 드러나 풀린 것이다. 인간 감정은 언제까지나 눌리기만 하는 게 아니다. 하물며 그게 감정의 응어리일 때는 어떻겠는가? 양반들은 그 분탕, 그 소요를 앉아서 소낙비 맞듯 하였으니, 양반조차 그 분탕과 난리의 상대 역 구실을 소극적으로나마 도맡았던 셈이다.

판굿과 난장놀이는 그 자체가 '풀이'다. 맺힌 것의 풀이다. 사람들 마음, 더욱이 당하고 지치고 할퀸 사람들 속내는 언젠가는 풀어져야 한다. 그냥 두면 당사자만의 액과 살이 되는 것으로 그치지 않는다. 양반과 상민을 통틀어 온 공동체의 재앙이 되는 법. 그러니 한때 정해진 울타리 안에서 짜여진 줄거리대로라도 풀어야 하는 것이다.

"양반 양반 한 냥 반"은 이런 전후 맥락 속에서 단단히 한몫을 도맡았다. "아! 저 순, 우리네 외양간 돼지 송아지만도 못한 것들!" 이것은 흙발로 양반집 대청 짓밟는 것과 같은 주제를 나누어 갖고 있다. 그러기에 욕은 이런 경우 훌륭히 풀이 구실을 한 것이다.

박완서 소설 『미망(未忘)』은 인삼을 기르고 상거래한 한 개성 거상의 집안 내력을 다룬 작품이다. 따라서 개성 상인들의 모습이 여러 가지로 선명히 아로새겨져 있다. 그 가운데는 개성 상인 아니면 못 할 욕, 더욱이 양반에 대한 욕도 큰 몫을 차지하고 있다.

작품에는 안 나오지만, 개성 사람들은 대대로 돼지고기 먹는 것을 두고 '성계고기를 씹어먹는다'라고 전해진다. 성계는 말할 것도 없이 조선 왕조의 태조 이성계다. 덕물산(德物山) 최영 장군 신당에 성계고기를 바친 개성 사람들이다. 조선 왕조에서 왕을 욕한 장부들의 고장이 개성이다.

그런 개성 상인들이라 『미망』의 주인공인 전치만은 아랫것들을 꾸짖을 때 "못나긴! 양반 같으니라고"를 연발하고 있다. 다른 지방 사람들 같으면 뭔가 잘못 들은 걸로 생각할 것이다. 그러나 이 거상은 아예 "이 양반만도 못한 것!"이라고 내뱉는다.

이게 웬일. 남 욕할 때 '뭐 밑도 못한'을 흔하게 많이 쓴다. 한데 그 뭐는 예외 없이 개나 돼지가 따로따로거나 아니면 아예 둘을 뭉쳐서 개돼지다. 그게 상례다. 한데 이 개성 상인은 개돼지 밀쳐 내고 양반을 거기 들어앉혔다. 아니 처박았다.

양반을 두리뭉실 '개다리 양반'이라고 부른 개성 사람들. 그 중에서도 전치만 노인은 매우 출중하다. '고려를 무너뜨린 원수들, 그 반역자에게 빌붙은 양반들'이란 생각 때문에 개성 사람들은 관원을 마다하고 상업을 택했다. 벼슬보다 돈을 높게 친 사람들, 그래서 돈을 귀하게 벌고 쓰고 관리한 사람들. 그 근대적인 상업 정신은 능히 이 땅의 천민 자본주의 아닌 올곧은 자본주의의 선구자로 빛날 것이다.

판굿에서 불려진 '한 냥 반'의 욕노래에 담긴 정신은 오늘날까지 전해진다. 다만 겉모습이 하도 달라서 얼핏 눈치채지 못하는 것뿐, 안을 뒤집고 창자를 발겨 놓고 보면 여전히 '한 냥 반'이 아우성치고 있음을 알게 된다.

대학생들 사이의 '야자 파티'가 그것이고 해군 사관 생도들의 졸업 기념 항해에서 거행되는 '적도제' 또한 그것이다.

꼴사납게도 한때 대학생 사회에는 계층간 규율이 매우 심했다. 2학년은 1학년보다 어엿한 어른이고 상전인 질서가 하필 군사 독재가 굶주린 늑대처럼 으르렁대던 시절에 그 늑대들 때려 잡자고 나선 사냥꾼들 사이에서 지켜진 것이다. 4학년은 3학년에게 '해라'고 3학년은 4학년에게 '네, 형님!' 했다. 그들은 다 같은 어른임에도 서로 '김형! 박형!' 하지 못했다.

그 중세기적 계급 의식, 아니 어쩌면 군대식 계급 의식의 틈을 비집고 나선 게 곧 야자 파티다. 그 광경은 다음과 같다.

가령 봄이나 가을 축제 때, 먼저 시간을 정한다. 그래 봐야 겨우 담배 한 대 태우는 짬. 상하급생이 담배에 불을 붙여 문다. 평소와는 다른 '맞담배질'이다. 일제 시대 시골 영감이 아들 자랑한다는 게 "그 말이야, 내 새끼가 순사하고 맞담배질한다 그걸세. 어흠!" 했다면서 그 맞담배질 이야기를 시작한다. 그러면서 하급생 아랫것이 상급생 상전에게 연신 '야, 자!' 해댄다. 윗분도 응해서 우거지 상판에 쭉정이 웃음을 웃으면서 '네, 네!' 한다. 내친김에 '이 새끼, 저 새끼!'가 더 좋은데 거기까지 발전하진 않았다. 그 꼴이 사나워서 상급생은 미끼 본 잉어처럼 입 놀림 빠르게 빨랑빨랑 피워 대고 하급생은 짐짓 능장을 부린다.

이 순간이 지나면 만사 끝. 다시 이전처럼 무서운 계급 사회로 후퇴한다. 이것이 보장된 제도적 반란이란 것은 의심할 여지 없다.

졸업반 해군 사관 생도의 적도제는 더 요란하다. 함선이 막 적도를 지날 때 치르는 축제란 뜻으로 적도제라고 했다지만, 그 뜻은 매우 크다. 이 경우 적도는 일종의 경계선이다. 있을 수 없는 일이 일어나도 좋은 가름의 선이 곧 적도다.

갖가지 유흥과 놀이판이 있을 법하다고 상상되겠지만, 적도제의 고비는 함장을 상대로 한다고 한다. 사관 생도들의 불경은 함장을 크레인에 매달아서 바다에 빠뜨릴 듯 위협하는 연극을 연출하기도 한다. 그러면 함장과 생도들 사이에 흥정이 벌어지고, 가령 맥주 몇 상자 정도로 화해한다. 옛날 혼례에서 신부 가족이 행하던 신랑 매달기의 재판이거니와, 이 적도제는 제도가 마련한 선상 반란이다.

시대가 달라지면 그에 따라 민속도 모습을 달리해서 남겨진다. 다만 겉모양이 달라지는 것뿐이다. 전통이란 그렇게 끈질기다.

그러나 현실적으로 양반을 욕하는 건 쉽지 않았다. 그야말로 언감생심이다.

"목심이 서너 개 된게비네 잉."

이것은 최명희 소설 『혼불』 5권에 나오는 말이지만 양반 욕 한번 했다간 상놈 목숨 서너 개 달아나기 십상이다.

『혼불』에는 글 읽는 양반집 골목에서 "새비이저엇, 멩라안저엇, 어리굴저엇 있어요오" 하고는 돼지 멱따는 소리로 외치고 다녔다고 해서 물웅덩이에 처박혀진 새우젓 행상 얘기가 나온다.

이 사나운 꼴을 소문에 전해 듣고서도 상인들은 겨우 이런 뒷공론이 고작이다.

"샌님이 기운도 좋등갑소. 발 개고 앉아서 글만 읽는디 먼 심으로 젓장사를 지게째 들어요? 젓통이 또 얼마나 무건디."

"아, 그런 일은 머슴이나 종 시키제 어떤 양반이 직접 나선다냐? 체신없이, 아까 왔던 그 머슴이랑 종이 달라들어서 했제."

"아앗따아, 체신? 그 점잖은 체신에 새비젓은 어뜨케 먹능고? 그것 조께 팔어서 목구녘에 풀칠이라도 헐라고 허는 민생을 불쌍허게는 못 볼망정, 젓 사란 소리 시끄럽다고 방죽으다 처박음서."

"그게 매안 양반네들 성깔 아니냐, 대쪽 같고 쇠꼬챙이 같고."

"그 대쪽으로다 대관절 얼매나 상놈을 후려치고 그 쇠꼬챙이로 또 얼마나 상놈들 인생을 찌르고 못박었으꼬. 상놈은 상놈된 죄로 그 짓 다 당허고. 그래서 어떠케 되얏다요? 그 젓장시."

"머이 어떻게 되야? 풍덩 빠져서 허우적거림서 살려 도라고 어푸어푸 빌고, 지게는 벗겨져, 젓통은 엎어져, 새비젓이 둥둥 떠댕깃지"

"썩을 놈, 칵 죽어불제."

"누가?"

"어떤 놈이든지."

"야 좀 바, 시방 누구보고 허는 소리냐?"

"누구먼 멋할라요?"

양반들 사나운 성깔의 대꼬챙이와 대쪽으로 찔리고 얻어맞기가 고작인데, 더 할 수 있는 수작이라고는 뒤에서 구시렁대는 것밖엔 없다. 하도 억울하고 기가 목까지 차서 겨우 한다는 분풀이가 "썩을 놈, 칵 죽어불제" 그 한마디.

그래서 작가는 그만한 일로 그렇게 당했다는 것이 부당하게 느껴진다기보다는, 오히려 그대로 (새우젓 장수를) 빠뜨려 죽여 버리고 싶은 충동을 격렬하게 느껴 "죽어불제"라고 외마디 소리친 사내의 속내를 드러내 보이고 있다.

그 젓장수의 남루한 무력함이라니.

그렇게 살라먼 차라리 죽어라.

죽어 부리라.

그리고 그보다 더 가눌 수 없이 격렬하게 끓어오르는 것은 매안의 샌님에게 느끼는 증오의 살의였다.

글 읽으신디 소란하다고? 새복 정신이 산란허다고? 어뜬 불상놈이 동네 복판에서 저렇게 외장을 치냐고? 여그가 어딘디?

대관절 글이 머어간디. 대관절 양반의 새복 정신이 머이간디. 어떤 놈은 꼬두새복 넘 다 자는 시간에 짠내 찌들은 젓통 짊어지고 한 종재기라도 더 팔아 보겠다고 목이 쉬게 외장을 침서 휘청걸음을 걷는디. 어떤 놈은 책상다리 점잖허게 개고 앉어서 발바닥 썰어 감서 공자왈 맹자왈 씻나락 까먹는 소리로 노래를 부름서 글이요, 정신이요, 허능 거이여? 시방.

양반은 즈그 문짜로 글 읽어야 살고, 정신 갖춰야 살겄지마는, 상놈은 상놈대로 젓 사라고 외어야 사능 것을. 살자고 지르는 소리를 패대기쳐? 여그가 어딘디? 그래, 여그가 어디여? 사람 사는 시상이다. 사람 사는 시상에 사램이 사람끼리 이렇게 서로 틀리게 살어야니, 이게 무신 옳은 시상이냐. 뒤집어야제."

이것은 매안 동구 안의 상민 춘복이 뇌까리는 넋두리다. "뒤집어야제" 하지만 쉽게 뒤집어지는 게 아니다. 그래서 판굿 따위에 빌붙어서 반 장난, 반 제정신으로 뒤집기 놀이를 한 것이다. 취중에 진담한다고 했던가! 그렇듯 놀이며 장난에 진심이 숨어 있었던 것이다. 그 대표적인 보기가 탈춤판이다.

양반 나오신다. (중략) 개잘양이란 양자에 개다리 소반이란 반자 쓰는 양반이 나온다.

　문안을 드리고 드리고 하니까 마나님이 술상을 차리는데 (중략) 김치, 문어, 전복 다 버리고 작년 팔월에 샌님 댁에서 등산 갔다가 남아온 좃대갱이 하나 줍다.

　예, 아, 이 제미를 붙을 양반인지 첫반인지 허리꺾어 절반인지 개대가리 소반인지 꾸레미전에 백반인지 말둑아 꼴둑아 밭가운데 췻둑아, 오뉴월 말둑아, 잔대독에 메둑아, 부러진 다리 절둑아, 호도 엿장수 온데 한애비 찾듯 왜 이리 찾소.

　양철 간죽 자문죽을 이리저리 맞춰 놓고 썹벌 같은 칼담배를 저 평양 동푸루 선창의 돼지 똥물에다 축축이 축여 났습니다.

이 넷은 모두 황해도 탈놀이에서 말뚝이 양반 옆에다 두고 결말하듯 내뱉는 육담이고 욕지거리다. 양반이 곁에서 듣다가 "뭐 이놈 뭐라고!" 하면서 위엄을 부리면 말뚝은 능청으로 되받아서 양반 바보 만들기 일쑤다. 양반은 욕감태기가 되고 또 간 빼 놓은 얼간이가 된다. 이런 게 탈춤이다.

심지어 말뚝은 양반과 어울려서 운을 주고받으며 풍월(시) 짓기도 하게 되는데, "서당개 3년에 풍월이라더니 그 참 기특하다"면서 양반이 낸 운은 '강'이다. 그러자 말뚝은,

"썩정비자 구녕에 개대강이요 헌바지 구녕에 좃대강이라."

라고 즉석에서 시를 짓는다. 한데 묘한 것은 양반의 이에 대한 평이다.

"아! 그놈 문장이로구나. 잘 지었다. 잘 지었어."

이것은 양반 또한 이 말장난의 놀이에서 한몫 거들고 있음에 대한 증언이다. 탈춤은 어차피 육두문자에다 욕지거리 겸해서 내리쏘게 되어 있음을 양반도 알고 있는 것이다.

우리는 여기서 『요로원 야화기』의 풍월 짓기를 연상하고 김삿갓이 중이며 서당을 두고 읊은 시들을 연상하게 되거니와, 필경 이들은 탈춤과 함께 춘복의 꿈이다. 대낮에 꾸는 꿈이다. 그렇다. 욕도 잘만 하면 꿈이 된다. 못 다 이룬 꿈, 꺾이고 짓눌린 자들의 못 다 이룬 시퍼런 꿈이 된다.

"제기랄, 웬 욕설이냐고? 꿈 잡고 시비할 놈아!"

오줌벼락 씌우고 시집간 처녀

더럽고 미운 사람에게 "똥 벼락을 씌울라"라고 한다. 물론 오줌 벼락이라도 상관없다.

"오줌에 절어서 똥에 말 년!"
"똥을 묻혀서 오줌에 튀길 놈!"
"이 쌍! 오줌에 씻겨 나온 새끼!"

오줌 때문에 생긴 상스러운 말들이다.

"오줌에 씻긴 놈!"

무척 재미있는 욕이다. 오줌이 묻기만 해도 씻어야 하는데 거꾸로 그

오줌으로 씻다니! 기왕이면 왜 씻기만 할까? 씻기고 헹구고 할 일이지. 이러다간 시어미 요강통이 옆집 처녀 시집가는데 대반으로 나설까 겁난다.

오줌에 씻을 순 없다. 오히려 더럽혀질 뿐이다. 그러니 '오줌에 씻기'는 역설이다. 욕설이 역설, 곧 말도 안 되는 말, 억장 무너지게 하는 말이란 게 이럴 때 폭로되는 것이지만, 묘하게도 그럴수록 욕은 제 값을 한다. 그 진가가 나타난다. '말도 아닌 말'인 것은 욕 들을 편이 사람이 할 짓이 아닌 것을 하기 때문이다. 그 녀석이 거꾸로 세상 사는 축이기 때문이다. 그러니까 욕은 매우 사실적이다. 세상 뒤집히고 사람 짓 곤두선 그대로 욕은 자신의 논리를 꾸몄기 때문이다.

아무튼 "오줌에 씻을 놈(년)"이나 "오줌에 담글 세상"이면 무지막지한 욕이다. 한데도 바로 이 욕의 이치 그대로 시집간 처녀가 있으니 기가 찰 노릇 아닌가. 입이 똥방귀 뀌고 똥구멍이 하품할 지경이다.

김유신에겐 두 누이가 있었다. 언니는 화희, 동생은 치희라고 했다. 언니가 어느 날 꿈을 꾸는데, 웬걸 그게 하필 산꼭대기, 상상마루 꼭대기에서 오줌 누는 꿈이었다. 엉덩이를 까 뒤집고 앞을 내놓은 채, 시원히 세상 내려다보면서 오줌을 누었다. 그 꼭대기는 토함산 아니면 남산이었을까.

어떻든, 얼마나 세차게 싸 댔던지 온 세상에 이내 오줌이 홍건했다. 온 세상에 오줌 큰물이 진 것이다. 지린내가 천지에 진동했을 게 뻔하다. 동네방네가 요강 속이 되고 서라벌이 오줌벌이 되었다.

한데 더 망측한 것은 아무리 동기간이라지만, 언니는 그 꿈을 동생에게 다 얘기했다. 그런데 이게 또 무슨 꼴. 동생 치희는 코를 싸매기는 커녕 도리어 그 오줌 꿈을 사자고 나섰다. 언니가 꿈을 치마폭에 싸 안고는 동생 치마폭에다 옮겨 주었다. 동생은 그 값을 보물로 물었다.

개성 상인들은 오줌 거름을 사고 팔았다고 한다. 오줌에 물을 타고도, 마치 사뭇 진하디진한 진국처럼 보이기 위해서 집집 처마 밑에다 오줌통을 옮겨 놓고는 낙숫물을 받았다는 개성 상인들, 아니 개성 오줌 장수들. 이 기상천외한 오줌 장수의 원조는 뜻밖에 김유신의 두 누이였던 셈이다.

오줌 꿈 매매가 있은 지 얼마 지나지 않아서 치희는 언니 차지였던 김춘추를 신랑으로 맞게 된다. 그러니 오줌 꿈은 놀랍게도 혼례의 길몽이었던 것이다.

"오줌 꿈 꾸고 시집간다."

이런 속담 하나쯤 있어도 좋을 것 같지만, 비록 꿈 속이라도 처녀 오줌 벼락을 뒤집어쓴 세상은 욕된 봉변을 당한 것이나 다를 바 없다. 세상으로서는 실로 욕된 일이다.

아! 신랑이 뜻밖에 오줌에 씻겨서 태어난 것이다. 김춘추는 오줌 신랑이다.

처녀 화희는 혼전에 오줌 꿈을 꾸었다. 그것도 온 세상이 오줌 홍수로 잠기는 꿈을 꾸었다. 이게 도대체 무슨 쑥스럽고 지린 짓일까.

이 코가 문드러져 나갈 꿈은 억압된 발산이나 배설 또는 사정을 위한 욕구와 무관하지 않을 것 같다. 몸통 속에 괸 것을 펑펑 쏟아 내고 콸콸 싸 대야 하는데, 그만 그게 막혀 버린 사람이 가질 만한 꿈, 그게 오줌싸개 꿈, 오줌소태 꿈일 수 있다. 방광염에라도 걸려서 오줌 줄기가 막힌 환자들이 흔하게 꾸는 꿈이 이런 등속이라고 그 방면 학계에는 잘 알려져 있다. 어린 오줌싸개는 몽정(夢精)을 하게 되면서 사춘기를 넘긴다. 넘치면 흐르게 마련인 것은 하필 물만은 아니다.

꿈의 오줌 누기는 억압된 것을 발산하는 대상(代償) 행위다. 가령 성적으로 막힌 것을 오줌 누기로 대신 뚫어 내는 셈이라 해도 좋다. 그래서 누는 사람이야 속시원할 테지만, 당하는 세상으로서는 차마 견디기 어려운 욕이 아닐 수 없다.

"오줌으로 씻어 낼 세상!"

그는 이렇게 큰 소리 치고 있는 것일까.

고려 왕실의 후예 가운데 경남 사천에서 유배살이를 한 여성이 있었는데, 그녀 또한 화희처럼 오줌 홍수의 꿈을 꾸었다. 세상이 오줌으로 표몰(漂沒)했을 정도라고 기록은 전한다. 표몰이란 온 세상이 온통 물바다에 잠긴다는 뜻이니, 예사 오줌 아닌 오줌 소낙비를 그녀는 눈 셈이다. 소낙비 오줌이라고 말을 바꾸어도 좋다. 물에만 잠겨도 세상은 몰살을 당할 텐데 오줌에 잠겼으니 몰살에 떼죽음이 겹쳐서 그야말로 세상은 종말을 맞을 것이다.

"오줌에 빠져서 뒤져라."

이건 욕치고도 지나친 욕이다. 물에 빠져 죽으면 물귀신이니 수중고혼이 된다. 그러니 오줌에 익사하면 오줌 귀신이나 요중(尿中) 고혼이 될 수밖에 없다. 노리끼한 채로 오줌 속을 떠돌고 있을 원혼이라서 누군가 거름발 좋다고 건져갈 것도 같은데, 자세히는 모를 일이다.

한데 이 고려 왕조의 여인은 오줌 꿈을 꾼 덕택에 아들을 낳았다. 그 애가 드디어 왕위에 올랐으니, 대단한 오줌 기운이다. 우리 속담에 "오줌발 약한 놈과 고자는 사위 삼지 말라"고 했는데 이만한 오줌발 지닌 총각이면 천하 일등 사위감이다.

또 "오줌 소리 듣고 외상 준다"고도 했다. 고려 왕조의 이 여인이면 온 천하라도 외상으로 얻을 만하다. 그래서 그녀는 뒤에 왕모가 되어 세상을 얻은 것일까.

"여자와 논은 물이 많을수록 좋다"고도 했다. 물이 많으니 오줌도 많은 것은 지당한 이치다. 그런가 하면 "젊은 년, 가지밭에서 오줌만 누어도 애 밴다"고도 했다. 이 경우 가지가 무엇을 상징하는가는 아주 뻔한 일이지만, 그 가지를 옆에 두고 오줌만 누어도 애가 서는 정도라야 여자는 비로소 생기 왕성하다고 이 속담은 우기고 있다.

하니 세상이 잠기게 될 정도로 물 많은 여자가 산꼭대기에서 오줌만 누어서 아기 가진 얘기, 그런 얘기 한 편을 고려 왕조는 전해 주고 있다. 굉장한 이야기다.

하긴 김춘추의 아내면 왕비니까, 신라 왕조에 한 사람, 고려 왕조에 한 사람씩 각기 오줌소태가 있었던 셈이다. 그래서 오줌밭에서 무 배추가 자라듯 그들 오줌 꿈은 신부를 낳고 또 아기를 낳았다.

"오줌에 씻긴 놈(년)"이 있듯이, "오줌에 씻긴 신랑"과 "오줌에 씻긴 아기"도 사뭇 옛날에는 있었던 모양이다.

장승 이야기 10 저는 남원 운봉의 이웃에 사는 실상사 돌장승입니다. 1725년 초겨울에 만들었다는 족보도 있답니다. 사람들은 저더러 현재 남아 있는 돌장승 중 단연 빼어난 놈이라 합니다. 들어서 나쁜 말은 아니지만, 사람들은 그럼에도 저의 권위주의적인 폼새 때문에 백미라 칭하기를 거부하지요. 저도 독보적인 존재는 싫답니다.

전북 남원군 산내면 입석리 벅수 · 사진 · 이형권

3. 쌍, 썩지도 못할 산 쓰레기들아!

　야, 너 미쳤니? 엉? 미쳤어? 차라리 미칠려거든 본때 있게 미쳐라. 그래, 네가 갔다는 막다른 골목이 겨우 쓰레기 줍는 자리니? 어휴, 이거 나두 따라서 미치네 미쳐! 야 색꺄, 네가 우리 패거리를 떼밀고 떠나간다구 해서 금방 뭐 거룩한 천사라두 될 듯싶으냐? 치워라 치워, 이게 대체 무슨 귀신에 홀렸지? 어휴우, 나 속 터지네 속 터져. 야 색꺄, 네 꼬락서니가 네 눈깔엔 안 보이니까 얼마든지 해보겠다는 심산인 모양인데, 지금까지 내 평생에 이런 기맥히는 거지 첨 보네. 세상 나이로는 너나 내나 이십몇 년밖에는 못 얻어먹었다지만 아, 경력으로 따지자면야 그만험 화려하지. 그런데 개과천선 한다는 네 꼬락서니가 거지 중 상거지란 말이지. 그리구 쓰레기나 헤쳐 가며 구데기처럼 사는 거라 이거지? 꼴 조오타, 꼴 조오와. 어이구, 내 참 그 화상 한번 볼 만허다. 야 임마, 차라리 날 죽여라 날 죽여. 네 꼴을 보구 있자니 부아가 열두 번두 더 뒤집힌다. 그 썩고 삭아서 나달나달한 맥고모자 꼴허구 이 오뉴월 염천에 긴팔 내려뜨려 걸친 누데기허구 어이구 저 넝마 겉은 바지허며 도대체 어디서 그 항공모함 겉은 군화는 얻어 신었니? 것두 볼 만헌 짝째기루다…… 골고루 갖췄구나 골고루 갖췄어. 여기서 그렇게 구데기처럼 꿈틀거리지 말구 세상 거지 콘테스트에나 나가지 그러니? 세상 놈들 배에 기름 끼구 다리에 힘이 없어 이제는 뛰고 지랄하는 행락(行樂)도

시들허구 테레비에 주리가 틀려서 비데오 쪽으로 돌아앉았다가 요것두 눈이 짓무르도록 보다 못해 전자오락에 정신이 팔려 있지만 그거라구 오래 가겠니? 모두들 심심해서 사람을 물어뜯을 판인데 네 꼴을 딱 보면 눈에 생기가 돌고 잠겼던 목구녕도 트여서 뛰구 소리치구 좋아 지랄을 칠 거다. 어떠냐, 내가 한번 주최자가 되어서 거지대회 한번 열어 볼까? 아이구 정기야, 나 좀 살려라. 심정기 씨, 나를 한번만 봐주쇼. 네, 이거 그동안 정리로 보아서도 이럴 수야 없잖소? 아이구 정기야, 뭐라고 대답이라두 좀 해다오. 갑자기 쇠귀신이 붙었냐? 야, 우리가 무얼 못 해먹어서 네가 쓰레기를 줍게 하겠니? 우리들 의리가 있잖니? 네가 이러면 우리 모두가 곤란한 거야. 새끼, 넌 거룩하게 꿈틀거리며 쓰레기나 줍고 우린 대도회 각다귀, 거리의 악당으루 남으란 말이냐? 안 돼, 하여간 일단 돌아갔다가 다시 오는 한이 있어두 나하구 같이 나가는 거야. 야 이 병신 쓰레기 같은 놈아, 열렸다구 여기서 쓰레기를 뒤지니? 이 쓰레기 말구두 번쩍거리는 쓰레기가 온 세상 천지 어디든지 있다 야. 이쪽 쓰레기가 아니라 그쪽 쓰레기 뒤져야 할 일도 쌔구 쌨다. 정기야, 맘 좀 고쳐 먹어라. 제발 이렇게 빈다. 네가 정말 취직을 원한다면 우리가 취직을 시켜 줄게. 하다못해 모래차 운전이라두 하면 되잖어? 일종 면허증두 따게 해줄께. 제발 여기는 안 돼. 나가자, 나가자구. 야 참 나두 놀래긴 놀랬다. 이건 정말 쓰레기의 장관(壯觀)이로구나. 우리 언젠가 「그랜드 캐넌」 영화를 본 일 있지 왜? 이건 쓰레기의 그랜드 캐넌이로구나. 야아 이건 정말 대단허다 대단해. 그러구 보니 인간이란 쓰레기를 만들어 내느라구 꿈틀거리는 존재들이로구나. 그저 눈만 뜨면 쑤셔 먹고 쏟아 대며 먹고 입고 알맹이를 발라 먹느라구 껍데기를 벗겨 내구 온갖 쓰레기를 다 만들어 내는 것들이로군. 깨끗헌 공기는 있는 대로 들이마시구 입 구린내를 아무 데나 뿜어 대는 염치없는 것들이 인간이라는 존재로군. 그나 그뿐일까, 터진 입이라구 아가리질을 함부로 하여 남을 헐뜯구 모함하구 이간질하구 젠체하는 것들두 빤지르르한 말들을 만들어 뱉기는 하지만 그게 다 독이 묻은 위선의 말들에 지나지 않지. 그러구 보니 여기가 거짓이 없는 곳이로구나. 철학이 있어 철학이. 생각해야 할 것이 많을 거 같애. 야 정기야, 허지만 철학은 머리로 해라. 몸으로꺼지 할 거 없잖니? 야 한번 태어났다 하면 인생이란 활시위를 떠난 화살 같아서 그냥 내닫는 건데, 너 어쩌려구 이 좋은 청춘을 쓰레기 더미 속에 묻어 버릴려구 그러니? 야 야, 시위도 그만 했으면 됐어. 이제 그만둬. 이제 네 뜻도 그만험 알 것 같으니 우리 패도 네 일을 계기로 뭔가 방향 전환이라두 해야 하는 것 아닌가 하고 의논 중이다. 그러니 이제 그만 털구 일어나 줘. 이제 네 말이나 네 뜻에 귀도 기울이고 그럴게. 약속헌다. 정말 약속허겠어. 너만 돌아온다면 우리는 모두 새롭게 혈맹(血盟)으로 다짐할 테야, 어때?

안 하려면 모를까 기왕 하려면 이만큼은 해야 한다. 흔히 욕이 걸다고 하고 질펀하다고 하지만, 이건 순 수렁이고 진창이다. 말깨나 하면 '현하지변' 곧 큰 강물 내닫는 것 같은 언변이라고들 하는데, 이건 순전히 '똥물지변'이고 '현분지변'(懸糞之辯), 곧 똥물이 큰 강물이듯 내리닫는 언변이다.

혼자서 하는 말이 그 지경이다. 자그마치 석 장의 분량이다. 제법 빠른 속도로 씨부렁댄다고 해도 6~7분은 족히 걸린다. 그만한 길이의 말을 쉬지도 않고 벼라별 욕설, 쌍소리 섞어 가면서 내쏟고 있다. 모르긴 해도, 욕지거리 대화를 한 인물로 하여금 이만한 길이로 거침없이 뇌까리게 한 유일한 작품이 다름 아닌 이 소설 『난지도』(정연희)일 것 같다. 이만하면 이 쓰레기판의 소설은 '욕소설'이 되고도 남는다.

한 인물로 하여금 욕인지 대화인지 가늠하기 어려운 말을 이만큼 내쏟게 하고 난 뒤를 이어서, 이 작품의 서술자는 "난지도의 쓰레기산 계곡을 더듬어 찾아온 근성이가 심정기를 붙잡고 퍼부어 낸 넋두리, 협박, 회유, 간청의 말이었다"라고 지적하고 있다.

그러나 그것만은 아니다. 비아냥거림, 욕지거리, 쌍소리, 저주, 조롱 등이 뒤범벅이되어 있다. 더럽고 사납고 걸다. 험악하고 영악하다. 옛 깡패 동료가 쓰레기판에 와서 쏘아 대기 알맞은 담론이요 웅변이다.

한데 이 똥물이며 오줌물이 뒤섞인 현하지변을 욕만 하고 있을 수는 없다. 그 악매와 악장치기 가운데 무시로 휘번득거리는 '지당한 말씀'을 놓칠 수 없기 때문이다. 그런 대로 우정이며 의리가 있는 것도 웬간하지만 똥물 속의 진주를 더 높이 쳐야 한다. 악장치면서 진리를 치고 정곡을 찌르고 있는 것이다.

세상 놈들 배에 기름 끼구 다리에 힘이 없어 이제는 뛰고 지랄하는 행락도 시들허구 테레비에 주리가 틀려서 비데오 쪽으로 돌아앉았다가 요것두 눈이 짓무르도록 보다 못해 전자오락에 정신이 팔려 있지만 그거라고 오래 가겠니? 모두들 심심해서 사람을 물어뜯을 판인데 네 꼴을 딱 보면 눈에 생기가 돌고 잠겼던 목구녕도 트여서 뛰구 소리치구 좋아 지랄을 칠 거다.

또는

이 쓰레기말구두 번쩍거리는 쓰레기가 온 세상 천지 어디든지 있다 야. 이쪽 쓰레기가 아니라 그쪽 쓰레기 뒤져야 할 일도 쌔구 쌨다.

그런가 하면

그러구 보니 인간이란 쓰레기를 만들어 내느라고 꿈틀거리는 존재들이로

구나. 그저 눈만 뜨면 쑤셔 먹고 쏟아 대며 먹고 입고 알맹이를 발라 먹느라
고 껍데기를 벗겨 내구 온갖 쓰레기를 다 만들어 내는 것들이로군. 깨끗헌
공기는 있는 대로 들이마시구 입 구린내를 아무 데나 뿜어 대는 염치없는
것들이 인간이란 존재로군. 그나 그뿐일까, 터진 입이라구 아가리질을 함부
로 하여 남을 헐뜯구 모함하구 이간질하구 젠체허는 것들두 빤지르르한 말
들을 만들어 뱉기는 하지만 그게 다 독이 묻은 위선의 말들에 지나지 않지.
그러구 보니 여기가 거짓이 없는 곳이로구나. 철학이 있어, 철학이. 생각해
야 할 것이 많은 거 같애.

이 세 대목은 비록 독설이라도 허설(虛說)은 아니다. 아니 독설이기
에 오히려 독실한 진설(眞說)이다. 한치 거짓도 없다. 독도 쓰기 나름
이란 것을 우리 전통 의학은 익히 가르쳐 왔다. 악담이 덕담 된다는 속
담도 전해 온다.

이 견지에서 욕이며 악매의 역설이 드러난다. 악담이라서 덕담이고
험담이라서 진담인 그런 경지가 곧 욕의 역설이기 때문이다. 사나운 만
큼 올곧고 거친 만큼 곧바를 뿐만 아니라, 한 걸음 더 나아가 더러운 마
음 깨끗할 수도 있는 게 욕의 일면이기 때문이다.

그러나 이 악매들의 역설적인 진담은 바로 쓰레기 더미 속에서 생활
하는 사람들과, 쓰레기 만들어 내면서 쓰레기 더미 바깥 세계에 살고
있는(일부라기보다 상당한 비율의) 사람 사이의 대비에서 드러난다.

작품 속의 악담대로라면 그 대비는 '이쪽 쓰레기'와 '저쪽 쓰레기'의
대비다. 이쪽 쓰레기란 난지도를 가리키고 저쪽 쓰레기란 난지도 바깥
의 인간 쓰레기를 지시한다.

그것을 달리 또 작품 속의 말을 빌려 고쳐 표현하면 '거짓이 없는 쓰
레기'와 '독이 묻은 위선이라는 쓰레기'의 대비일 수도 있다.

비단을 걸친, 번쩍대는 사람들의 인간성의 쓰레기와 쓰레기 파먹고 사는 사람의 인간성의 빛을 『난지도』는 대조법을 통해 극명하게 그려 내 보이고 있다.

남들이 함부로 내다 버린 배설물에 지나지 않을 수도 있는 쓰레기를 뒤져서 다시금 쓸 만하게 재활시키는 사람들의 '인간 재활'의 기록이 곧 『난지도』다. 그것은 어엿한 음지의 양지에 관한 다큐멘터리다.

난지도 쓰레기산 위로 내리는 불볕은 저주였다. 그것은 앙심이었다. 쓰레기 더미는 죽음의 산이다. 생활이 죽어 있는 시체들이다. 그 산에는 살아 있는 것이 아무것도 없다. 맹렬하게 살아 있는 것이 있다면 썩어 가는 일과 썩어 가는 냄새뿐이다. 그것만이 죽음도 정지가 아니라는 것을 증명한다. 그리고 죽음이 침묵이 아니라는 것을 증명하기 위하여 구더기가 끓고 파리가 뒤끓는다.

『난지도』의 또 다른 일부다. 썩어 감만이, 썩어 가는 과정만이 살아 움직임이요 웅변인 현장이 곧 난지도라는 쓰레기밭이다. 그러나 썩어 감이라는 그 움직임을 무위의 움직임이 아닌 유위(有爲)의 움직임으로 역전시키고자 모여든 사람이 곧 주인공 심정기이고 또 환기 엄마다.

그러나 이들은 쓰레기밭 속의 구더기가 아니다. 난지도에 와서 비로소 인간 구더기가 된 무리들, 파리 떼가 된 무리 속에서 이들 두 남녀는 이를테면 '진흙 속의 연꽃' 같은 그 무엇이 되고자 한다. 쓰레기통 속에서 필 장미가 과신도 미신도 되지 않기를 은근히 소망하고 있다.

났다 났어! 난지도 영웅 났다! 야! 이 구데기 밑살 같은 놈들아, 다들 들어라! 너 눔의 새끼덜 여기서 쓰레기를 백년 파 본대야 저 친구(심정기) 해

낸 짓 같은 거 꿈이나 꾸어 보겠니? 이 칼막을 쓰고 엎으러질 눔덜아! 왜 저 심정기한테 왕관을 못 씌워 주니? 이 병신 육실헐 눔덜아! 야! 야! 지겹지도 않니? 허구헌날 쓰레기나 뒤지는 이 징그런 눔덜아. 밤에 자면서두 뒤지구 꿈에서두 뒤지구 뒈져서 저승에 가서까지 쓰레기를 뒤질 눔덜아! 너희들 알기나 알어? 저치가 저래 뵈두 물건이라 이 말이야. 공부를 했다 하면 일등이었다 이거야. 고등학교까지 다니신 분이셔. 괜히 함부로 말어! 소설간지 대설간지 되겠다구 허다가 아주 가도 간 거지! 구데기 밑살 겉은 너희들하구는 다르다구. 잘 돼도 화끈하게 잘 될 놈이구 안 돼도 화끈하게 안 될 놈이라 이거야. 이 오살맞을 것들, 왜 웃기만 해? 대꾸는 않구?

이것은, 옆에서 듣던 한 여인이 "저 육실헐 욕귀신이 또 지랄났구먼"이라고 촌평을 붙인 두만이라는 술고래의 욕 사설이다. (이 경우, 이 여인 역시 욕귀신임에 유념해야 한다. 난지도 식솔은 대체로 욕귀신이다.)

욕귀신 두만이의 욕 가운데 '구데기 밑살 같은 놈'은 모르긴 하지만 난지도에서 자생한 것인 듯하다. 이를테면 난지도 사투리 욕쯤 될 것 같다. 그러나 '칼막을 쓰고 엎어질 놈'은 난지도 사투리는 아니라 해도 흔한 욕은 아니다. 칼막이란 칼막이끝, 곧 날카로운 끝의 일종인 듯하다. 그렇다면 끝을 쓰고 엎어지라는 게 곧 칼막을 쓰고 엎어지라는 것이니 위험 천만이다. 송곳 입에 물고 고꾸라지라는 거나 다를 바 없다.

낯선 사설까지 포함된 두만이의 욕에서 우리는 주인공 심정기의 정체를 엿보게 된다. 쓰레기밭에서 폐품의 재활과 더불어 생 자체의 재활을 기도하는 것이 심정기다.

힘을 내! 힘을 내! 구더기만 못해서야 되겠니? 구더기보다 굼떠서야 되겠니? 힘내라 힘 내!

심정기가 뙤약볕 아래서 힘겹게 쓰레기를 뒤지고 있는 동료들에게 하는 말이자 자신을 다그치는 말이다.

이 같은 심정기와 환기 엄마 그리고 은숙에게 '이쪽은 난지도보다 더한 쓰레기'다. 그 이쪽이란 난지도 바깥, 서울 장안을 두고 하는 말이다. 그러기에 난지도 주민들은 그 이쪽 쓰레기들보고 외친다.

"쌍! 이 썩지도 않는 쓰레기들아!"

이 점은 다음 대목에서 분명히 드러난다.

"어이구 이런 쓰레기 인생!"

젊은이는 단단히 쥔 주먹으로 자배기의 턱을 힘껏 갈겨 주었다.

"아이구구 나 죽네. 이놈이 사람 잡네. 아이구 나 죽네 나 죽어! 야, 이눔아 네가 누구냐? 하나님 앞에서 사람 치는 니가 누구냐? 이 천벌 맞을 눔아. 왜 치니? 왜 날 치는 거니? 너 죽고 나 죽자!"

일순 정기의 가슴 속에서 살의가 번득였다.

'차라리 너 같은 건 죽어라. 죽어 없어지는 게 너 자신한테도 편하고 이웃에게도 적선이다.'

그의 전신으로 독기가 번졌다.

'쓰레기 인생! 저건 썩어 주지도 않는 쓰레기지!'

아! 썩지도 않을 살아 있는 쓰레기들.

그것들은 분리 수거의 품목에도 들어 있지 않다. 그들은 갖다 버릴 데도 없다.

장승 이야기 11 '이것이 아닌데……' 라고 생각이 들 만큼 낯설게 생겼죠? 이제껏 말씀드린 장승의 역사적·사회적 의미에서 이탈해 버린 왜곡된 모습입니다. 19세기 후반, 민중의식의 좌절이 이러한 르상트망(Ressantment)을 가져온 것이죠. 특히 1894년 갑오농민전쟁의 실패가 저와 같은 이방인을 낳아 버린 것입니다. 너무 흉물스럽죠? 저 역시 이렇게 태어나고 싶진 않았습니다.

경남 통영시 문화동 벅수·사진 이형권

4. 욕 들어서 싼 놈들

정치인은 물귀신

"알고 보니 정치가라곤 모조리 물귀신이구먼!"
"그 잘됐군! 다들 한강에라도 빠진 모양이지?"
"아니, 그게 아니고. 모두 물밑 교섭만 한다잖아."

의사당에서는 밀치기나 하고 아니면 싸움판이나 벌이는 주제에 뒤로 숨어서 하는 쓱싹쓱싹, 쑥덕쑥덕에는 능한 꼴 보였으니 이런 농지거리들을 수밖에……

그런가 하면 항간에는 이런 농담도 나돌고 있다.

"정치가가 물에 빠져 죽으면 입만 떠오르고, 기업인이 물귀신 되면 물로라도 주머니를 부풀린다."

이 얘기들은 농이고 우스갯소리지만 결국은 욕설이다. 욕지거리인데, 웃음에 담긴 것뿐이다.

적어도 한국의 현실로 보면 정치란 공해요 오염이다. 효과보다는 부작용이 더 큰 약 같은 게 이 땅의 정치다. 그러니 욕을 들어서 싸고, 그래서 사람들은 농을 만들어 낸 것이다. 이같이 경우에 따라서 농은 욕과 뒤섞인다.

하지만 물에 빠져 죽어서 입만 떠오를 사람이 비단 국회의원에만 그칠 것 같지 않다. 세상 인심 돌아가는 걸로 보아서는 교수나 교직자, 변호사, 성직자들이 이 무리에 들 가능성이 아주 없다고 말하기는 어려울 것 같다.

하긴 욕쟁이야말로 '조동아리만 살아 있는 사람'의 대표 선수 같으니 세상이란 이래저래 피장파장일지도 모른다.

참 묘하게도, 전통 사회의 웃어른 모시는 거며 공경 등은 식은 밥 신세가 되어 가는 판인데 아부는 극성을 부리고 있다. 이것도 그 동안의 독재며 군사 문화가 책임질 분야일 것 같지만 그 피해는 엄청나다. 이 방면에서도 정치는 욕가마리의 으뜸이다.

김영삼 대통령 정권이 출범한 이후 세간엔 줄곧 "모든 길(정보와 인사 등)은 김 소장에게 통한다"는 말이 나돌았다. 金소장은 金대통령의 차남 현철(賢哲)씨를 일컫는 말이다.

진실이야 어쨌든 권력 주변과 경제계, 관계에선 현철씨를 제2인자로 인식하는 분위기가 강했다. 최근엔 한보 배후설 외에도 각종 인사 개입·이권 청탁·자금 수수 등 전방위로 의혹설이 제기되고 있다.

93년 초 사람들 입에 오르내린 한 에피소드는 현 정권하에서 현철씨의 '숙명'을 예고한 것으로 받아들여지고 있다.

金대통령 취임 직전 6공의 한 현직 장관이 방배동 한 음식점에서 현철씨와 식사하며 밥은 먹지 않고 고기만 열심히 구워 '바치는' 모습이 목격됐다. 목적은 물론 인사 청탁이었다. 이 장관은 그후 비리 혐의로 구속됐지만 그다지 호된 징벌은 받지 않았다.

　이 무렵 나이가 70세 가까운 한 정부 투자 기관장이 현철씨와의 식사 자리에서 '무릎을 꿇어야 자세가 편하다' 며 무릎을 펴지 않았다는 웃지 못할 얘기도 나돌았다. 실세를 둘러싼 소문은 실세 주변으로도 확대됐다. 여권 내에서 '소산(小山) 인맥' 이란 말이 낯설지 않다. 92년 대선 때 현철씨가 이끌던 사조직 멤버들이 대거 청와대 정무수석, 민정수석실, 안기부에 포진해 '소산 사단' 을 이뤘다는 것이 정치권의 정설이다. 특히 고위 공직자의 비리를 내사하고 개각 때 장·차관 대상자들에 대한 존안(存案) 카드를 작성하는 사정 2 비서관(현 공직기강 비서관)에는 어김없이 그와 가까운 인사들이 등용됐다. 현 정권 초기 사정 비서관으로 위세를 떨쳤던 이충범(李忠範) 변호사도 그의 측근이었다.

　관계에서는 한보 사건에 기소될 것으로 예측됐으나 제외된 L·P 전 장관 등이 대표적인 현철씨 인맥으로 알려지고 있다. 모씨의 경우 국군지구병원에 입원 중이던 현철씨를 깍듯이 문병하는 장면이 목격되기도 했다.

　야권에 쏟아지는 현철씨 관련 제보 중에는 젊은 기업인들과의 호가호위(狐假虎威)에 관련된 내용도 많다. 강남 룸살롱과 멀리는 일본 도쿄 아카사카의 고급 술집에서 D건설, K그룹, H그룹 등의 재벌 2세들과 자주 어울려 술자리를 가졌다는 소문도 돌고 있다. 한보가 현철씨 책 1만여 권을 구입한 것도 의혹의 대상이다. 실제로 현철씨의 측근으로 알려진 사업가 박 모씨 주변엔 현철씨와 줄을 대려는 인사들이 장사진을 쳤다는 말이 있다. 현철씨와 박씨 등이 중심이 된 토요일 오전의 북한산 부부 동반 등산 모임은 '진짜 핵심 측근' 10여 쌍으로 구성돼 있다고도 한다.

　현철씨는 이 같은 의혹들에 대해 강력 부인하지만, 그런 소문과 의혹의 대상 인물로 여겨지게 한 현철씨의 언행도 문제가 있었음은 부인할 수 없다.

　"수년 전 한보에 대한 회사채를 발행할 때 자격 요건이 미흡했지만 현철씨가 관련됐다는 주위 소문을 듣곤 모두가 아무 소리 안 하고 돌아섰다"는 한 금융권 관계자의 얘기는 사실 여부를 떠나 현철씨의 존재가 상대방에 어떤 영향을 미칠 수 있는가를 단적으로 나타낸 것이다.

어느 일간지의 시사 문제에 대한 해설 기사다. 이 가운데 특히 민망한 대목, 점잖은 사람들 차마 눈 뜨고 못 볼 딱한 대목은 한 장관과 한 정부 투자 기관장에 관한 부분이다.

명색이 현직 장관이 계속 고기를 구워 바쳤느니 어쨌느니 하는 광경과 70 가까운 기관장이 무릎 꿇고 앉아 자세가 편하니 어쨌느니 하는 광경은 예사 사람으로는 믿을 수도 없고 사실이라 해도 믿고 싶지도 않은 참상이다.

배알도 없는 쓸개 빠진 녀석! 이 욕도 오히려 과람할 지경이다.

장자는 아부를 남의 치질 핥기 곧 지치(舐痔)라고 했다. 정말 그렇게 말했다면 입 하나 야무지고 사나웠던 셈이다.

한데 그같이 입성 사나운 말이 나오게 된 사연인즉, 옛날 중국에서 웬 형편없는 녀석이 난데없이 벼슬을 하고 돌아왔다. 하필 그는 장자와 같은 마을 사람이었다. 그 자는 집안이 허술했고 또 가난했다. 줄도 돈도 없는 주제에다 글이라곤 면무식 겨우 한 꼴에 창졸간에 벼슬 하나 꿰차고 온 게 수상쩍었다. 그래서 장자가 쏜 말.

"너 이 녀석, 웬 높은 놈 치질 밑구멍 핥아 주고 왔구나!"

체신이 없는 정도가 아니다. 나이 값, 꼴값 못 하는 정도도 아니다. 사람 축에 못 들 딱한 사람들.

자유당 시절에, 웬 내무부 장관은 그 당시의 이 아무개 대통령이 낚시하다가 방귀를 뀌자 "각하, 시원하시겠습니다"라고 알랑방귀를 뀌었다고 전해진다. 방귀 잡고는 시비도 하지 말랬는데 방귀에 매달려 스스로 알랑방귀 뀌었으니 기막힌 방귀 이중창이다. 물고기들이 코를 싸매고 도망쳤을 게 뻔하다.

제 알랑방귀에 똥물 들 놈!

남의 치질 핥아 먹을 놈!

존경이며 겸손은 의젓한 윤리일 수 있고 미덕일 수 있다. 하지만 아첨은 비인간적이다. 그 동안 넓게는 우리 사회 전체에서, 좁게는 정치와 공직 사회에서 아첨이 도리어 이른바 기강으로 행세해 온 게 사실이다. 이건 단적으로 위가, 계층 조직의 상부가 못난데다 갖똑똑이에 헛권위를 부린 탓이다. 알랑방귀가 정치며 관료계를 노랑탱탱이가 되게 하였다. 황달 들게 하고 온 나라를 마침내 골병 들게 한 것이다.

하지만 이 땅의 욕감태기는 정치가만으로 국한될 수는 없다.

돌팔이란 이름의 살인 소매업자

"염려 마십시오. 나도 이 병을 앓아 본 적이 있으니까요."

의사가 난치병에 걸린 환자를 달래느라고 한 말이다. 그러자 환자가 시무룩하게 맞받았다.

"하지만 당신은 다른 의사의 수술을 받은 게 아닙니까."

이것은 돌팔이라고 욕을 들어서 싼 의사에 관한 농으로 한정될 수 있다. 그러나 다음 얘기는 꼭 그렇게만 볼 수 없게 된다.

조지와 수지는 소꿉친구였다. 조지는 큰 도살장집 장남이고 수지는 작은 푸줏간집 장녀였다. 아버지 직업이 비슷하기도 해서 둘은 사뭇 친했다. 게다가 둘은 곧잘 칼을 가지고 놀았다. 조지는 칼싸움을 즐겼고 수지는 칼로 고기 자르는 흉내를 내곤 했다.

그러던 중 조지네가 이사를 갔다. 대학 들어가기 전의 일이다. 어쩌다가 둘은 20여 년 만에 우연히 재회했다. 얼싸안고 서로 반겼다. 조지가 먼저 말했다.

"수지, 보다시피 나는 당당한 육군 고급 장교야. 한데 수지, 넌 무엇을 하나 지금!"

"나 말이야! 난 저 유명한 ○○ 종합병원의 외과 과장이야!"

그러자 고급 장교는 여자 외과 의사를 다시금 얼싸안고 소리쳤다.

"됐어! 우린 옛날과 하나도 달라진 게 없어! 우리 둘은 역시 소꿉친구야."

수지가 의아해서 물었다.

"왜지?"

조지는 어깨를 으쓱대며 말했다.

"암! 옛날과 똑같지 않고! 나는 도매상이고 너는 소매상이란 차이가 있을 뿐이야! 안 그러니?"

아니, 이게 무슨 뚱딴지 같은 소리냐고 할 독자가 있다면 조지의 아버지가 도살장을, 수지의 아버지가 푸줏간을 경영했다는 것을 상기하기 바란다.

아무리 외국 얘기라지만 농담치곤 지나치다는 느낌도 없지 않다. 같은 직종의 사람들이 들으면 심히 불쾌할 것도 같은데다 군대와 외과 의사를 나쁜 데에 비교하는 악취미마저 거들고 있으니, 이른바 '검은 해학' 곧 '블랙 유머'가 아닐 수 없다. 그러나 의료 사고를 당해 본 적이 있는 사람들이라면 오히려 속시원해 할 것도 같다.

미국의 한 자료는 의사가 처음 환자를 만나 대담할 때, 무려 50항목에 관해 묻게 되어 있다. 가족들의 병력은 물론 본인의 생활 습관까지 포함한 물음에는 세상 돌아가는 얘기와 농지거리까지 있다. 또 여기에 걸리는 시간이 30분 이하면 안 된다고 못박고 있다.

그런데 우리는 어떤가? 요즘도 '한 시간 기다려서 5분'이란 상황은 별로 달라지지 않았다. 선진국 의사는 대화를 통한 문진에 많이 기대고 낙후된 나라의 의사는 검사에 의지한다면 어째 순서가 뒤바뀐 것만 같다.

"뒤지지 않으려면 검사나 받아!"

이래야 하는 건가?

이렇게 해서 정치가며 의사들이 농 반 욕 반의 야웃거리가 되었는데, 우리 사회에서 욕감태기가 직종별로 보아 이에 그칠 수는 없다.

다음 얘기는 교수를 과녁으로 삼고 있다.

고물장수 교수

어느 노교수가 언제나처럼 학생들에게 딕테이션 곧 받아쓰기를 시키고 있었다. 교수는 낡은 노트를 읽어 갔다. 학생들은 부지런히 받아 적었다. 강의실 안은 노트를 읽는 교수의 쉰 목소리와 학생들의 펜을 움직이는 소리뿐이었다.

그래서 진리의 열이 한창 달아올랐을 무렵, 한 학생이 손을 들었다.

"교수님!"

교수는 읽기를 멈추고 학생 쪽을 쳐다보며 물었다.

"무슨 질문이라도 있나?"

"네, 교수님."

"뭔가? 난데없이."

"저 제가 가진 노트는요, 제 숙부께서 물려주신 건데요. 아까까진 이 노트에 적힌 대로 불러 주셨는데 갑자기 여기부터 달라지기 시작하지 뭡니까."

"자네, 학문이란 게 워낙 날로날로 달라진다는 걸 모르는가!"

"그건 그렇습니다만, 불러 주신 이 대목서부터 앞뒤가 안 맞는걸요."

"그렇담 학문이 경천동지할 만큼 달라진 모양이군!"

이렇게 구렁이 담 넘어가기로 얼버무렸지만, 사실은 간밤에 노교수의 사모님이 말싸움 끝에 그 노트를 내동댕이쳤다. 워낙 오래 간직해 온 낡은 노트라서 페이지가 산산이 흩어졌다. 노교수가 그걸 수습했지만 그 중 한 페이지의 자리가 뒤바뀐 것을 미처 몰랐던 것이다.

한 시대 전엔 강의를 딕테이션으로 시종한 교수가 있었다. 그것도 묵은 노트, 말하자면 10년, 20년도 더 넘게 써먹은 노트를 그대로 불러 댄 교수마저 있었다면 요즘엔 믿기 어려울 것이다. 그러나 실제로 그런 교수가 있었다. 그런 교수를 두고 당시 학생들은 '고물장수'라고 흉을 보았다.

이쯤 되면 정치가, 의사, 교수가 줄줄이 두름으로 욕먹고 있다. 쌍소리 없고 흉한 표현 없다고 해서 욕이 아니라곤 못 한다. 농으로 하는 욕이라서 더 아프고 따갑다. 농이면 웃음거리가 되기도 하기 때문이다. 웃는 낯에 침 못 뱉는다고 했듯이, 농하는 소리 듣고는 화도 온전히 낼 수 없기에 농이 욕보다 더 무서울 수도 있다. 이런 농을 '욕농'이라 할 수도 '농욕'이라 할 수도 있겠지만 '농욕'이 어째 '능욕'으로 들릴까 겁난다.

한데 오늘날 우리 사회에서 농욕의 대상이 이 정도로 바다나면 오죽 좋을까만 성직자들도 예외가 아니다. 승려들로서는 아예 '중 ×' 낱말이 굳어 있을 정도니, 그걸 새삼 욕이라고 할 것도 없다. '땡땡이 중×'은 흉측하기 이를 데 없지만 그나마 판박이로 아예 굳어진 말이다. 일본의 승려 작가인 콘도코는 지옥 바닥에 제일 많은 것은 관리와 승려라고 했다.

어느 옛날 일이다. 4월 초파일, 연등이 한창이었다. 시주를 많이 한 신도의 등은 어마어마하게 크고, 작게 한 신도의 등은 메주 덩어리만했다. 거기다 이름까지 적었으니 부자와 빈자의 차이는 등을 보듯 환할 수밖에 없었다.

그러자 머리 깎은 지 얼마 안 되는 상좌가 제일 작은 등만 남기고 큰 등은 모조리 찢어 버렸다. 신도들의 아우성이 일어났다. 큰 등을 단 사람일수록 더 길길이 뛰었다. 스님이 상좌를 불러 호통을 쳤다.

"네 이놈, 무슨 억하심정이냐, 네 대가리를 박살내랴!"

상좌는 시무룩해서 대답했다.

"그럼 왜 스님께선 평소에 빈자의 일등이면 족하다 했습니까?"

한데 다음 얘기쯤 되면, 예사로 그러려니 하고 넘어갈 수 없게 된다.

크리스트도 쫓겨난 교회

어느 곳에 잘 지은 호화판 교회가 있었다. 사뭇 으리으리한 그 교회 앞을 남루한 품팔이가 지나치게 되었다. '아! 여긴 천당이야.' 이렇게 생각한 그는 문을 들어섰다. 그리곤 목사를 만나서 신도가 되겠다고 자청했다.

"아! 당신이 여기 신도가 되겠다고. 갸륵하군. 하지만 집에 돌아가서 신에게 간청하시오, 석달 열흘 동안. 그리곤 주님의 응답을 기다리시오. 응답이 있거들랑 재차 찾아오시오!"

그러고 나서 목사는 이 사내의 등을 떠밀었다. 그 길로 만사 끝난 줄 안 목사 앞에 사내는 정확하게 석달 열흘 뒤에 다시 나타났다.

"왜 왔소? 주님의 응답이 있었소?"

목사는 사뭇 퉁명스러웠다. 하지만 품팔이 사내는 능청스러웠다.

"그럼요. 응답을 주셨소. 주님께선……"

"뭐라고 하셨소?"

"이 교회의 신도 되길 단념하라 하셨소."

"그럼 그렇겠지! 한데 뭐하러 왔소."

"주님께서 당신께 전하란 말씀이 있어서요!"

사내는 입술에 침을 묻히고는 천천히 말했다. 그의 말의 요지는 주께서는 이 교회가 탐이 나서 여기 드시기를 바라 부디 받아 달라고 빌었으나 끝내 발을 들여 놓을 수가 없었다는 거였다.

말을 마친 사내는 힘주어 마무리를 했다.

"이 말씀은 꼭 당신께 전하라고 하셨소!"

이건 소름끼칠 얘기다. 얘기는 어디까지나 얘기다. 현실이 어떤지 확인할 길은 없다. 그러나 때로는 얘기가 현실보다 더 적절할 수도 있다. 왜냐하면 이 얘기가 "가난한 자에게 복이 있나니, 천국이 저희 것이요"라고 한 크리스트의 말에 대한 간증일 수도 있기 때문이다.

여기까지만 해도 정치가, 의사, 교수 그리고 성직자까지 줄줄이 한

줄에 꿰다시피 농욕의 대상이 되고 있다.

　이것은 심각한 사회적 위기, 나아가서 사회적 파국에 관한 매서운 증언일 수 있다. 정치가면 적어도 사회적 정의의 담당자들이다. 교수면 진리와 윤리의 표상일 수 있어야 하고, 의사는 한 사회의 대표적인 봉사 정신 자체라야 한다. 성직자는 영혼의 목자들이다. 적어도 이념상, 관념상으로는 그렇다. 그들이 비록 일부의 몰지각한 축 때문이긴 해도 욕감태기와 농지거리의 대상으로 전락하고 있다면 사회는 이미 망조다. 망할 놈의 세상이요 빌어먹을 세상이다.

　그러나 꼭 이같이 가파르게만 생각할 일이 아니다. 도리어 그들에게 쏟아지는 욕을 좋게 생각할 수도 있기 때문이다. 그들은 말하자면 남다른 사회적 책무를 지고 있다. 그것은 그들의 직무에 주어진 특권에 수반된 책무다. 이 책무가 빠지면 그들의 특권은 언제나 남용되고 부패, 타락한다. 그 책무란 공통으로 남달리 맑고 깨끗해야 한다는 사회적 여망에 부응하는 일이다. 따라서 그들에게 농지거리의 욕이 퍼부어지는 것은 사회가 그들의 책무에 걸고 있는 기대의 부피와 크기에 비례한다.

　그러므로 그들은 자신들에게 쏟아지는 욕이며 농을 오히려 기꺼이 감당해야 한다. 조금 사납기는 해도 우정 있는 충고 정도로 받아들일 줄 알아야 한다. 이런 농이나 욕에 발끈하면 이미 끝장이다. 볼장 다 본 셈이 된다는 것을 명심해야 한다. 그러니까 그들에게 퍼부어지는 욕이며 농지거리는 그들의 영광의 빛의 밝기에 비례한다고까지 생각해야 한다.

　이 점은 공자도 익히 잘 알고 있었다. 그는 그래서도 역시 대성인이다. 공자를 놓친 제자들이 어떤 시장 거리의 아낙에게 이렇고 이런 분을 못 보았느냐고 물었다. 아낙은 이런저런 분이 누군지는 몰라도 비렁뱅이에 파락호 같은 한 중늙은이를 보았노라고 쏘아붙였다.

뒤에 제자들에게서 이 말을 전해 들은 공자는 결코 "주둥이 사나운 년, 찢어 놓을라!"라고 악다구니하지 않았다. 빙그레 웃으면서 "그 아주머니, 잘 보았구먼" 이런 정도로 넘겼다고 전해진다.

그렇다고 이 농지거리며 욕을 끝까지 '빙그레'로만 받아들여서는 안 된다. 무서운 채찍으로도 받아들일 줄 알아야 한다. 부끄러움도 느껴야 하고 혹심한 회한의 마음도 따라야 할 것이다. 발끈하되 맞대거리로 발끈할 게 아니라 자책감으로 발끈해야 할 것이다.

이런 뜻에서도 욕이 비평이되 사회적 비평이란 것은 의심할 나위 없다. 대중의 비평이고 이름없는 비평이 곧 욕이다. 한 사회가 묵과할 수 없는 것은 늘상 욕감태기가 되게 마련이다.

해서 풍자며 야유, 요컨대 우스갯소리와 겹친 욕은 한 사회가 윤리며 정의, 진리를 지키려는 마지막 안간힘이 된다. 그래서 욕은 사회의 파수꾼 노릇을 거뜬히 해치운다.

위에서 줄줄이 욕감태기가 된 사람들 가운데서도 정치가는 대중에게 노출되는 폭이 크다. 대중의 인기며 표가 몰리는 만큼 대중으로부터 욕의 몰매질을 당하게 마련이다. 욕감태기가 되는 것은 정치가의 피치 못할 팔자일지도 모른다. 오죽하면 "정치가는 표밭에선 나비고 대중에겐 모기"라는 말이 생겨났을라고.

다음은 미국의 얘기지만 한국 무대에 못 옮겨 놓을 것도 없다.

치한보다 더 치사한 정치인

한 회사의 과장이 여직원에 의해 성희롱으로 고발당했다. 상사는 여직원을 불렀다. 고소당한 과장도 함께 불러서 대질시켰다.

상　사　언제 당했소?

여직원　지난번 공화당이 퍼레이드를 벌이고 있던 때요.

상　사　어떻게?

여직원　제 허리를 껴안고 엉덩이를 어루만지고 또…….

상　사　됐어 됐어! 어쩌다가 그 꼴이…….

여직원　퍼레이드를 내려다보느라고 직원들이 창가에 몰려서 서로 비벼 대다시피 했는데 그 틈을 타서 그 치한이.

상　사　한심하군! 과장 자네는 왜 그 더러운 짓을 했나?

과　장　제가 저 여직원 엉덩이에 먼저 손을 얹었습니다. 한데도 가만히 있었습니다. 다음에 허리를 껴안아도 마찬가지였습니다. 창 바깥으로 내민 손도 꼼짝 안 했고요. 이를 앙다물기는 했습니다만 좋아서 그러는 줄 알았죠, 뭐.

상　사　여직원, 그게 정말이오?

여직원　네.

상　사　그럼 왜 밖을 향해 팔을 흔들며 소리치지 않았소?

여직원　그랬다간 공화당원들이 자기들을 지지해서 열광하는 줄 알 텐데요.

좀 길긴 하지만, 요컨대 공화당이 치한보다 더 싫다는 얘기다. 아니면 공화당 자체가 가장 악랄한 치한당이란 뜻일까?

이것을 닉슨 대통령 당시의 공화당에만 국한된 이야기라고 말하기는 어렵다. 또 미국인의 어느 정당에 대한 얘기라고만 잘라 말할 일도 아니다. 문민 정부를 내세우고도 날치기를 해치운 어느 정당은 이 이야기를 남의 나라 남의 정당 얘기라고 따돌릴 수 없을 것이다.

한데 여기까지에서 이 축에 끼지 않은 직종이라고 해서 마음 놓아선 안 된다. 사회적으로 욕 잘 듣는 직종이 더 있기 때문이라면 지레 겁먹을 사람이 나설까?

변호사라면 어떨까? 의사와 함께 변호사가 '허가 도둑'이란 욕은 이미 옛말이 되었다. '범죄 기생충, 범법 기생충'이란 욕을 들어서 싼 변호사가 아주 없다고 장담하기 어렵다.

범법의 기생충

일제 시대 독립 운동가를 위한 법정에 한국인 변호사가 있었다. 그는 일본말엔 그다지 능통하지 못했다고 한다. 그런데도 그의 절묘한 변호는 지금껏 칭송을 들을 만하다.

일본인 검사가 "후테이 쵸센징!"이라면서 치안유지법을 빌미 삼아 삿대질을 하고 입에 거품을 문 뒤를 이어 그가 자리에서 일어섰다.

"니와토리 코케코코도 나쿠. 쵸센진, 도쿠리쓰 반자이! 나니 와루이."(닭은 꼬끼요 운다. 조선인 독립 만세! 뭐가 나쁘냐.)

그는 오직 이 한마디로 변호를 마쳤다. 뜻인즉, '닭이 꼬끼요 하고 우는 게 자연이고 필연이다. 그렇듯이 한국인이 대한 독립 만세라고 소리치는 것 또한 지극히 마땅한 일이니 죄가 아니다'라고 풀이된다.

그의 기개는 시퍼렇고 그의 논리는 명백하다. 귀에 말뚝 박은 왜놈 판사가 그걸 알아들었는지 어떤지는 전해져 있지 않다.

시대가 달라지긴 했지만, 시민들은 여전히 정의에 의지해서 약자의 편을 들고 법의 횡포를 막아 내는 변호사를 기대하고 있을 것이다. 오늘에 살고 있을 어사를 바랄 것이다. 그러나 현실은 꼭 그렇지만은 않다.

금전상의 이익을 앞세워 사건의 뒤만 쫓아다니는 철부지들이 더러 있기 때문이다. 그리하여 그들로 말미암아 마치 변호사업이 범죄며 범법의 덕을 보는 직종처럼 일부 시민에게나마 인식되어 있다면 여간 딱한 일이 아니다. 물론 법의 방패 뒤에서 반윤리적인 짓을 저지르는 일은 매우 적을 것이다.

이만큼 훑어보는 것만으로도 욕먹는 사람, 사회적 욕감태기는 대체로 사람들이 선망하고 사람들의 인기를 얻고 있는 특권을 가진 직종이고 직종인이란 것을 쉽게 알아차리게 된다. 그것은 탈춤판에서 정해진 단골 욕감태기가 양반이요 승려란 것을 연상시켜 주기에 족하다.

"내 일찍이 자기 자신을 이지러뜨리고서 남을 바르게 하는 자를 듣지 못하였도다. 하물며 자신을 욕되게 하고서 천하를 바르게 하는 자는 더욱 보지도 듣지도 못하였다"고 맹자는 말했다. 누리는 자가 스스로를 이지러뜨리고 욕되게 할 때 비로소 사람들이 욕하는 것이다.

욕이라고 해서 아무에게나 마구잡이로 덤비는 선불은 아니다. 욕도 자신의 체신이란 게 있는지, 그럴싸한 상대 혹은 상당한 맞수를 고른다. 권위를 누리고 기세를 올리고 거들먹댈 만하기에 욕도 농지거리도 벼르고 나서는 것이다.

권위 있는 곳에 욕이 있고, 특권 있는 곳에 농지거리가 있다.

이제 우리 사회에서 없어지길 기대하면서 농의 욕을 몇 가지 더 더듬어 보자. 이것들은 주로 대담이나 수수께끼식의 농욕이다.

국회의원은 뭐게? — 손 들고 돈 버는 사람.
소매치기는 뭐게? — 손 넣고 돈 버는 사람.
거지는 뭐게? — 손 내밀고 돈 버는 사람.

정치인은 뭐게? — 나라 걱정한다면서 망치는 사람.

게는 뭐게? — 바르게 간다면서 옆으로 빠지는 것.
사팔뜨기는 뭐게? — 바르게 본다면서 비뚤게 보는 것.

한국 정당의 여와 야는? — 권력 보고 "여!" 하고 소리치면 여당,
　　　　　　　　　　　 표 보고 "야!" 하고 소리치면 야당.
한국의 은행은 뭐게? — 서민들 푼돈 모아다가 재벌 목돈 만들어 주
　　　　　　　　　　　 는 곳(그래서 국민이 쑨 죽을 개 주는 곳).

　이런 흉한 농이 세상의 양지와 높은 곳일수록 곧잘 돌아치고 보니,
심지어 종교를 두고도 다음과 같은 욕지거리 아우성도 나돌게 된다. 실
로 딱하다.

　　그는 꺼이꺼이 울다가 말고 벌떡 일어나더니 교회의 옆문을 열어 젖히고
　비척비척 안으로 들어갔다. 그리고 십자가와 강대상(講臺床) 있는 한가운데
　로 다가가면서 가랑이 사이의 것을 잡아 뽑으며 오줌을 갈겨 댔다.
　　"하나님? 하나님이 누구얏? 예수님? 예수가 나를 편안케 해준다구? 내가
　왜 죄인야? 난 배고파서 남의 것 훔친 죄밖에 없다구. 온통 뻔쩍거리는 걸
　루 휘감구 다니는 저 야바우꾼들하고는 다르단 말야! 난 거짓말을 해두 한
　놈 상대루 한 게 고작이라구. 속임수를 썼어두 한 놈 상대였어! 그런데 하늘
　을 쓰구 도리질을 하듯 수많은 사람을 한꺼번에 속이구 등쳐먹구 한 놈들이
　어떻게 저렇게두 버젓하냐 이거야. 하나님이 눈멀었어? 예수는 어디서 놀
　구 있는 거야?
　　　　　　　　　　　　　　　　　　　　　　　　— 정연희, 『난지도』에서

　이것은 인간이 마지막으로 내뱉을 쌍소리가 아닌지 모르겠다. 최근

에 상영된 영화 「프리스트」에서 벽에 걸린 예수상을 향해 "거기서 뭘 하는 겁니까. 우리 곁으로 내려오십시오"라고 소리치던 성직자의 모습과 소리가 절로 떠오른다.

그러나 여기서 되짚어 생각해 보자. 욕이 역설이란 것을, 욕이 마지막 안간힘이고, 최후의 도전임을 되돌아보자. 욕이 누구보다도 억눌리고 짓눌린 사람들의 폭발하는 담론임을 익히 꿰뚫어보고 있는 정연희 씨는 쓰레기의 태산, 난지도에서 쓰레기 뒤지며 삶을 지탱하는 사람들의 욕에 마음을 기울이고 있을 성싶다.

이 쓰레기 밑 술주정뱅이의 패악이 오히려 신에게 바쳐지는 역설적 기구일 수 있다고 해도 이 작품의 저자는 망발이라고 크게 나무라지는 않을 것 같다.

정부가 국민에게 잡것이라니!

고속도로는 훤히 트인 탓인지, 차들이 속도를 내기 때문인지 탈도 많고 시비도 많다. 사고가 잦으니 살상도로다. 휴게소에서는 곧잘 썩은 음식을 먹으니 배탈도로다. 명절이면 달리는 것보다 멈춰 있기가 예사니 체증도로다. 고속도로치고는 땜질이 잦고 요철도 적지 않으니 걸레도로다. 마음먹고 욕을 끌어다 붙이자면 끝이 없다.

한데 욕감태기로는 고속도로 여기저기에 세워진 안내판도 제법 큰 구실을 한다.

"노견 진입 금지!"

한때 이런 빙충맞은 안내판을 볼 수 있었다. 처음 보았을 때, 무슨 소린가 했다.

노견이라니? 가만 있자, '늙을 노'에 '개 견' 해서 노견인가? 그렇담 나는 사람이니 나이 불문하고 들어가도 좋겠구나.

한때 이렇게 짐작을 했다. 하지만 이 해석은 이상했다. 왜냐하면 고속도로에 개가 들어설 턱이 없고 더욱이 늙다리 개가 비틀대고 끼여들 까닭이 없기 때문이다. 그렇다면 노견은 늙은 개가 아니고 뭘까? 하지만 그 이상은 어떻게도 해볼 재주가 없었다. 설마 늙다리 개가 아니고 러시아 개일 리는 없겠지. 마찬가지로 노여움 탄 개나 노한 개도 아닐 테고, 참 난감했다.

그런데 우연히 어느 글에서 보니 路肩이라나? 기가 찼다. '길 로'에 '어깨 견' 했으니 길 어깨라? 세상에 고양이 뿔이 있고 처녀 불알이 있다지만 길에 무슨 어깨람! 일본에서 이 말을 쓰는지 어떤지 확실하진 않다. 다만 영어에서는 숄더 곧 어깨란 말로 길의 가장자리를 지칭하긴 한다. 그렇다면 노견은 숄더의 직역이 된다.

가령 고속도로가 제법 높다랗게 둑처럼 뻗어 있다 치자. 그러면 가장 자리가 어깨로 비유되어도 무방할 것도 같다. 그래서 워낙 사람 어깨를 의미하던 숄더가 길에까지 옮겨져서 비유법으로 사용될 수도 있을 것이다.

영어는 언어 관습으로 이 비유법을 활용해 왔다. 그러나 우린 그렇지 못하다. 어깨가 비유법으로 쓰인 경우는 그저 깡패 정도다. 길에 뜻이 옮겨져 사용된 역사가 우리에겐 없다.

이 사정 저 사정 가릴 것 없이 고속도로 당국은 '숄더'를 직역해서 '노견'이란 말을 날조해 낸 것이다. 국어의 관습으로 말하면 그것은 억지춘향이고 조작이다. 하니 시비가 붙어서 논란이 있은 뒤에 가까스로 '갓길' 쯤으로 낙착된 모양이다. 고속도로가 도로로서 어기적대니까 덩달아 안내판에 쓰인 말도 주책을 부린 것이다.

그러나 고속도로 안내판의 주책이며 망발은 이에 그치지 않는다. 말도 안 되는 망발, 당치도 않은 헛소리가 있기 때문이다.

"잡상인 출입금지."

이건 고속도로 휴게소 어귀에 고속도로 당국자와 지역 경찰서장 이름으로 나붙어 있다.

잡상인이라! 누가? 왜?

가난한 탓에 오징어, 뻥튀기나 팔고 다닌다고 해서 잡상인인가? 그래도 좋은가? 그렇다면 정(正)상인은 누군가?

국가 기관이 국민에게 '잡' 자를 붙여서 부르다니……

'잡' 자 붙여도 좋은 것은 잡화점에 잡지 그리고 잡곡이며 잡비 정도다. 잡동사니, 잡상스럽다만 해도 좋을 게 없는데 잡년, 잡놈, 잡것에 이르면 도저히 참을 수 없게 된다. 오사리 잡배의 잡배도 듣는 쪽에선 칼을 뽑아 들지도 모른다. 호남 사람들이 더러 '잡것'을 애칭으로 섞어 쓰지만, 그것은 어디까지나 그 지역에서 그 지역 사람들 사이에 앞뒤 상황, 문맥 보아 가면서 그러는 거지 무턱대고 그러지 않는다.

잡상인에 제일 가까운 것은 '잡인'이다.

봉건 사회에서 '잡인을 금한다'고 하면 벼슬아치도 아니고 힘도 없는 무지렁이 민초들을 금한다는 뜻이었다. 깔보아도 예사로 깔보고 있는 게 아니다. 이 경우 '잡인'은 '관원'과 지극한 대조를 이룬다.

잡상인에 이 잡인의 여운이 서려 있다. 왜냐하면 관리들이 안내판에 이것을 쓰고 있기 때문이다. 국민 중 누구든 이 말을 들을 가능성이 있기 때문이다. 실로 황당하다. 토악질할 것 같다. "네 이놈들, 엇다 대고!" 이렇게 대갈일성 하고 싶어진다.

국가며 행정 기관은 어떤 경우에도 국민에게 '잡' 자를 붙여서는 안 된다. 그것도 민주주의다. 이런 고약한 말버릇을 아무렇지도 않게 쓰는 공무원은 별수없이 '잡무원'이란 말을 들어야 한다. 또 이 같은 빙충이인 잡무원을 제대로 잡도리 못 하는 기관장은 '잡장'일 수밖에 없다. 또 이런 잡장을 옳게 단도리 못 하는 대통령이 있다면 국민은 그를 '잡통령'이라 부를까 겁난다.

지금이라도 고쳐 써야 한다.

"잡상인 출입 금지"라고 국민에게 대놓고 욕하는 안내판은 "지정된 상인 외에는 들어오지 마시오!"라고 고쳐져야 한다. 그러면 고속도로는 그 때문에도 상쾌도로가 될 것이다.

장승 이야기 12 지나는 길에 한번 들러 보세요. 빛고을 광주를 아실는지요. 광주시 북구 용봉동 전남대학교 교정 이따만한 당산나무 아래, 민족통일대장군이 되어 당당하고 빛나는 눈빛으로 상처 깊은 남도를 지키고 있습니다. 저는 어느 한 사람의 취미로 세워진 게 아니라, 광주 학살의 폭정에 맞서 마침내 민족통일로 가는 민중의 함성으로 태어난 이 시대의 파수꾼입니다. 불끈 쥔 주먹이 압권이라고들 합니다.

광주시 용봉동 전남대학교 교정 박수 · 사진 이형권

5. 용 못 된 것에게 주는 욕

사람 잡아먹는 이심이

'박첨지 놀이'라고도 하는 꼭두각시 놀음에는 백성들 겁주는 것이 셋 등장한다. 그들은 공포요 횡포요 악당으로 한 뱃속에서 나온 삼형제 같다.

하나는 뱀의 꼴, 또 하나는 호랑이에 늑대를 겸한 것 같은 꼴, 셋째는 사람 꼴이지만 감투를 썼다. 차례대로 이심이, 영노, 평안 감사다.

영노는 호랑이도 먹고 코끼리도 먹는다. 하늘도 먹고 땅도 먹는 놈, 포식자 중의 포식자니 그 짐승은 온 우주에 걸친 먹이사슬의 맨 꼭대기에 버티고 있다.

이심이란 천 년 묵은 뱀 같기도 하고 용 못 된 구렁이 같기도 한 괴물 파충류다. 지역에 따라서는 깡철이라고도 하니 심술, 변덕, 장난, 노략질이 이만저만이 아니다. 사람 잡아먹기는 예사고 큰물 지게 하는가 하면 가뭄도 들게 하는 놈. 영노가 용으로 둔갑하려다가 뱀 사촌이 되면 그걸 이심이 아니면 깡철이라고 한다. 오죽하면 '용 못 된 이심이', '용 되다 만 깡철이'라고들 했겠는가!

한데 영노며 깡철이가 사람으로 환생하면 예사 감사가 되거나, 감사

중의 감사인 평안 감사가 된다고 「덜미」(박첨지극)의 연출가는 믿고 있는 모양이다. 그렇지 않고서야 이심이, 영노, 평안 감사가 과장(거리)을 달리하면서 번갈아 등장해 사람들 겁주고 횡포 부리고 패악질 해댈 턱이 없다. 이게 바로 꼭두각시 놀음이 내거는 주제 중의 주제다.

넷째 거리 용강 이심이

촌(사람) 왜 영감도 나왔나?

박(첨지) 왜 나온 게 아니라…….

촌(사람) 그래 말하게.

박(첨지) 다른 것이 아니라, 우리 메누리애기가 조밭에 새 보러 갔다가 용강 이심이에게 물려 죽게 되었으니 말이여.

촌(사람) 그래서?

박(첨지) 이놈이 어디 있는지 말이여 내가 찾아가서 박고 차고 하여 원수를 좀 갚아야 하겠네. 뭐 우리 메누리애기가 죽지는 않았어도 지금 대단히 위험하이.

촌(사람) 그 그놈이 어디 있나? 그러면 동쪽으로 가 보게.

박(첨지) 동쪽, 동쪽에 있나?

촌(사람) 아니네. 동남간에 있네.

— 우여, 우여, 우여 새 쫓는 소리.

— 이때 용강 이심이가 입을 벌리고 무대 끝에서부터 움틀거리며 나타난다.

박(첨지) 이크! 봤다, 봤어.

촌(사람) 거 얼마만한가?

박(첨지) 그까짓 것 큰 미꾸라지만하이.

촌(사람) 미꾸라지만하면 그렇게 어이구 어이구 한단 말이야.

박(첨지) 무섭지는 않아도 좀 떨리네, 떨려. 그러면 말이야, 저놈을 때려
        부술 테니 가만 있게.

— 우여, 우여, 우여 새 쫓는 소리.

— 소무(小巫) 등장하여 이심이 있는 데로 간다.

박(첨지) 요번엔 우리 딸애기가 가네. 또 물렸다, 또 물렸어. 아이, 이거
        큰일났네.

이렇듯 용강(龍江) 이심이(수백 년을 묵었는데도 용이 못 되고 이심이가
된 놈으로 사람을 훅 들여마신다고 전해진)는 새 쫓으러 나온 여인네를 잇
따라 둘씩이나 집어삼키는 독종이다. 그러니 박첨지극이 영노와 감사
에 이심이까지 더해 3대 공포 내지 3대 악마로 그릴 만도 한 것이다.

이심이 곧 깡철이는 물론 상상의 동물이다. 그러나 지역 전설에는 사
람이 직접 보고 직접 겪은 것으로 되어 있다. 그 녀석이 용처럼 날아가
는 모습을 보았다든가, 아니면 물이 쏟아지는 굴 끝에서 꼬리를 첨벙대
는 꼴을 보았다든가 하는 얘기가 전해진다.

한문으로 교룡(蛟龍)이라고 표현된 놈과 서로 사촌간이니, 크게 보
아 용 못 된, 용 되다 만 독룡이라 해도 좋을 것이다.

용과 이심이

방방곡곡 깊은 소나 웅덩이 아니면 강이 흐르다가 따로 물이 깊에 괸
심연 등에 살고 있다고 전해진 이심이 혹은 깡철이는 용의 사촌은커녕
사돈에 팔촌 사이가 되기도 어렵다. 용을 흉내내는 악종이요 독종일 뿐
이다. 심술궂고 해찰궂은 망나니요 악당이다. 오죽하면 사납고 기가 세

고 종잡기 힘든 사람의 별명으로 쓰일라고.

그러나 용은 그렇지 않다. 왕권의 상징이고 풍요의 원천으로 섬겨져 왔다. 또한 나라의 지킴이요 사찰이며 불법의 지킴이로 신봉되어 왔다. 머리는 기린을 닮았고 뿔은 수사슴의 것을 빼다 박았다. 발은 호랑이, 몸통은 우람한 잉어다. 구름을 부르고 비를 내리는 재주를 마음대로 부리는 초능력의 주인공이다. 그가 하늘을 날면 천둥번개가 인다. 온 바다가 해일만한 파도로 뒤척이면 용이 그 아래서 꿈틀댄다고 했다. 기개가 하늘을 덮고 그 움직임은 우주에서 막힘이 없다.

그런 게 동양인이 꿈꾸어 온 용이다. 그러기에 이 땅의 민속 신앙에서 '용왕'은 만능이고 전지전능의 권화를 의미한다. 그러나 용의 권능은 그가 나라 지킴이요 불법의 지킴이여서 보장된 것이다. 그가 왕권의 상징일 때도 이 점은 달라지지 않는다. 용은 나라와 불도의 수호자다.

신라 문무왕의 일생은 나라 지킴이로서의 용에 대해서 증언해 주고 있다. 왕은 사후에도 왜적을 막을 힘이고자 해서 동해 감포 앞 대왕 바위를 능침으로 삼았다. 그리곤 용으로 화신했다.

처용이 신라 이래로 객신과 재액을 물리치는 문신(門神)으로서 대문 기둥에 섬겨진 것과 그가 동해 용의 아들이란 것은 무관할 수 없다. 둘 다 철두철미한 지킴이들이다. 용의 권능은 그가 지킴이요 보호자임에서 얻은 부수입에 불과하다. 용상(龍床) 또는 용안(龍顔)이란 말로 구상화되는 왕의 권능 또한 다를 바 없다. 남들이 용으로 지칭하거나 스스로 그 지칭에 응할 때, 누구든 이 점에 유념할 일이다.

도대체 지금이 어느 세상인데 권력이란 말을 통치나 지배 또는 관리 따위 망발된 개념과 섞어 쓰느냐 말이다. 오늘날 권력은 국가를 경영하는 능력이요 전술일 뿐이다. 국민에 대한 봉사에서 얻어지는 반대 급부로서 누리는 특권일 뿐이다.

그렇지 못한 정치 권력은 이심이나 깡철이 그리고 영노와 한 묶음일 뿐이다. 박첨지극에서 홍동지가 감사의 모친 상두꾼을 자청하되, 벌거 벗은 알몸으로 상여를 메고 나서는 장면에서 희화화되고 있는 권력에 유념해야 한다.

홍(동지)　왜 그런 게 아니라, 상두꾼을 날루 하라는데 빨가벗어도 괜찮습 니까?

관　속　아, 이놈아, 발가벗고 상여를 어떻게 멘단 말이야? 여, 박노인.

박(첨지)　예.

관　속　아 그래, 상두꾼 스물여덟 명 너 불러들이랬더니 저 빨가벗은 저 놈을 불러들였으니 너 요놈아.

박(첨지)　상두꾼 요새 없습니다. 없고 저놈은 아무래도 스물여덟커녕 마흔 여덟이라도 능히 당할 기운이 있습니다. 행상만 산중에 잘 모셔 서 곱게 안장하면 되지 않습니까?

관　속　그도 그래. 네 그러면 말야, 사토로 이것저것 생각지 않고 말이 여, 이 장례만 잘 모시면 그만이니까 저놈더러 너 얘기해라.

박(첨지)　된둥아!

홍(동지)　예.

박(첨지)　너 그러면 행상을 잘 모시겠느냐?

홍(동지)　글쎄 모시긴 모시죠마는 이게 암상여요? 수상여요?

박(첨지)　아이크 이놈아, 아무 말도 마라.

사　령　이놈.

홍(동지)　예.

관　속　너 이놈, 무슨 버릇없는 말이냐. 암상여, 수상여는 뭐냐? 이놈 아, 암상여든 수상여든 빨리 모셔라.

홍(동지)	예, 모시긴 모시죠. 하지만 이거 엉덩이로 모시나, 어깨로 모시나?
관 속	아이, 이놈아 엉덩이로 어떻게 모신단 말이냐? 어깨로 모셔.
홍(동지)	어깨요. 어깨보다 더 좋은 게 하나 있는데?
관 속	이놈아 뭐야?
홍(동지)	아니오. 그건 말할 것 없습니다만 내 모셔 보지요.

알몸의 상두꾼, 그의 몸짓욕

여기서 어미 초상을 당한 평안 감사는 철저하게 수모를 당하고 있다. 그야말로 똥치망치요 개망신이다. 지독한 모욕을 당했으니 직접 욕 들은 거나 진배없다.

홍동지는 감사 어머니 상여를 두고도 감히 '암상여'라고 말하고 있다. 상여에 '암'은 붙을 수 없다. 여상여면 여상여지, 암상여라니! 초상당한 집에 가서는 예절의 극을 다한다는 점을 고려하면 이게 도대체 무슨 야유며 조롱인가? 감사가 아니고 똥사고 감똥이다.

그러기에 상두꾼의 알몸도 욕이다. 천하의 대욕이다. 행동 짓거리의 욕이다. 상여를 엉덩이로 모신다는 말욕이나 엉덩이보다 더한 것 곧 ㅈ으로 모신다는 끔찍한 말욕보다 더 악발스런 욕이다.

이심이도 깡철이도 이무기도 모두 이 꼴이다. 영노도 마찬가지다.

욕은 말로만 하는 게 아니다. 말욕이야 아가리로 해대지만, 말욕 아닌 몸짓욕이나 시늉욕도 있게 마련이다. 발림욕이라고 해도 무방하리라.

옛날 한 세대 전에 흔하게 보곤 하던 한 광경이다.

시골 마을을 급행 열차가 지나간다. 길 가던 동네 꼬마들이 기차를 향해서 일제히 '엿 먹어라'를 해댄다. 불끈 쥐고 높이 치켜든 왼쪽 주먹을 오른손 손바닥에 연신 위아래로 문질러 대는 것이다. 이게 곧 발림욕이다. 사람은 시늉으로도 욕을 한다. 인생은 어차피 연극이니까……

히죽히죽 아니면 이죽이죽 웃는 웃음도 발림욕일 수 있다. 별로 동작이 크지 않은 것치고는 심히 불쾌한 욕이다. 차라리 콱! 한 대 쥐어박히는 게 훨씬 마음 편할 수도 있다. 그런가 하면 고개를 외로 꼬고 입을 비죽대는 것도 제 몫 다하는 발림욕일 수 있다. "제미, 잘난 척하고 있네." 이쯤 속말을 하고 있을 게 틀림없는 시늉이다.

그러나 뭐니뭐니 해도 가장 망측한 발림욕은 꼭두각시 놀음에 있다. 평안 감사 어머니의 상두꾼으로 자청하고 나선 홍동지는 발가벗은 알몸이다. 어디 감사도 예사 감산가? 평안 감사다. 그런 감사 어머니 돌아가신 친상에 나타난 상두꾼이 알몸이라니! 이러면 평안 감사만한 욕 감태기는 인류 역사상 있을 것 같지 않다.

제기, 촌스럽기는!

요즈음 시골에는 봄이 되면 현수막들이 부쩍 눈에 많이 띈다. 높다란 곳, 사람 왕래가 많은 길목에서 세상 내려다보는 기세로 펄럭이고들 있다. 큼직한 글씨는 붉은 칠까지 해 더욱 기세 등등해 보인다.

모양새가 전봇대 사이쯤에 가로질려서 너풀대는 게 고작이듯 내용도 사뭇 판에 박은 듯 뻔하다. 말할 것도 없이 관공서나 공공 기관의 계도용이나 선전용이 가장 많은 편이고, 다음으로는 상품 광고 정도가 비교적 흔하다.

한데 제3의 무리에 들 것들도 단단히 한몫 거들고 나선다. 세 갈래 가운데서도 이 무리에 속한 것이 가장 요란한 편이다.

대체로 학교 교문 위나 읍면의 시가지 입구쯤에서 바람 따라 춤추고 있는 현수막이 이에 속하거니와 가로되 "제 ○ 회 졸업생 아무개 ○○ 고시 합격" 혹은 "제 ○ 회 졸업생 아무개 ○○ 공직에 취임" 등의 문구가 목에 힘주고 있게 마련이다. 그런가 하면 "○○군 ○○면 출신 아무개 ○○ 고시 합격"에다 "○○ 관직 취임" 따위도 섞여 있다. 학교 자랑이나 고장 자랑을 그렇게 현수막에 하고 있는 셈이다.

물론 무슨무슨 관직 취임, 무슨무슨 고시 합격 등이 나쁠 거야 없다. 그것도 일종의 성공이고 성취니까 옆에서 축하도 해주고 남들에게 제 자랑하듯 뽐낼 수도 있을 것이다. 성취나 성공은 그 자체로도 값질 수 있다. 성공담이나 성취담이 사람들의 가십 거리로 큰 구실을 하는 것은 바로 이 때문이다.

그러나 현수막에 내걸리는 이른바 성공 내지 성취가 관료주의에 일방적으로 기우는 것은 결코 바람직하지 않다. 지금은 관권이 견제되어야 하는 세상이다. 관료주의가 불식되어야 할 시대다. 공무원직도 그저 우리 사회가 필요로 하는 직능이나 기능의 일부로서 자리매김되어야 한다. 지금은 과거 보러 가는 시대가 아니다. 관장님들이 새로 부임한답시고 부산을 떨 그런 중세기도 아니다.

말이 좀 지나칠지 모르지만, 관직을 유달리 치켜세우는 그 따위 현수막은 아무래도 촌스러워 보인다. 시골 구석일수록 그런 등속의 현수막이 더 많이 설쳐 대는 게 사실이다. 그런데다 일반 시민이 나서서 나팔 불고 장구 치고 하면 촌스럽기만 한 게 아니라 천덕스러워 보일 수도 있다.

참다운 성공담

성공담이나 성취담은 성공 내지 성취한 사람이 흘린 땀의 부피와 뜨거움에 비례해서 그 빛이 드러난다. 사회에 기여할 수 있는 값진 구실을 얻기까지 그가 어떤 고난을 어떻게 이겨 내었는가를 얘기할 때, 성취담은 제 빛을 드러낸다.

우리의 중세기 성취담의 끝은 결국 과거에 붙는 것이었다. 그땐 오직 그 길만이 있는 미개한 시대였다는 것을 놓치지 말아야 한다.

그런데 아직껏 무슨 고시 합격이며 관직 취임 따위의 현수막만이 폭로 성공담의 전부인 양 푸른 하늘에서 나풀대다니 여간 꼴불견이 아니다. 오늘의 사회는 다양화 사회고 복합 사회다. 참외의 신품종을 상품화하는 데 반평생을 바친 한 농군의 이름이 높푸른 하늘에 황금 참외빛으로 빛나야 한다.

셋이나 되는 동생들 다독여 다들 적정 수준의 학업을 마치고 사회를 향해 제 삶의 길을 걸어가게 만든 어느 소녀 가장의 이름 석자가 지리산 천왕봉 높이의 창공에서 태양처럼 빛나야 한다.

맑고 바르게, 또 힘들여 돈 모아서는 지역 사회의 복지며 문화 사업을 위한 기금을 조성한 것을 필생의 보람으로 삼은 어느 중소 기업인의 이름 석자라면, "강낭콩보다 더 푸른 남강 물결" 드높이 "석류꽃보다 더 붉게" 내걸려도 좋다.

정말이다. 이제 다들 촌사람 짓 좀 그만두자. 나의 고향이기도 한 서부 경남의 관직 선호도가 상대적으로 다른 지역보다 높았다는 것을 조금은 부끄러워해야 할 것이다. 시골에 산다고 촌사람이 아니다. 하는 짓과 품이 의식이 낡았으니까 촌사람 소릴 듣는다.

가령 남명 조식 선생께서 오늘 다시 태어나 그 따위 현수막을 보게 되면 별수없이 "에이, 촌놈들!" 하실 것 같다. 그분께서 관직을 무슨 부스럼 보듯 했다는 것을 우리가 모를 턱이 없다. 남강 쪽빛 물에 비친 우리의 붉은 단심으로 이제 촌사람 근성을 씻어 내야 한다. 사회 정화의 차원으로도 그래야 한다.

더욱이 그 따위 촌놈 현수막이, 그것도 수캐 뭐 자랑하는 듯한 그 천 조각이 시골 학교의 대문 앞일수록 더 크고 요란하게 걸리는 것은 큰 탈이다. 요즘 세상에 관료주의 부추긴다고 오해받을 짓을 학교가 앞장서서 할 수는 없다.

각기 주어진 자질과 성품대로 선량하게 최선으로 살면서, 제 깜냥으로 최대한 사회에 이바지하는 작고 착한 인물들이 존중받는 사회가 되도록 학교 교육은 애써야 할 것이다.

뿔 돋은 거웃(陰毛)

검찰은 K모씨의 재산 관리인으로 알려진 P모씨가 지난 93년 3월, 자신의 회사 명의로 경기도 파주에 7억 6천만 원에 공장 부지 1천2백 평을 매입하는 등, 92년 대선 이후 사업을 급속히 확장해 온 점에 주목, K씨와의 관련 여부를 캐고 있다.

이 같은 어느 일간지의 보도(1997. 3. 21)는 '도깨비 친구 사귄 사람' 얘기다. 느닷없이, 별 곡절도 없이, 빈 쭉정이가 떼돈을 벌면 "저게 도깨비를 사귀었나!"라고들 해 왔기 때문이다.

이같이 도깨비 친구를 사귀기라도 한 듯 늘어난 재산이 검은 돈임에도 불구하고 검찰이나 경찰 수사가 시원찮으면, 사람들은 뭐라고 빈정

댈까? 수사 태도를 보고는 "도깨비 기왓장 뒤지듯 한다"고 할 것이고, 수사 결과를 두고는 "도깨비 거웃 같다"고 할 것이다.

공연히 허둥대거나 쓸데없는 짓을 하면서 어중되면 도깨비 기왓장 뒤지는 짓이고, 뭔가 비슷한데 영 그게 아니면 도깨비 거웃 같다고 하거니와, 거웃이란 음모(陰毛)다.

도깨비 거웃이라면 뿔이 돋았을지 모르고 제 멋에 늘 흔들댈지도 모르니, 비슷하기도 하고 않기도 하고 도무지 종잡기 어려울 것이다. 도깨비의 속성이 워낙 정체 불명이고 변화 무쌍하기 때문이다.

"이 도깨비 같은 놈!"

행동거지가 도무지 갈팡질팡인 축이 들어서 싼 욕이다. 예컨대 동대문 간다면서 서대문 가는 축, 개혁한답시고 사정한답시고 까발려 놓고는 스스로 썩을 대로 썩은 치들이 먹어서 싼 욕이다. 이런 축, 이런 치들이 하는 짓을 '도깨비 장난'이라고도 한다.

이럴 때, 사실 도깨비로서는 사뭇 억울하고 원통하다. 순전히 인간 못된 것 옆에 있다가 날벼락 맞은 꼴이기 때문이다. 그러나 도깨비로서는 전혀 무고하거나 애매하다고 우기기는 어렵다. 옳고 그름은 차치하고 도깨비는 장난의 명수고 엉뚱한 짓거리의 명수이기 때문이다.

이렇게 칠 때 지금 우리 사회에는 인도깨비, 곧 사람 도깨비들이 흥청대고 있음을 부인하기는 어렵다. 지금의 한국은 '인도깨비 공화국'일지도 모른다. 가령 두더지 땅굴 파듯 새 정당 만들거나, 정당 이름 갈아치우기를 땀 젖은 속곳 갈아입듯 하거나, 또는 정당 옮겨 다니기가 하숙집 옮기는 것보다 더 쉬운 일부 정치인들이 대표적인 인도깨비들이다.

한데 인도깨비의 역사는 사뭇 오래되어서 『삼국유사』에서 이미 요란을 떨고 있다. 신라 제 26 대 진평왕 시절에 세상을 떠들썩하게 만든 도깨비의 괴수가 있었으니 그의 이름을 비형랑(鼻荊郎)이라고 했다. 이 자는 사람 죽은 귀신과 산 여자 사이에서 태어났으니, 반 사람 반 귀신 이다.

그 죽은 귀신은 예사 귀신이 아니라, 바로 신라 제25대 진지왕 귀신 이니 그 덕으로 비형랑은 도깨비 괴수가 되었는지도 모른다. 아비 잘 둔 자식이 껍죽대기로는 예나 지금이나 다를 게 없는 모양이다.

그런데 이 괴수가 태어나기까지의 과정은 으스스하고 지겹다. 진지 왕은 정치 잘못한 탓에 왕좌에 오른 지 4년 만에 폐위당한 위인인데, 그 주제에 여염집 아낙을 궁중에 납치해다가 겁간하려 덤빈다.

하지만 아낙은 남편이 죽은 뒤라면 모를까 당장은 목숨으로 정절을 지키겠노라고 버틴다. 왕은 기가 꺾여서 일단 물러섰고 그래서 이내 죽 게 되었지만, 그래도 집념만은 시퍼렇게 살아 있었다. 바라던 대로, 아 낙의 남편이 죽자 귀신인 왕은 다시금 아낙을 윽박질러서 한 아기가 태 어났으니 그가 곧 비형랑이다.

이쯤 되면 "인생은 짧고 색정은 길다"는 속담이 생길 법하다.

신라의 도깨비 탄생

일이 하도 별난지라, 진평왕은 이 반 인간 반 귀신을 궁중에서 길러 집사 벼슬까지 주었지만 일이 꼬여 갔다. 왕이 힘센 장사 50명을 시켜 서 지키게 했음에도 불구하고 비형랑은 밤마다 성을 날아 넘어가서, 황 천(荒川) 둑 위에 도깨비들을 모아 놓고 놀이판을 벌이곤 했다. 도깨비 는 옛날부터 놀았다 하면 으레 술판에 노래판에 춤판을 겸하니, 야심한 밤에 온 경주가 떠들썩했을 게 틀림없다.

그래서 진평왕은 도깨비 무리들에게 경주 안 신원사 절 앞 큰 개울에 돌을 다듬어 다리를 놓으라는 과제를 주었다. 한데 이 녀석들이 단 하룻밤 새에 그 일을 해치웠다고 『삼국유사』는 증언한다. 신라 사람들은 그 다리를 '도깨비 다리'라고 했다니 허풍은 아닌 모양이다.

그러니 왕과 신라인들 눈이 휘둥그레질 수밖에……. 뚝딱 하고 나무 방망이질 한 번에 만금을 쏟아 내는 놈들이라, 돌을 캐고 다듬어서 다리 놓는 것쯤 하룻밤에 해치우는 건 아무것도 아니었다.

도깨비는 무엇이든 번갯불에 콩 구워 먹듯 하는데도 그게 날치기가 아니다. 제대로 해낸다. 하룻밤 사이에 둑을 쌓고 성도 쌓는다. "도깨비 대동강 건너듯이"란 속담은 그래서 생겼다.

아무튼 비형랑의 돌다리 놓는 기술에 넋을 잃은 왕은 그에게 도깨비 무리를 이끌어서 국정(國政)에 이바지해 달라고 당부한다. 이게 바로 길달(吉達)을 부두령으로 삼은 진짜 도깨비 무리들이지만, 그들이 길달로부터 가신(家臣) 대우를 받았는지 어떤지는 확실히 알 수 없으나, 미상불 그랬을 것으로 추측하고 싶다.

도깨비가 도운 국정이라니 사뭇 난감해진다. 요즘 인도깨비들이 제철 공장 짓듯이 계속 다리도 놓고 문도 세우며 기적적인 건설 사업을 하는 것은 좋겠지만, 아무래도 도깨비는 도깨비고 국정은 국정인데, 도깨비가 참여한 국정이야 오죽했을까.

실제로 길달의 무리는 낮에는 그런 대로 국정을 돕는답시고 돌아치다가도 밤이면 숲이나 들에 나가서 분탕질을 해대다가 마침내 여우로 둔갑해서 삼십육계를 놓는다. 예사 사람 행세도 힘든데 정치가 흉내내는 건 도깨비에게 더 힘들었을 것이다. 고금을 통해서 정치라는 것의 장난질이 도깨비 장난보다 더 장난스러웠을 테니까 말이다.

왕이 비형랑을 족치자 그가 달려가서 여우 도깨비들을 처치했다고 하는데, 바로 이 대목이 오늘의 우리에겐 큰 흥밋거리다.

오늘날 정치의 원형

낮에 남 보는 데서는 하룻밤에 돌다리 놓는 그 기막힌 얼렁뚱땅의 솜씨로 국정에 참여하다가도, 밤이면 남들 다 잠든 틈을 타서 분탕질에 요상한 짓 해대기를 꼭 여우처럼 한 이 길달의 도깨비 무리 일화는 단지 신라 진평왕대의 것으로 끝날 수 없다.

겉은 번지르르한데 뒤로 여우짓 하는 것, 그게 길달의 도깨비 무리다. 아니 도깨비식 국정이고 정치다. 오늘의 현실을 돌아보면, 도리없이 그것을 한국 정치의 원형이라고 부르고 싶은 유혹에 빠지게 된다.

이때 조심할 것은 도깨비 무리가 초인적인 능력의 소유자라는 점이다. 하루 저녁에 다리 놓고 둑 쌓고 하는 도깨비는 기가 차게도 무쇠 솥뚜껑을 원래 모양 그대로 솥 안바닥에 달라붙게 한다. 도깨비에게 불가능은 없다. 뭐든 방망이 두들기듯 쉽게 해치운다. 이 도깨비 방망이짓과 날치기 통과를 하면서 국회의장이 두들겨 대는 방망이짓을 구별하는 건 사실상 불가능하다.

그런 도깨비들이 부정을 저지르고 뇌물을 챙기고 부당한 외압을 행사하면, 세상은 순식간에 분탕질을 당할 것이다. 잡아떼는 거며 거짓말하고 얼렁뚱땅하기, 축소 수사하는 것 등 무엇이든 쉽게 해치울 것이다.

민족의 고전 『삼국유사』에서 오늘의 허망한 정치 현실의 원형을 보는 것은 슬픈 일이다. 거기다 인도깨비가 참도깨비보다 늘 한 수 위였음을 생각하면 무서워지기도 한다. 그러기에 우리는, 길달이 오늘의 정치인 어느 누구의 별명도 되지 않기를 바란다.

점잖게 하는 욕말씀, 말씀욕

다음 이야기는 서거정의 『태평한화골계전』에 실려 있는 것으로, 그런 만큼 위엄과 귀태에 넘칠 수밖에 없는 이야기이다.

경상도 아사면 관찰사에 버금하는 벼슬이다. 요즘 식으로 고쳐 부르면 경상도 부지사쯤 될까? 아무튼 그만한 관직에 있는 분에 관한 멋진 일화거니와 글 제목이 '순흥 삼가'(順興三佳)라고 했으니, 순흥 고을의 세 가지 기꺼움이란 뜻이리라.

아사가 관찰사와 함께 순흥 고을에 출장 내지 순시를 나갔다 해서 잔치가 벌어졌다. 지금 같아도 접대가 거나할 판인데, 조선조 초기이니 오죽했을라고.

술상이 차려지고 기생들이 대령했다. 기생이라지만 시골이라 몰골이며 차림이 누추했다. 돼지 앞다리에 편자가 아니라 돼지 뒷다리에 똥 묻은 꼴 정도는 아니었겠지만, 기생이란 이름이 아까웠다. 그러니 황진이, 매창, 송이 등 조선조의 일급 기생을 연상해서는 안 된다.

아무튼 기생들이 앉고 그 사이사이에 감사, 아사 등 경상 감영의 관원들이 앉고 그 말석에 군수가 자리잡았다. 군수의 관복 차림은 자못 위풍당당했고, 생김새도 훤칠해 가히 장부였다. 한데 그중 가장 잘 생긴 것은 코였다. 어른 주먹만큼 부라린 코끝이며 날센 콧등이며, 가히 천하의 물건이었다. 거기다 빛은 사뭇 불그레했다. 술잔 들기도 전인데, 그의 앞 검은 술상 바닥에 비친 그의 코 그림자마저 온통 붉은 모란 빛인 듯했다.

이 술자리 중의 절색에 아사가 탄복해 시 읊듯 한마디 했다.

"기생들 치마는 연분홍인데 군수 코는 찬란히 진분홍이구려. 삼가 감축하오."

이윽고 군수가 직접 술잔을 돌리는데, 술잔의 크기가 엄청났다. 그러자 아사가 두번째로 입을 열었다.

"고을은 콩알만한데 술잔은 매우 크니 두번째로 치하드리오."

한 차례 술이 돌고 밥 먹을 차례가 되었다. 밥은 오곡밥이라서인지 태워서인지 붉은 빛인데 웬걸 장은 몹시나 맑았다. 해서 아사가 세번째로 입을 열었다.

"밥은 비록 붉지만, 장은 매우 맑으니 세번째로 치하드리오."

이런 일이 있고 난 뒤부터 사람들은 진분홍 군수 코와 큰 술잔과 맑은 장을 '순흥 삼가'라 일렀다고 한다.

우리는 이 얘기를 한 순간 술자리의 농으로 돌릴 수 있다. 또한 군수까지 포함해서 순흥 지역의 장점을 칭송한 것이라고 받아들일 수도 있다. 해서 술안주에 더한 아사의 말안주라고 해석할 수도 있을 것이다. 이상하게 술자리일수록 입이 걸어지고, 그러자면 해학스런 말솜씨도 사뭇 취기를 띨 수 있기 때문이다.

한데 시각에 따라선 이 얘기에서 그저 그런 재미 뒤편에 숨겨진 가시를 볼 수도 있을 것이다. 더욱이 이야기를 역설이나 반어(反語)로 읽으면 얘기의 가시 돋침이 더한층 험상궂게 느껴진다. 그 지경이면 해학(유머)은 풍자가 된다. 조롱과 야유가 웃음에 싸인 셈이 되니 그야말로 나비처럼 날아서 벌처럼 쏘게 될 것이다. 이 지경이면 가장 재치 있고 고급스런 욕이 움튼다.

가령 기생들 치마 빛보다 군수의 코가 더 붉다고 했다. 원문에서는 '난홍'(爛紅) 즉 현란하게 붉다고 했다. 아무리 시치미떼고 점잔을 빼도 난홍의 코면 농이 될 가능성이 있다. 그러기에 군수 코는 빨갛다는 말에는 뭔가 숨은 뜻이 있다고 풀이할 수 있다.

"백성 얼굴은 저리도 파리한데, 군수 네 코만 홀로 붉구나!"

이렇다면 어떻게 될까? 아사와 군수 두 분 다에게 누를 끼칠까 두렵지만, 오늘의 비뚤어진 세상을 사는 선비 눈은 그만큼 비뚤어질 수도 있을 테니 두 분께선 살펴 주시기를……

아닌게아니라 부패한 오늘의 관리를 두고 그 코 붉음을, 코가 말하는 그 주독(酒毒)을 지적했다면 영락없는 조롱이고 야유일 테지만, 옛날 관원들 일이라 장담할 게 못 된다. 다만 그 같은 억지춘향 격인 추리가 가능함을 말하고 싶을 뿐이다.

기왕 내친김에 "고을은 콩알만한데 술잔은 크다"고 한 대목을 뒤집어 읽어 보자. 그러면 절로 이렇게 읽혀진다.

"군수여! 네가 다스리는 고을은 이토록 가난하고 쪼그라져 작은데, 그대 마시는 술잔 밑이 크구려!"

이쯤이면 아사의 말솜씨는 김삿갓의 시구 솜씨를 뺨치게 된다. 꿀 발린 창날을 휘둘러 대고 있는 셈이다.

별것 아닌 표현, 평범한 수사이기에 그 숨겨진 창날이 더한층 날카롭게 느껴진다. 기왕 욕을 할 거라면 이 정도는 되어야 할 것 같다는 생각이 절로 든다.

자! 그렇다면 아사의 셋째 발언으로 옮겨 보자. 그는 "밥은 붉은데 장은 맑다"고 했다. 이것의 역설적 읽기는 어떻게 될까?

"군수여! 그대 고을 정사하기로는 백성들 속도 마음도 태워서 붉게 찌들게 한 꼴인데, 그대 혼자 결백을 내세우다니!"

이 경우 간장의 장(醬)의 발음이 관장의 장(長)과 한가지임을 고려해야 할 것이다. 그렇게 해서 아사의 말솜씨가 김삿갓의 시구 솜씨다움을 한층 돋보이게 할 수 있다.

이렇게 되면 '순흥 삼가'의 가(佳)는 고쳐 읽혀져야 한다. 겉으론 가(佳)지만 속으로는 주(呪)다. 저주다. 결과적으로 순흥 삼가는 순흥 삼주, 곧 순흥 지방의 세 가지 저주가 되고 만다.

시치미떼는 욕, 능청을 떠는 욕이라서 이는 욕의 일품이다. 이 지경이면 그냥 욕이 아니라 '욕말씀' 또는 '말씀욕'이라고 해야 한다.

이 같은 욕말씀이야말로 풍자요 희극성의 극치다. 배 쓰다듬어 주면서 등에 칼을 꽂아 대는 솜씨다. 직접 듣는 이도 옆에서 듣는 이도 다들 일단은 웃을 수 있다. 그러나 말하는 이의 웃음기에는 독이 서려 있다. 듣다가 웃다가 보면, 그만 아뿔사! 하게 된다.

스탈린 체제가 무너지기 이전의 소련에는 '악어'라는 제목의 대중만화 잡지가 있었다고 한다. 체제 비판, 지도자 비판을 시사만평식 만화에 담아서 전제주의에 시달리는 국민들을 웃게 한, 초일급 베스트셀러였다고 한다.

한데 그 제목이 하필이면 악어라니! 악어의 눈물은 잔인을 더하지만, 악어의 웃음은 희극성을 더한다. 우리의 순흥 삼가도 악어의 웃음일 수 있는 가능성이 있을 성싶다. 그러면서 인품 잃지 않고, 인격 상하지 않고, 남이며 세상 욕할 수 있는 재치에 대해서도 일러 주고 있는 듯싶다.

그 잡지에는 이런 수수께끼 문답이 들어 있었다고 한다.

"소련 인민이 언제가 되면 푸줏간 앞에 줄을 안 서게 될까?"

"그야, 간단하지. 고기 안 먹게 될 때지."

그런가 하면 다음과 같은 얘기도 실려 있었다니 기가 찰 일이다.

모스크바의 어떤 시민이 당 관료에게 막대한 돈을 뿌려 대면서 해외 여행을 자주 했다. 관광도 아니고 출장도 아니고, 그저 비행기 타고 어딘가 갔다 오는 것뿐이었다. 한데 그는 꼭 외국 비행기만 골라 탔다. 이유를 묻는 친구에게 이 여행가가 한 말, "기내식이 맛있어서!"였다고 한다.

장승 이야기 13 새로 사귄 친구입니다. 어째 그렇게 닮았냐구요? 거슬러 올라가면 조상이 같을지도 모르죠, 뭐. 동네 초입 김서방네 손주랍니다. 제가 이 친구 6대조 할아버지까지 알고 있으니까 몇 대를 벗삼아서 친구를 하는지 모르겠어요. 그렇다면 이 친구가 후례 자식이라구요? 함부로 욕하지 마세요. 얼마나 순박하고 착하게 자라는 줄 아세요? 이 마을의 질병과 풍년은 제가 맡고 있는데, 어째 요즘은 신통력이 옛날 같지가 않네요.

전북 부안군 부안읍 동중리 박수 · 사진 이형권

6. 아이들이 세상을 향해 내뱉는 욕

세상 믿을 놈 없네

아비가 먼저 대중탕 물 속에 들어갔다. 꼬마가 물었다.

"아빠, 안 뜨거워?"

"응, 시원해."

풍덩, 탕 속에 뛰어든 꼬마가 소리쳤다.

"아이 뜨거! 세상 믿을 놈 하나 없다니까."

한때 흔하게 나돌던 얘기다.

아이가 영악해도 여간 영악한 게 아니다. 욕을 들어야 한다면 뜨거운 것도 시원하다고 하는 말버릇이지 아비가 아니건만, 아이는 아랑곳하지 않는다. 실로 영악하다.

그러나 얘기는 흉하면서도 섬뜩하다. 비수요 비상이다. 누구도 못 믿을 세상의 염통에 칼날을 들이대고 있다. 동심은 천진난만한 만큼 야멸차고 무섭다.

한데 요즘 들어서 못 믿을 아비로 대표될 못 믿을 세상을 야유하는 욕 이야기들을 초등학교 상급생들이 만들어 내고 있다. 그것은 바로

'~하고 지랄이야!'로 끝난다. 지금껏 어떤 수상쩍은 이야기, 망나니 헛소리 같은 이야기도 이렇게 사람 간 빼먹게 끝나진 않았다. 간담에 소름 돋을 이야기다. 세상이 오죽 용천 지랄 같으면······.

전통적인 옛날 얘기라면, 으레 "그래서 잘 먹고 잘 살았더란다"로 끝나게 마련이다. 그냥 잘 먹고 잘 사는 정도가 아니다. 주인공들이 시집가고 장가가서는 잘 먹고 잘 살기 일쑤다. 게다가 소문으로만 듣던 보물을 덤으로 손아귀에 넣기도 한 끝에 지극한 해피 엔딩을 맞게 된다.

한데도 이놈의 이야기는 '~하고 지랄이야'로 끝난다. 그야말로 얘기치고는 지랄 같은 끝장이다. 세상 돌아가는 게 이것저것 다 지랄 같으니까 얘기조차 지랄질일까.

왕비가 된 심청이 온 천하의 소경을 왕궁으로 불러들였다. 잔치는 거나했고 뭇 소경이 다들 흥청망청인 바로 그때, 드디어 심봉사가 나타난다. 심청이 달려들어 와락 심봉사를 끌어안는다.

"아버지! 아버지!"

한데 이게 웬일?

다른 소경만 눈뜨고 지랄이야.

심봉사는 그때 귀머거리가 되고 지랄이야.

얘기는 이렇게 되어 있다. 억장이 무너질 판이다. 하필 그 결정적 순간에 박복한 아비의 귀가 먹다니! 딸이란 게 방정을 떨고 왕비 체통도 잃고 기력이 사뭇 쇠한 거지 아비 귀에다 대고 천둥 벼락같이 소리지를 건 뭐람!

"잡것, 기관차 화통을 삶아 처먹었나."

남 잘 되는 꼴 죽어도 못 보는 세상 인심이 낳은 얘기다. 심통 사납기가 장화의 계모 뺨칠 지경이다. 기왕에 잘 나가고 있는 이야기 줄거리를 미친년 속곳 뒤집듯 훌러덩 뒤집어 놓았으니, 꼴이 말이 아니다. 역전(逆轉)은 역전이라도 패악스럽고 독살맞은 역전이다.

물에 빠졌다가 간신히 물에 오르는 놈 도로 발로 차 넣는 꼴이다. 당하는 쪽에서야 영락없이 "첫날밤에 등창 난 신부" 꼴이다.

그러나 지랄 시리즈는 이 정도로 끝나지 않는다.

아! 팥쥐 발에 맞은 신발

그 전날, 잔치판에서 콩쥐를 놓친 왕자가 신발 외짝을 들고 찾아 나섰다. 돌고 돌다가 드디어 콩쥐네로 왔다.

간교한 계모는 제가 데리고 온 팥쥐에게 먼저 신을 신도록 시켰다. 그 외짝 신은 말할 것도 없이 콩쥐가 창망간에 놓치고 온 것이라, 팥쥐에게 맞을 턱이 없었다.

아무튼 팥쥐는 그놈의 신에 발을 꿸다. 한데, 아뿔사! 이게 무슨 괴변인가!

외짝 신발이 팥쥐년 발에 맞고 지랄이야!

신판 '지랄 콩쥐팥쥐'는 이렇게 되어 있다. 이놈의 이야기, 다 된 죽에 코 빠뜨려도 유만분수지. 그야말로 콩쥐는 좋다가 말았다. 착한 사람이 좋다가 말게 얘기는 뒤틀려 있다. 첫날밤 신방 구들장이 빠지는 걸 당해 본 신랑이라야 이 지경을 알아 줄 것 같다.

옛날 이야기의 주인공은 으레 가난하고 약하다. 소외된 자거나 버려진 자이게 마련이다. 옛날, 옛날 아주 옛날, 어느 외진 산골에 가난한 농부가 있었더란다. 이런 식으로 시작되는 게 옛날 이야기다. 그러다가 이야기가 대단원을 향하면서 역전이 일어난다. 막판 뒤집기는 옛날 이야기의 장기 중의 장기다.

한데 그 뒤집기는 순전히 주인공의 착한 마음씨 때문이다. 그는 온갖 난관과 수난을 오직 선량한 마음씨 하나로 이겨 나간다. 신령이 그를 돕고 기적이 그의 편을 드는 것도 그 때문이다. 그러다가 그는 승리하거나 승취한다. 일대 역전극이 벌어지는 것이다. 그럼으로써 저 유명한 '권선징악'의 주제가 완성된다. 선은 반드시 악에게 이기게 마련이라고 옛날 이야기는 믿고 있다. 그것은 세상에 부치는 신뢰고 인간에 바치는 믿음이다.

그런데 지랄 얘기는 그걸 통째로 업신여기고 깔본다. 깔아뭉갠다. 모처럼 역전해서 잘 되어 가는 것을 막판에 다시 또 역전시킨다. 그 재역전이 바로 지랄질을 부린다.

순리를 따르는 것을 못 참는다. 천리가 제 길 가는 것을 못 보아 낸다. 엎어지다가 코 깨는 게 아니다. 일어서던 코 깨부수는 얘기다. 불난 집에 가서 부채질하고 물에 잠긴 집 위쪽 봇물 터뜨리는 꼴이다.

"싸가지 없는 세상! 똥구멍 빼다가 아가리에 박을."

워낙 시리즈로 생겨난 얘기라서 이놈의 지랄 얘기도 줄기차게 쏟아져 나오고 있다. 육집 좋은 암쥐가 새끼 까듯 하고 있다.

쇠도끼 물에 빠뜨린 통에 은도끼도 얻고 금도끼도 공짜로 얻은 가난하고 정직한 나무꾼 얘기를 모르는 사람은 없을 것이다. 지랄 얘기는 이 곱살한 얘기를 두고도 심통을 부린다.

옛날 옛적, 아주 먼 옛날에 가난한 나무꾼이 살았는데, 병든 어머니 방에 군불을 넣으려고 산에 나무하러 갔어. 쇠도끼를 메고.

지게를 부려 놓으면서도 산신령에게 빌었지.

"우리 어머님 병 낫게 해주십시오."

그리고 도끼로 나무를 찍기 시작했어. 불에 잘 타는 참나무를 골라서……. 그리고 굵은 밑동이 거의 잘려 나가게 됐을 때, 마지막 용을 썼대.

와짝! 도끼를 높이 쳐드는 서슬에 그는 뒤로 넘어지고 도끼는 나무 옆 웅덩이에 풍덩!

한데 이럴 수가, 그놈의 쇠도끼가 물에 뜨고 지랄이야!

악마가 웃으니

얘기는 어처구니없이 끝난다. 말도 아니고 당치도 않게 끝장을 내고 있다. 워낙 이렇게 끝나는 게 아닌데! 물 밑에서 하회를 기다리던 신령이라도 있었다면 얼마나 기가 찼을까 싶다. 익살은 익살이지만 아주 질이 나쁘다. 시커먼 굴뚝 속 같은 익살이다. 웃음은 웃음이되 악마의 웃음이다. 아니 요상한 여우 새끼 웃음이다.

"싸가지 없는 세상, 꼬여도 오장육부, 사대육신이 다 꼬여 가지고는!"

지금까지 살펴본 지랄 얘기의 원판은 「심청전」이고 「콩쥐팥쥐」고 「쇠도끼·은도끼·금도끼」다. 모두 제대로 잘 나가던 얘기다. 세상 살 맛 나게 가슴 흐뭇하고 등판 따뜻해질 얘기들이다. 그런 우리 가슴에 이들 지랄 얘기는 비수를 꽂고 창 끝을 박는다. 세상 살맛 나다가도 비명을 지를 게 뻔하다.

심청은 효녀다. 효녀라도 출천지효녀, 곧 하늘이 낸 효녀다. 아비를 위해 죽음을 마다않은 그녀다. 콩쥐는 선량하기가 천사인 소녀다. 의붓어미 학대에 울면서도 마냥 고분고분했다. 애시당초 사람 미워할 마음을 안 타고난 선녀다. 거기다 나무꾼은 또 어떤가. 은도끼를 보여 줘도 금도끼를 보여 줘도 제 것이 아니라며 욕심을 부릴 줄을 모르는 사내다. 우직할 만큼 심지가 곧다. 정직하다.

효성과 착한 마음씨 그리고 정직함은 우리네가 내림으로, 대를 이으면서 높이 받들어 온 인간 미덕들이다. 덕목 중의 덕목이다. 인간이 인간다울 수 있는 심지의 아름다운 결정(結晶)들이다. 저버릴 수 없는 인간 덕목이다.

그런데도 이 지랄 얘기들은 침을 뱉고 사뭇 억하심정이다. "인간 착함은 똥이나 먹어라"고 악을 써 대고 있다. 선과 악을 뒤집어서 웃음거리로 만들고 있다.

"뭐? 착한 놈 창자엔 똥 안 들었나!"

이건 숫제 악다귀다. 갈 데까지 다 가 버린 최후의 악이다. 인간 세상에 내던지는 저주다. 인간 신뢰를 저버리고 있다. 이건 분명한 인간 배신이다.

"썩어질 세상, 엎어치나 메치나."

이러고 입에 거품을 문 얘기, 그게 곧 지랄 얘기다. 이 얘기는 묵시록 아닌 명시록적인 종말론이다. 인간이 끝장나고 세상이 거덜나고 있다. 효성, 착한 마음씨, 정직함 그런 게 밥 먹여 주냐고 항의하고 있는 게 분명하다. 그 따위는 옛날 얘기 아가리에다나 퍼 먹이라고 아우성치고 있다.

대개 나라마다 대중적인 문학이 지켜 오는 가치관이 있게 마련이다. 통속적인 줄거리, 멜로 드라마적인 구성 속에 만고불변의 이념의 알맹이가 있게 마련이다. 그것은 '대중의 이념', '대중의 윤리' 구실을 하면서 재미있는, 그러면서도 감동적인 교과서 구실을 도맡아 왔다.

미국의 경우라면 약한 자를 돕고 사악하고 강한 자를 꺾는 보안관 정신이 이른바 서부 활극에서 「로보캅」까지, 심지어 최근에 상영된 「어퓨 굿 맨」까지 줄줄이 이어져 있다. 일본이라면 사무라이 스토리에서 야쿠자 스토리까지 끈질기게 의리와 인정이 맞물려 전해지고 있다.

그러나 이런 약간의 차이, 나라마다에 끼여드는 약간의 차이는 결국은 이른바 시적 정의(詩的 正義) 및 이와 짝지어진 권선징악으로 해소된다.

우리의 경우라면 『홍길동전』, 『장화홍련전』, 『춘향전』이 모두 그렇다. 그러나 근대 이후 현대까지 우리에겐 대중의 도덕, 대중의 이념이라고 공통으로 내세울 만한 것을 이 땅의 문학이나 연극이나 영화는 성공적으로 보여 주지 못했다. 라디오나 텔레비전 드라마도 마찬가지다. 이들 여러 대중적인 예술 장르들이 대중의 스승 노릇을 제대로 감당해내지 못한 것이다. 그렇다고 위에 든 몇 가지 작품들이 고전 교육의 대상으로 제대로 다시 활용된 것도 아니다. 그러다가 되살아났다는 게 하필이면 지랄 얘기다. 고전을 박살내고 요절을 낸 꼴이 되고 말았다.

그러나 그 박살을 통해, 지랄 얘기를 통해 아이들은 통렬하게 세상을 비평하고 있다. 이것은 이열치열의 전술이다. 눈에는 눈, 이에는 이의 전략이다. 아이들 눈에 지랄같이 비친 세상이라서 지랄 얘기 만들어서 비꼬아 준 것이다. 역시 아이들은 어른의 아버지다. 어른의 스승이다.

고랑창에 처박히면 꺼내 주는 게 인심이다. 엎어진 놈 일으켜 세워 주는 것도 세상 인심이다. 심지어 죽을 사람 살려 주기도 하는 게 워낙 세상 인심이라야 한다. 한데 처박혔다 나오는 놈 되밀치고 엎어졌다 일어나는 놈 뒤통수 차고, 죽었다 깨어나는 놈에게 독사발 안기는 게 지금 세상이다. 지랄 같은 세상이다. 그 세상이 지랄 얘기를 낳았다.

만약에 이 지랄 시리즈를 창작해 낸 아이들이 현실에 밀착해서 또 다른 지랄 시리즈를 양산한다고 가정하면 어떻게 될까?

가령 "서민들 돈 모아 주니까, 은행은 망할 기업에 쓸어다 주고 지랄이야"라고 하지 말라는 법이 없다.

또 있다. "모처럼 표 모아 주었더니, 은행에 외압 넣고는 검은 돈 챙기고 지랄이야"라고 할 것도 같다.

더 심해지면 다음과 같은 창작물도 있을 수 있다.

"애써 민주주의 하랬더니 가신들끼리 나눠 먹기 하고 지랄이야."

이런다면 어쩔 것인가?

아이들 머리가 어른들 머리보다 먼저 돌아가고 있다.

3장

욕의 전략과 전술

장승 이야기 14 이곳을 다녀가신 많은 분들은, 제 얼굴에는 이 나라의 장승이 갖고 있는 온갖 표정이 다 있다고 합니다. 노여움에서 통쾌함까지, 괴팍함에서 익살까지, 분노에서 해탈까지, 순진함에서 멍청함까지 인간이 가질 수 있는 모든 표정을 담았답니다. 저는 위선과 가식에 찬 사람에게는 피할 수 없는 악매를, 원망과 한이 서린 자에게는 해갈의 물줄기를 온몸으로 발산하는 얼굴로 끝까지 남고자 합니다.

경북 상주시 내서면 남장리 벅수·사진 이형권

I. 시도 욕한다

빗발치는 항의

사람들은 흔히 휘영청 달을 보면 동산에 시심부터 떠운다. 봄이 방장일 때 흐드러진 꽃 파도에 설레면 시정이 먼저 나비 날개를 편다. 시는 그런 곳에 있게 마련이다. 갈잎 지는 오솔길, 구름 주홍으로 물들이는 노을진 하늘, 그런 곳에 시가 있게 마련이다.

그런데 시에 욕이라니. 시가 무슨 노름판이던가, 아니면 난전판이던가. 그렇지 않을 바에 시에 욕이라니, 이태백이 알면 원귀로 화할까 겁난다.

그러나 시는 아름다움이고 우아함이고 부드러움이면서 빗발치는 항의고 폭발하는 분노다. 지는 꽃잎 두고 흐르는 눈물, 그 눈물에 입술 축이며 이를 가는 것도 시다. 하늘 솟는 바람의 기쁨인 시가 있는가 하면 노기로 하늘 찌르는 시도 있다.

하니 당연히 시에 욕이 있어야 한다. 아니 그보다 시는 아예 욕이라야 한다.

　　정선 읍내 오백 호 잠들여 놓고

호장놈 마누라 차고 내가 달아난다.

　아리랑은 욕으로도 이렇게 막힘이 없다. 호장이면 지방 관속 따위지만
그래도 관은 관이다. 상민은 꼴 보기 흉한 그놈에게 해치울 수 없는 최선
의 복수를 택했다. 일제 때라면 호장은 주재소장(지서장)으로 바뀐다.

　강제노동 나가서 신작로 닦으니
　칼찬 놈 소장이 들이닥친다.

　이게 일제에 대한 분노란 것은 사뭇 휀하다. 아리랑은 욕으로도 한국
민요의 으뜸이다.

　바보야, 히히 우습다
　용천 지랄의 하늘.

　서정주의 말투를 흉내내자면, 욕은 시구가 될 수 있다. 하물며 흙의
소리, 원한의 소리인 아리랑이 욕하지 않을라고…….
　"아리랑인가 지랄인가 용천인가."
　진도 아리랑의 한 마디는 이렇게 아리랑 소리 자체에도 욕을 퍼붓
는다.
　남겨진 자료만으로도 대원군의 경복궁 공사장이 아리랑 소리판이었
음은 분명히 알 수 있다. 당백전이 나돌고 가렴주구가 심한 속에서 강
제 노역까지 당한 판이니 원성이 자자할 수밖에 없다.
　일설에 따르면 나운규는 그의 영화「아리랑」의 주제곡을 중앙선 철도
공사판에서 들은 아리랑 가락을 바탕으로 편곡했다고 한다. 가난과 고

통의 현장에서 시달리던 사람들의 소리인 아리랑에 욕이 없을 수 없다.

> 식자(識字)도 안 든 년이 식자라도 든 듯이
> 영어책 꺼내 들고 거꾸로만 읽는다.

경복궁 공사판이나 중앙선 선로판이 아닌 진도에서조차 이러한 노래 말은 예사로 듣게 된다.

> 씨엄씨 잡년아 깡짜를 마라
> 너 아들놈 염렵함사 내가 밤모실 갈거나.

이런 식이다. 시어미보고 잡년 소리 하는 게 아리랑이다. 밤모실(밤 나들이)이 뭔지는 뻔하다. 그런데도 도리어 시어미에게 호년하면서 타박을 주니, 이야말로 적반하장이다. 처녀 애 배도 할 말 있다는 말은 바로 이럴 때 제격이다. 그러나 시어미가 어떠냐에 따라 이 가당찮은 며느리도 변호받을 여지가 있을 수 있다. 앙탈이라도 곡절 있는 앙탈일 수 있기 때문이다.

그렇다고 저 강원도 깊은 산골 심마니들이 즐겨 흥얼대던 메나리(메 노리)에서 비롯했다는 '흙의 소리'인 아리랑이라고 해서 시대와 사회를 끝까지 모른 척하지는 않는다. 아리랑은 사원(私怨)의 노래이기도 하 지만, 겨레의 공분(公憤)의 노래이기도 하기 때문이다.

그리하여 아리랑은 '역사의 노래'가 되고 '사회의 소리'가 된다. 지 금 당장 돌아치는 세상 꼴에 대고 아리랑은 쌍심지를 돋운다.

> 농사꾼 버리고 가시는 농정(農政)은

십 년도 못 가서 발병 나네. (김연갑, 「아리랑」에서)

아리랑의 욕

이것은 통렬한 조롱이다. 주어진 시사(時事)의 모순이며 부조리에 맞아떨어진 패러디치고도 천하 일품이다. 이래서 아리랑은 '시사의 소리'가 된다. 이 아리랑 노래말에는 일제의 자리에 우리의 농정이 들어와 있다는 점에 유념하고 싶다.

콜라 마시고 빵 먹는 연놈
삼 년도 못가서 속병나네.

테레비 연속극, 백분쇼, 지랄을 치더니
우리네 사랑방 간 곳이 없네.

로큰롤, 에어로빅 병신춤 추더니
우리네 아리랑춤 간 곳이 없네.

이 아리랑의 욕사설, 아리랑이라는 '욕의 소리'를 듣고서 쌍지팡이 짚고 나서면 그건 사람 짓이 아니다. 이 욕의 소리에 맞추어 얼쑤! 얼쑤!로 추임새를 해야 한다.

민요는 시의 텃밭, 시의 고향이다. 민요에 욕사설이 있다면 당연히 시에도 있어야 한다. 위대한 분노는 위대한 환희의 사촌이기에 시는 욕할 줄 알아야 한다. 시대와 사회를 위한 증오라면 역사의 아름다움 자체일 수도 있기에 시는 증오로 몸서리를 치고 이를 간다. 누군가의 간을 내씹으려 한다.

> 대장부 원한으로 속이 끓으니
> 강과 산에 저녁놀 짙더라.
> (男兒前後不平恨 一半江山多夕陽)

김삿갓이 초패왕 항우의 심정에 기탁해서 부른 노래다. 세상 위한 원한이면 그것은 저녁 노을처럼 장엄할 수도 있다.

> 옷 없는 가난한 집 고아가 울고
> 늙은이 살아남은 궁촌, 홀어미 슬픔에 잠겼더라.
> (無襦寒屋泣孤兒 有祖窮村悲寡婦)

이럴 경우, 김삿갓은 자신만의 기구한 운명, 살벌한 처지 때문에 비탄에 잠겨 있는 게 아니다. 세상의 가난과 슬픔이 이미 제 몫일진대, 그가 시에 욕을 담는 것은 바로 이 때문이다. 비분강개가 욕이 된다.

> 고을 이름 개성인데 문은 어찌 닫는가.
> 산 이름 송악인데 장작 어찌 없다느뇨.
> 황혼에 손님 쫓기 사람 짓이던가.
> 동방예의의 땅에 네 홀로 진시황이더냐.

개성이 폐문하고 송악에 소나무 장작이 없다니? 말장난의 멋에다 오히려 빈정거림과 야유를 담았으니, 이만만 해도 이미 은근한 욕이다.

이 지경이면 개성은 폐성이라 해야 하고 송악은 무송악이라 해야 하느니. 이 같은 김삿갓의 웅얼댐이 들리는 것 같다.

> 네 다리 소나무 밥상에 죽 한 그릇
> 하늘빛과 구름 그림자 더불어 바자니다.
> 주인아, 얼굴 못 든다고 말하지 말라.
> 청산이 죽물에 거꾸로 비친 모습
> 내 사랑하느니.

멀건하다 못해 맹물과 다를 게 없는 죽 한 그릇. 그마저 시제(詩題)로 삼아 가난한 주인을 달래고 익살을 떤 김삿갓이다. 거상들이 즐비한데도 인심 사나운 개성을 보고 가만히 물러날 김삿갓이 아니다.

그의 비분강개와 노여움은 그가 세상에 부치는 연민의 다른 일면이다.

> 제주(祭酒)는 혼례 때 쓰다 남은 것
> 송장 입힐 옷은 신부 옷 고쳐 만든 것.

신혼 치르기 무섭게 지아비 잃은 새댁의 참상을 김삿갓은 이같이 슬퍼하고 있다. 그런 여세로 그는 돈 많고 행세깨나 하는 집안에 대고 삿대질을 한다. 눈물의 다른 한쪽이 곧 노여움이다.

> 권문세가의 붉은 문 앞에서는
> 종일 고개 숙인 나그네더니
> 시골 사람 대하고는
> (독사처럼) 목에 힘주네.

이같이 세상에 대한 연민과 세간에 대한 노여움, 그 이쪽 저쪽에서 김삿갓은 시를 쓰고 소리친다. 울음에 실린 분노, 분노에 묻은 울음이 그의 시 세계다. 그러니 어찌 욕이 없겠는가!

대추씨 같은 게 관을 쓰고

솔개 무서워 관 밑에 숨은 꼴딱서니
저건 누가 기침하여 내뱉은 대추씨던가.
저 따위로 생긴 녀석이라면
한 배에 대여섯 마린들 못 낳을까.

꼴사납게 대가리에서 쇠똥도 못 뜯어낸 꼬맹이가 어른 되었다고 관을 쓴 것을 보고 김삿갓은 이같이 쏘아붙였다. 시 제목도 아예 '유관자(幼冠者)를 조롱함'이라고 되어 있다. 아마 그때 김삿갓의 속내로는 우멍거지 자라 ㅈ을 드러내 놓고 뻐기고 다니는 꼴을 연상했을지도 모를 일이다. 예나 지금이나 목에 힘주는 자, 거드름피우는 자야말로 대표적인 욕감태기고 욕바가지다.

"요, 순, 대추씨만한 게 관을 쓰다니, 엉덩이에 뿔 난 송아지 꼴하곤!"

그러나 이 정도는 양반이다. 더 심한 욕, 육두문자의 욕, 음담패설의 욕도 그는 결코 삼가지 않았다. 멀건 죽 그릇에 거꾸로 비친 청산의 그림자를 두고도 시흥이 사뭇 도도하던 그래서 비로소 거침없이 입에 담을 쌍소리가 있었던 것이다. 청산의 시정과 육담의 욕설, 이쪽 저쪽에 이 유랑 시인의 시 정신이 걸쳐 있다.

김삿갓이 해질녘, 금강산의 어느 대찰에 들어서서 한 끼 밥과 하룻밤 잠자리를 청했다.

그러나 중은 그의 남루한 행색을 보고는 혀를 찼다.

"나무관세음보살."

가만, 이럴 때 이렇게 나무관세음보살 소리 하는 거던가?

중이 으스댔다.

"보아하니 풍월깨나 할 사람이면 재워 주련만, 그런 주제는 아닐 테고 저 헛간쯤에서 식은 밥으로 요기나 하고 썩 나가시오. 나무관세음보살."

이런 투였다.

삿갓은 오기를 부렸다. 그리고 소리쳤다.

"운을 대시오."

"언문 풍월이겠지."

중이 빈정대자 삿갓이 맞받았다.

"아무려나, 좋을 대로."

중은 운을 '타'로 했다.

"사면 기둥 불겄타. 석양 나그네 시장타. 네 절 인심 고약타."

이건 정말이지 청산유수요 큰머슴놈들 떡메치기였다. 중이 기가 죽을 수밖에……

그러나 이미 기진한 정신을 수습하고는 "까짓, 한글 풍월이 대순가? 한시를 해야지!"라면서 발악했다.

김삿갓은 그래도 꼴에 죽어도 꽥 소리나 지르고 죽자는 수작이지 싶었을 것 같다. 그래서 즉석에서 지은 시가 다음와 같다.

僧首團團汗馬閬	중 대가리 둥글둥글 땀 밴 말불알
儒頭尖尖坐狗腎	선비 대가리 뾰족뾰족 앉은 개좆
聲令銅鈴零銅鼎	목소리는 구리방울 구리솥에 떨어지는 소리
	(돼지 멱 따는 소리)
目若黑椒落白粥	눈깔은 검은 후추알 흰 죽에 떨어진 꼴.

이런 꼴 당하고도 중은 나무아미타불 했을까?

어물전 망신은 꼴뚜기가 시킨다고 했는데, 이 중은 사람 잘못 본 죄로 스스로 꼴뚜기 신세가 되고 다른 스님들에게까지 누를 끼쳤으니 그 벌 무간지옥일까 두렵다. 아니 막상 무간지옥에 떨어진 것은 김병연 그 자신이 아닐까?

그러나 삿갓의 기고만장한 육두문자의 욕설은 막힌 데가 없다.

개존물(皆尊物)이라!

삿갓이 황해도 땅 웬 서당에 들렀을 때의 일이라고 한다. 훈장은 안에서 나와 볼 생각은 안 하고 꼬마들 몇 놈만이 문 밖을 내다보며 손님을 우습게 보고 시시덕거린지라 손님은 대뜸 한 수 시를 읊었다.

學生乃早知	학생은 곧 일찍 앎을 닦았는데
先生來不謁	선생은 와서 뵙지를 아니하도다.
房中皆尊物	방 안은 모두 귀한 것투성인데
學生諸未十	학생은 모두 열 살(열 사람) 못 미쳤도다.

고지식하게 뜻만 좇아 풀면 이쯤 되니 흉할 것 하나 없는 버젓한 시다. 그러나 乃早知와 來不謁, 皆尊物, 諸未十 따위를 소리만 좇아 읽어 보라. 내조지, 내불알, 개존물, 제미십 등이거니와 그 중에서 다소 까탈스러운 건 아무래도 '개존물'이다. 이것은 '개좆물'을 빨리 소리낸 결과라고 새겨서 소리내야 한다.

이런 게 김삿갓의 '욕 시'고 '시 욕'이다. 그러나 말장난이 일품이고 둘러대기가 오리 궁둥이 짓이다.

그가 친구네 제삿밥 먹으러 갔을 때의 일이라고 한다. 제사가 한창일 때 그만 깜박 잠이 들었던 모양이라, 깨어 보니 이미 다 파한 뒤였다. 밥은커녕 술 한 잔도 없었다. 그는 울화가 치밀었다. 요것들을 그냥!

年年臘月十五夜	해마다 섣달 보름밤은
君家祭祀乃早知	그대 집 제사임을 일찍이 알았거니
祭尊登物用刀疾	제수로 상에 오른 것은 칼질 빨리해서 장만했고
獻官執事皆告謁	헌관이며 집사들 모두 (신령에게) 아뢰고 뵙고 하네.

역시 이 같은 뜻을 따라 풀이하면 남의 제사치레에 대한 상당한 칭송이고 찬양이다. 그러나 소리를 주로 해서 풀이하면 백팔십도로 달라진다.

乃早知, 用刀疾, 皆告謁은 차례대로 내조지, 용도질, 개고알로 읽혀진다. 내조지, 용두질, 개(犬)공알 등을 닮은 소리니 그야말로 육두문자다. 이건 해도 너무했다. 제삿밥 먹을 때 깨우지 않았다고 이렇게 복수를 하다니. 그것도 친구 집 제사를 두고……

이렇게 해서 삿갓은 우리에게 교훈을 준다. 특히 욕쟁이나 욕꾸러기에게 교훈을 준다. 즉 욕일수록, 욕이 쌍스러울수록 재주 부리고 머리 쓰라고 일러 준다. 욕은 익살을 겸할 때 천한 기운을 털고 더한층 날을 세운다.

그가 정풍헌(鄭風憲)네 집의 당호(堂號)로 쓸 현판에 '貴樂堂'이라고 쓴 속임수도 일종의 재치다. 거꾸로 읽으면 영락없이 당나귀다.

그런가 하면 다음의 시를 각기 조좌수(趙坐首)와 승진사(承進士)에게 바쳤다.

> 六月炎天鳥座睡　　유월 염천에 새는 앉아 졸고
> 九月凉風蠅盡死　　구월 찬바람에 파리들 죄 뒤지다.

이미 해본 대로 뜻을 따라 번역하면 별 문제될 게 없다.

당연한 자연의 이치, 계절 돌아가는 모습을 노래한 것뿐이다. 한데 소리를 살려서 풀이해 보면 대단한 욕이 된다. 시의 조좌수는 趙坐首고 승진사는 承進士다. 이 시골내기들 좌수니 진사 따위도 벼슬이요 명예라고 우쭐대다가 각기 졸고 있는 새, 죽어 가는 파리 꼴이 되었으니 꼴 좋다.

이게 앞으로 쓰다듬고 뒤로 패는 전략이다. 이렇게 겉 다르고 속 다른 짓이야말로 김삿갓의 대인 공략의 비법이다.

민초의 시들

박두세(『요로원 야화기』의 저자)며 김병연에 의해 시의 역사에서 자리를 굳힌 욕시는 현대에까지 이어진다. 가령 「도적」(김지하)이라면 누구나 수긍할 것이다. 그러나 그 시인의 이름만 드는 것으로는 부족하다.

꼭 일년생 풀의 生涯 같다

벼랑에 서서 어쩌다가 사는 것이, 이판사판 되었는지

막 간다 막 나간다

너 죽고 나 죽자고

뒤엉켜 나자빠져

이 앙당 물고

못 살아 못 살아 이 웬수야

이 사지를 찢어 죽일 놈아

헝클어진 머리카랑일 붙들린 채

반장집 마누라 악을 쓰는데

창문으로 몰래 내다본 나는 그만,

반장집 마당 호박 넝쿨을 건드려 버렸다

흔들리는 호박잎, 綠그늘 사이로

사람들이 보인다

흔들리는 호박잎, 綠그늘 사이로.

— 황지우, 몸부림

이 시에서 벼랑에 서서 이판사판으로 사는 사람과 일년생 풀과 반장
집 마누라를 하나의 묶음으로 엮는 건 어렵지 않을 것이다. 이 경우,
시가 창작된 당시에는 시민들이 민초(民草)로 일컬어지던 사실을 고려
해야 한다.

이 점을 참작하면, 악쓰고 악담 해대고 악악거리는 것이 민초라는 이
름의 악도리들의 삶의 양식 자체라고 해도 과장은 아닐 것 같다. 욕지
거리는 그들 삶의 몸짓, 몸사위 자체다. 더욱이 반장집 마누라의 붙들
려서 헝클어진 머리카락과 건드려져서 흔들리는 호박잎 그늘 및 그 사

이로 보이는 사람들이 동일한 연상(聯想)의 선상에 있는 이미지일 수 있음도 놓치지 말아야 한다.

그 험난했던 시절, 꺼둘림당해서 헝클어진 머리칼과도 같이 악마구리 끓듯 한 시절에는 막가는 것, 욕설을 해대는 것이 최후의 항거란 것을 이 시에서 인지하기는 힘들지 않다. 삶이 필경 악마구리이기에 악도리로 살 수밖에 없었던 것이다.

욕은 민중들의 살아 있는 기, 생기 같은 것이었다. "죽어도 꽥 소리 하고 죽는다"는 속담은 이를 잘 말해 준다.

　　그래, 우리가 풀더미라고 짓밟는다 그거지.
　　좋아, 네놈들 발목대기 먼저 썩는 꼴 보자고.
　　우린, 우리들 잡풀은 이래저래 밑질 것 없으니까.

악담 같고 억지 쓰기 같아서, 비로소 저 봄 가뭄을 이기고 일어서는 찔레 덩굴 같을 수 있는 사람들의 극히 평상적인 말투, 그게 욕설이란 것을 위의 시는 보여 주고 있다.

그러기에 우리는 이런 시조 한 편을 더불어 얘기할 수 있게 된다.

　　이 갈며 일어서는 풀잎들을 보았는가
　　제 앞일 제 못 가리는 불한당을 보았는가
　　망월동 편히 잠든 풀꽃들이 울고 있다.
　　　　　　　　　　　　　　　　　　　　　— 김춘랑, 「속, 징비 · 3」

이 시조 시인 김춘랑은 '풀잎'과 '풀꽃'들의 입을 빌려서 이렇게 악담을 내질러 대기도 했다.

신라 마음 팔아먹은 매구들을 구워 먹으리라
고려 마음 팔아먹은 불여우를 볶아 먹으리라
이조의 마음 팔아먹은 호리아비를 삶아 먹으리라.

매구는 묵은 구미호 따위 여우고 호리아비는 후레새끼다. 과연 1996
년 가을, 단군 이래 광주시에서 처음 열린 전국 욕대회에서 당당히 일
등상을 낚아챈 시인답다.

오직 살아남을 길
그 길밖에 더 있는가

손바닥 발바닥도
밑구멍이면 어떠한가

혀끝을 칼끌이(깨끗이) 씻고
빨아 주라 핥아 주라

크럽밴드 울리면서
선량행차 거룩하다
깨끗한 돈 때묻은 돈
가릴 놈은 어딨간대

뿌려라
막 흩뿌려라
십당오락 옛말이다

— 김춘랑, 「서울낮달 · 7」

이 천하 제일의 욕쟁이 시인은 선거 유세 장면을 이같이 비꼬았다. 그러기에 그의 욕은 야유와 비판의 또 다른 표현이다.

'여러분, 제게 한 표를!' 하는 사람들의 입 그리고 그 혀가 '밑구멍이면 어떠냐며 핥아 주는 것'으로 묘사되어 있다.

그러니 필경 달이 이태백을 낳았다면, 오늘날 우리 시대는 욕쟁이 시인들을 낳은 것이다. 이 점에서 욕과 한숨과 넋두리와 절통한 원한이 뒤섞인 사설로 시를 엮어 가는 윤금초 시인이 "사람의 설움이 어지간해야 눈물이 나오는 법이지, 기가 차고 먹이 꽉차면 뛰고 미치고 환장을 하는 법이렷다"라는 판소리 「심청전」의 아니리를 인용하고 있음은 매우 그럴싸한 일이다.

> 두들겨라
> 지게 장단
> 어서 노를 휘저어라.
> 그 무슨 젓대를 불어
> 이 아픔을 하소하랴
> 환장할 경치를 지고
> 떼거지로 그렇게.
>
> 조지고 비비 틀고 직신직신 할퀸 세월
> 더러는 혼을 챙겨 공출 나간 아수라장
> 도솔천 차양을 드런 그 마름 야로 속에
> 모가지 얼레에 감긴 참혹한 생애던가.
> 이이어, 어여화 어이. 어이 어이 어이하.
>
> ─윤금초, 「해남 나들이」에서

마름놈 야로로 '얼레에 모가지 감긴 세월', 그 아수라장에서 할퀴며 조져지며 사는 사람들의 마지막 소리 장단이 곧 욕이다.

시흥(詩興)이라면 달이나 갈바람 등만이 연상되어 왔다. 시정(詩情)이란 말을 쓸 때도 비슷하다.

그러나 시는 세상의 부조리, 사회의 수렁 속에도 곧잘 뛰어든다. 이 경지를 시 정신이란 말이 몰라라 할 수는 없다.

시는 흥에 받쳐서도 쓰지만 악에 받쳐서도 쓴다.

장승 이야기 15 장승이 있는 곳에는 반드시 장승제가 있지요. 지배 세력들의 권력 구조에 맞서 농민들은 공동체의 결속을 다졌고, 삶과 놀이가 일상화되면서 아울러 신명도 뒤따랐습니다. 마을 사람들은 정월 대보름이나 칠월 백중, 팔월 한가위에 장승제를 지내고, 장승제가 끝나면 한 잔 술에 메구굿을 질펀하게 칩니다. 산업 사회와 함께 마을의 개념이 해체되어 가는 이 시대에 우리는 어떤 공동체 안에서 어떤 신명으로 살 수 있을까요.

전남 순주군 송광면 대흥리 벅수 · 사진 황헌만

2. 말장난의 욕

뭇 잡연이 납니다

"짙푸른 하늘, 빙청(氷靑)의 설 하늘에 연을 날립니다.

한 연이 오릅니다. 두 연이 오릅니다. 세 연이 오릅니다.

아! 드디어 무수한 연, 뭇 잡연이 납니다.

가오리 연, 방패 연, 흰 연, 붉은 연, 무수한 잡연이 날립니다.

아! 한 연의 가랑이가 펄럭입니다. 창공에서 사정없이 그 연 가랑이가 펄럭입니다."

이것을 어느 실황 중계 방송이라고 생각하면 어떨까? 그것도 여자 아나운서가 목청 좋게 뽑아 대는 것이라면 듣는 사람들 어안이벙벙할까?

"닥치지 못해. 어따 대놓고 욕이야! 잡년, 뭐 잡연이라고?"

이런 식의 항의 전화가 빗발칠 만하다. 그러나 이게 다른 것도 아니고 정초의 전국 연날리기 대회의 실황 중계 방송이라면 어떨까? 아나운서에게는 아무 잘못도 없는 게 아닌가. 듣는 귀가 사납고 더럽다면 모를까……

항의 전화를 건 사람들은 특히 "가랑이가 펄럭입니다"에 흥분했을 것이다. 하긴 그럴 만도 하지만…….

이쯤 되면 욕과 말장난을 구별하기 어렵다.

뜻은 다르나 발음이 같은 말끼리 작당을 해도 말장난이 된다.

"영감, 땡감 날 잡아 봐라."

채마밭에서 서리하다가 들켜서 달아나는 애들이 쫓아오는 노인에게 할 만한 말장난 욕이다.

"중 중 땡중, 가리가리 땡중, 박박 땡중."

스님들에겐 얼굴을 들 수 없는 욕이지만, 굳이 망나니거나 철없는 애들이 파계승에게 대고 하는 장난이니 못 들은 척할 수밖에. 머리 박박 깎았을 때, 온갖 속사도 이미 박박 깎았음을 어찌하랴.

"주머니, 주머니. 아주머니 주머니는 밑이 터졌다. 밑이 터졌다."

장국밥 한 술쯤 달라는데도 물벼락만 맞는다면 장바닥의 깍다귀들이 이렇게 악을 쓸 수도 있다.

이들 보기처럼 비슷한 발음끼리 줄줄이 엮으면 말장난의 욕은 문득 '노래욕'이나 '욕노래'가 된다. 아이들이, 꼬마들이 가장 즐겨 부르는 노래들이다. 화난 어른이 덤비다가 한 방 당한다.

"화내라, 뿔 내라, 네 대가리 불난다."

이렇게 반격당하면 별수없다. 오히려 그 재치를 칭찬하면서 잃어버린 아름다운 어린 시절을 아쉬워할 수밖에…….

찔러라, 네 밑구멍 찔러라

"일러라, 찔러라, 니 미끼 찔러라!"

이건 경상도 아이들이 옛적에 부르던 말장난의 욕노래다. '니 미끼'
는 '네 밑구멍'이지만 네 밑구멍만큼 천한 말이 아니다. 걸핏하면 신의
도 없이 선생에게 고자질하는 족제비 같은 한 반 녀석이라면 이만큼 당
해도 싸다 싸!

친구끼리 줬다 빼앗았다 하는 녀석도 그냥 둘 수 없다.

"줬다 빼앗았다, 네 팔모가지, 네 손모가지 꺾어져 부러진다."

일제 시대에 자라던 우리 아이들에게 제일 미운 것은 왜놈이요 쪽바
리였다. 울컥하면 일인 소학교 앞에 몰려가 어깨를 짜고 고래고래 소리
쳤다.

> 바리, 바리, 쪽바리
> 파리 파리 똥파리
> 쪽바리 대가리 빨아라.

그리곤 번개처럼 삼십육계…….

하지만 별 잘못한 것도 없는데 괜히 묵사발로 만드는 욕노래도 있다.

> 장다리 꺽다리
> 땅 보고 걷지 마라.
> 대가리통, 골통 전봇대에 와장창.

키 큰 죄밖에 없는 키다리보고 공연한 생트집이지만 아이들 장난임

을 감안해야 한다.

우리는 어릴 적부터 욕이 될 수 없는 말장난 노래를 즐겨 부르면서 자랐다. 그것이 말이 지닌 매력, 말이 지닌 재미를 즐기는 놀이인 것은 분명하지만, 그와 함께 언어 교육도 스스로 익힌 셈이다.

스님이나 노인 그리고 신체상의 장애를 가진 사람을 놀림감으로 삼은 것은 별로 칭찬받을 것이 아님은 물론이다. 그러나 아이들의 장난은, 할아버지 할머니가 손주 재롱 보듯 해야 한다. 하지만 친구를 배신하고 선생에게 고자질하는 얌체는 욕먹어서 싸다. 이렇게 해서 애들도 절로 누굴 골라 어떻게 욕해 줘야 하는가를 깨닫게 된다.

한데 세 살 적 버릇 여든까지 간다고 했던가. 어른들 또한 여전히 말장난의 욕을 즐긴다.

우리의 언어 생활 구석마다 말장난을 겸한 욕은 꿈틀대고 있다.

"아니면 뒤집어라."

이건 물론 욕은 아니다. 상대가 당치도 않게 혹은 뜻하지 않게 강하게 '아니다'라고 잡아뗄 때 하는 익살 섞인 응수다. '안이면 뒤집어라'에 걸어서 '아니면 뒤집어라'라고 한 것이다. '아니면'의 '아니'와 '안(속)이'가 같은 발음인 것을 기화로 삼은 말장난이다. 비슷하게 이렇게 할 수도 있다.

"아니나 바깥이나."

"아니나 겉이나."

"아니나 속이나."

여기까진 그냥 익살이고 말장난에 지나지 않는다.

그러나 상대의 '아니다'라는 부정 또는 거절에 화증이 동한 나머지 "아니라니! 아니면 밑구멍이냐, 사타구니냐!"라고 했다면 이것은 욕이다. 익살이 여전히 살아 있으니까 익살의 욕 또는 말장난의 욕이다. 상대가 여자라면 질겁을 할 테고 사내라면 얼마쯤 낄낄댈 것이다.

뜻밖에 시에도 말장난의 욕이 있다.

> 고현철이란 놈이 어떤 놈인가
>
> (중략)
>
> 씹어도 고이 씹어야지 고현놈 고현철.
>
> ── 박상배 「戲詩 · 16」에서

남의 이름에 걸어서 말장난을 하는 게 썩 좋아 보이진 않으리란 것을 시인 자신도 아는 나머지 '희시' 곧 '장난시'라고 한 것이겠다. 아이들 말장난의 욕의 시가 드디어 어른 시인의 이러한 작품을 낳은 것이다.

장승 이야기 16 어느덧 제가 설 자리를 잃어 가고 있습니다. 저는 본시 이름 없는 사람들에 의해 만들어져, 있어야 할 곳이라면 조선 땅 어디에나 세워져 백성들의 애환과 생사고락을 같이해 왔습니다. 이젠 주로 부잣집 정원이나 돈 독 오른 식당 초입, 아니면 팔려간 이국 만리에서 박제된 채 무심한 하늘만 보고 삽니다. 당신들이 떠나온 고향 하늘을 잊지 못하는 것처럼 저 역시 제 고향이 사무치게 그립습니다.

경기도 광주군 광주읍 목현1리 장승 · 사진 이헌권

3. 욕은 자동 화기다

"뭣이? 오사리 잡놈이라고?"

발끈한 장복이 서너 걸음 다가섰다.

"던직스런 비부쟁이가 아니란 말이냐? 세상이 다 아는데?"

흑돌은 붙어들기를 기다리며 노렸다.

"장촌 소문 다 듣고 있다. 요 우멍거지 배꼽째기도 못 닦고 귀신될 놈아!"

장복이 더는 다가서지 못하고 입만 놀렸다.

"덕촌 소문은 발모가지가 부러졌다더냐?"

"네놈이, 소문대로 틀림없구나."

"기집 팔아먹고도 벼락 안 맞아 조동아리가 아직 성하구나."

흑돌은 어젯밤의 일을 떠올렸다. 그는 내심 장복의 입에서 잘라 내는 시원한 소리를 듣기 바라고 있었다.

"헌 기집이라도 네놈이 차고 돌아가는 꼴은 못 봐, 이놈아!"

"헌 기집으로 누가 만들었는데, 왜놈들 행짜를 두고만 볼 줄 아냐? 왜놈 밑구녕 핥는 놈들도 못 사렷!"

"동아 속 썩는 것은 밭 임자도 모른다고 했어. 뭘 안다고 아래턱아지 함부로 놀려, 니놈이."

— 백우암, 『이놈들』에서

거의 한 페이지가 욕으로 가득한 작품이다. 불행히도 이 가운데에는 오늘의 우리가 모를, 그래서 뭔가 좀 유식한 문자처럼 보일 욕도 들어 있다.

'비부쟁이'에서 비부(婢夫)란 계집종의 남편이지만, 바람둥이 여편네의 남편, 여편네를 팔아먹는 남편에게도 쓰이는 욕이 곧 비부쟁이다. 요즘 식으로 하면 화냥년 남편이나 창부 남편쯤 될 것이다. 옛날 변말로는 창부를 '아랫녘 장수'라고도 했으니, 비부쟁이 대신 '아랫녘 장수 남편'이라고 해도 좋다.

또 '우멍거지'란 포경(包莖)이다. 그러니까 위의 작품에서 "요 우멍거지 배꼽째기도 못 닦고 귀신될 놈아!"라고 한 것은 포경의 껍질도 못 벗겨 보고 귀신될 놈이라는 뜻이니, 모처럼 타고난 사내의 연장을 제대로 한 번도 못 써 보고 죽을 놈이라고 하는 것과 같다. 달리 "이, 몽달비 귀신될 놈아!" 해도 그만이다. 몽달비는 쓰다가 쓰다가 다 무지러진 빗자루인데, 그 꼬락서니가 우멍거지를 닮았다고 본 것이다.

모르는 낱말이 아기 고추 끝에 밥풀 묻듯 해서 해설이 길어졌지만, 『이놈들』이 보여 주듯, 한 소설의 상당 부분이 욕지거리의 대결로 엮어질 수도 있다.

위의 보기가 보여 주고 있듯이 욕설은 감정의 표출이고 태도의 표출이다. 말하는 사람의 감정 상태와 말 듣는 상대에 대한 마음의 태도, 가짐새들을 직설적으로 드러내는 언어가 곧 욕설이다. 이를 통틀어서 욕설은 '정동(情動)적 언어'라고 해도 좋을 것이다.

이 말은 욕이 원칙적으로 무엇을 가리키고 알리는 구실과는 거리가 있음을 의미한다.

"지금 내 속통은 불통이다."

"지금 내 애간장은 초를 말로 친 맛이다."

"네놈 보기가 이렇고 저렇다."

요컨대 욕설은 이런 구실을 도맡아 하고 있다.

달밤에 젊은 남녀가 한적한 시골 길을 걷고 있었다. 주변은 적적하고 달빛은 눈이 부실 지경이었다. 한참을 말없이 걷던 여성이 먼저 입을 열었다.

"달이 밝네요."

그러자 사내가 대뜸 받았다.

"보름달이거든."

그 밤으로 둘은 헤어졌다고 하는데 그건 당연하다.

여성이 달이 밝다고 속삭인 것은 객관적인 사실, 말하자면 달빛의 조명도가 어떻다느니, 달이 어디에 어떻게 걸려 있다느니, 그 따위 사실을 말하기 위해서가 아니었다. 달 밝은 것에 빗대어서 실로 애타는 착잡한 가슴 속을 은근 슬쩍 열어 보인 것이다. 그런데 사내는 모처럼 열린 그 여성의 가슴 속을 들여다볼 줄 몰랐다. 그저 달이 밝은 객관적 사실의 원인을 과학적으로 지시해 보였다.

여성은 언어를 정동적으로 썼고 사내는 지시적인 것으로 받아들였다.

"이 목석, 이 멍추."

그 당장 헤어지지 않았다 해도 관계가 오래 갈 수는 없었을 것이다.

욕은 정동적이다.

오사리 잡놈에 비부쟁이에 우멍거지까지 마구 날쳐 대는 위의 욕은 순전히 말싸움질이고 말주먹질이다. 서로 악의와 저주 그리고 모멸감 등을 비빔해서 주거니 받거니 하고 있다. 둘 다 악에 치받쳐 있다. 악다툼이 걸쭉하게 판을 벌이고 있다.

그러나 욕이 언제나 악다툼인 것은 아니다.

"사알살, 처언천히. 그러다 놋봉 끊어질라. 바닷속으로 박히는 건 네 사정이지마는."

나직이 농기 섞어 버무려 말한 흑돌은 곁눈질하는 순남을 밉잖게 흘겼다.

"젠장, 보던 인심은 아니네."

순남이도 토라진 시늉을 했다.

"인심이라니? 호박잎에 청개구리 뛰어오르듯 버릇없이."

"하따 그래. 너는 어른이고 나는 새끼다. 혼자 사또 현감 다 해라."

"저런 쓸개, 니 집 내 집 가릴 것 없이 솥에 개가 들어앉아 자리잡은 처지여. 기운 빠져, 사알살 저으라고."

"젠장칠 것, 알았다고."

앞의 같은 작품에서 인용한 것이지만, 이 경우 욕설은 '농기'다. 농을 주고받음이라서, 상대방에 대한 친숙감이 욕에 밉지 않게 흥건히 묻어 있다. 마음과 마음이 보다 더 다가드는 기척이 역력하다.

위의 보기에서 '쓸개'는 '이 친구'로 고쳐도 무방하고 '젠장칠 것'은 '좋아!'로 고쳐도 그만이다. 서로 배짱이 맞아떨어지는 욕들이다. 앞의 보기의 욕들이 정나미 떨어질 욕이라면 뒤의 것들은 정들 욕들이다. 욕도 욕 나름이다.

가령 전라도 남녘에서 많이 쓰이는 '넥에미럴' 하나만 가지고 보자.

"흑돌, 너, 정말 이럴래?"

순남이 선 자리에서 발 뒤꿈치로 땅을 찍으며 원망스럽게 말했다.

"니가 왜 저녁 굶은 시에미 상판때기를 해, 이런 판국에."

흑돌은 쏴붙이며 지게 멜빵을 어깻죽지에다 걸고 일어섰다.

"그래도 나는 네 편에 서기로 했다고."

"그래, 안다. 네 맘."

흑돌은 사립 밖으로 횡 나섰다.

"알면 이래?"

순남이 뒤를 따르면서 불퉁스럽게 말했다.

"몸 사려라. 동네 사람들 눈 밖에 나는 거 원치 않아, 너까지."

"**넥에미럴**, 어떤 놈이 어쩐다고 눈치코치를 봐, 내가." ─①

"**넥에미**, 집에다가 송장을 두고 살판났다고들 재랄임병들이라고."라고 내뱉고는 울근불근으로 숨을 거칠게 몰아 쉬었다. ─②

마을 사람들까지를 두고 말을 끝낸 추노인이 흑돌의 대답을 기다렸다.

"……말씀, 이치는 맞습니다마는 도저히 못 참겠습니다. 이대로 참고 사느니, 몇 놈 죽이고 죽겠습니다."

추노인에게서 눈을 뗀 흑돌은 허공에다 열풍 같은 콧바람을 불어 대며 대꾸로 내놓았다. 지금까지 억울한 일을 당하고도 참고 눈치 살피며 살아왔다. 왜구들과 싸우다 죽는 게 개 죽음이라 생각되지 않았다.

……(중략)……

흑돌에게 있어 왜구들은 어머니를 살해한 원수들이었다. 싸움의 이치를 가리고 따지면서 분을 삭여 끌 수가 없는 거였다.

"내 생각도 흑돌이랑 같소. 야 흑돌, 나랑 가자. 죽든 살든, **넥에미랄** 것!"

불쑥 웨장치듯 한 순남이 웃에미 사람들 속에서 튕겨져 나와 물 끝에 닿아 있는 채취선으로 뛰어올랐다. ─③

이들 세 가지 보기 가운데서 ①의 '넥에미랄'은 눈치코치 볼 것 없는 상대에 대한 악담이다. '제 어밀 붙어먹을 놈들'이라고 저주하고 있는 소리다. 그러나 ②의 '넥에미'는 이와는 다르다. '네에미랄'이 '넥에미'로 줄었다고 해서 다르다는 게 아니다. 이 '넥에미'는 독백에 물든 투덜댐이다. 누가 옆에 있는 게 아닌데도 부글대는 속을 참지 못해 제 스스로 제 마음을 다독거리는 기분으로 내뱉고 있다. 혼자서 울증 다스림하는 소리라고 해도 좋다.

그러나 ③의 '넥에미랄'은 이미 욕의 한계를 넘어서 있다. 그것은 욕 이상의 것이다. 어떻게 보면 궁한 쥐가 고양이에게 덤비는 것도 같고, 또 달리 보면 더 이상 참을 수 없는 사람의 강한 항변의 표출 같기도 하다. 결연하고 단연한 의지의 표현이라서 자기 다짐의 소리라고 해도 무방할 듯하다.

욕은 이렇게 그때 그때 모양을 달리한다. 한마디로 추잡하다, 쌍스럽다는 식으로 이를 갈아 댈 대상이기만 한 것은 결코 아니다.

'넥에미랄'은 그 어원상 흉측한 쌍소리, 망측한 육두문자다. '네 어미 하고 ㅆ할', 아니면 '네 어미를 붙을'이란 긴 말의 줄임꼴이기 때문이다. 흔히들 '제에미랄'이라고 하는 쌍소리와 한 패거리다.

그러나 위의 세 가지 보기 중에서 ①을 빼고 나면 실제로 어원상의 의미는 별로 뜻이 없다. 아니 그 뜻이 전혀 제 구실을 못하고 있으니, 이를테면 빈 말이나 다를 바 없다.

그저 일종의 간투사, 곧 감탄사로 탈바꿈한 것이다. 그러니 '아!'나 '이크!' 혹은 '애개개' 등 처음부터 뜻이 따로 없는 허사(虛詞)인 감탄사와 같은 붙이가 된 꼴이다. 이럴 때 '자동화'란 말을 쓰면 설명하기 편해진다. 주어진 상황에서 반사적으로 퉁겨 나온 말을 자동화된 말이라고 한다.

가령 비가 와도 벼락이 쳐도 영미인들은 "굿 모닝"이다. '굿'은 뜻이 퇴화되고 없다. 아침 나절에 누구든 만나면 그냥 무심코 나오는 소리가

'굿 모닝'이다.

일본 사람들의 "오하요!"도 크게 다를 게 없다. 새벽이건 늦은 아침이건 상관없이 '오하요'다. 회사에 지각한 사람끼리도 '이른 아침'이란 뜻의 '오하요'를 교환해도 무방하다.

또 미국 여성이 처음 만난 한국 남성에게 "이쓰 나이스 투 미트 유"(만나 뵈서 기쁩니다)라고 하면서 웃었다고 해서 신경 쓰면 남들 웃음거리 되기 알맞다. 관습적인 인사말은 예외 없이 자동화된 말들이다.

그런가 하면, "죽일 놈", "주리를 틀 년" 따위 악담도 마찬가지로 자동화될 수 있다. 여기에는 다음과 같은 웃지 못할 얘기가 있다. 이것은 거의 실화에 가깝다.

해방 후 우익 정치계의 거물이던 한 분이 암살당했을 때, 김구 선생이 미군정의 법정에 서게 되었다. 잡힌 범인이 조사를 받던 중에 평소 김구 선생이 "그 아무개 죽일 놈"이라고 한 것이 그의 범행 동기라고 털어놓았기 때문이었다. 글쎄 군정 때라 통역원이 '죽일'을 'to be killed' 또는 'to be murdered'로 번역했을지도 모른다.

법정 공판이 한창일 때, 당시의 유명한 한글 학자 한 분이 참고인 자격으로 김구 선생을 변호하게 되었다. 그는 다음과 같이 말했다고 전해진다.

"아 네, 우리 한국 사람이 누구 '죽일 놈' 할 때, 그건 꼭 죽이겠다는 뜻이 아닙니다. 그저 밉다든가 증오한다든가 하는 정도의 뜻이 있을 뿐입니다."

이로써 김구 선생은 누를 면했다고 한다.

이 같은 일화는 자동화된 말의 묘미에 대한 좋은 증언일 수 있다.

욕설의 대부분은 특별한 경우가 아니면 대체로 이같이 자동화되어 있다. 그러므로 자동화된 인사 치레에 불과한 말의 속뜻을 곧이곧대로 따지지 않는 게 좋듯이, 자동화된 욕을 두고는 시비 걸지 않는 게 좋을 것이다.

하물며 "이 도둑놈!" "요 화냥년!" 소리 들었다고 해서 "언제 내가 그런 것 봤냐? 증거를 대! 못 대면 고소할 거야!" 그러면서 명예 훼손 죄 따위로 법정에 나서는 짓은 아무래도 쓸개 둑 무너진 짓 같아 보일 것이다. 정 분을 못 참겠으면, 주둥아리 쥐어박는 게 상책이다.

아니면 욕 많이 들을수록 더 많이 장수한다고 했으니, 휘트니스 클럽 이나 종합 검진소에 간 기분으로 참는 게 한결 좋은 상책일지도 모른다.

아무튼 욕은 사납다. 총알이고 총이다. 그나마 자동 소총이고 자동 화기다. 정동 언어의 자동 화기다.

장승 이야기 17 하회마을 장승전에 갔습니다. 「변강쇠전」에서 8도 장승들이 모여 시위를 하는 것처럼 온갖 표정의 장승들이 옹긋쫑긋 모여 있었습니다. 헤실대며 웃는 모습, 악에 받쳐 욕을 한바탕 해대는 모습, 세상을 그래도 밝게 사는 모습, 풍찬노숙의 앞날을 걱정하는 모습. 이 모두가 이 시대를 살아가는 우리의 모습이었습니다. 이제 이 장승들이 삼천리 방방곡곡에 설 수 있다면 욕된 세상은 참된 세상으로 가는 고해의 길이 아닐까요.

경북 안동시 풍천면 하회리 '97년 장승전에서 · 사진 강충권

4. 욕가마리와 욕꾸러기

욕도 보시다

욕 잘 하는 사람, 입성 더러운 사람, 입 사나운 사람을 욕쟁이라고 하고 욕꾸러기라고도 한다. 누구나 경우에 따라서 조금씩은 욕을 하니까, 욕쟁이니 욕꾸러기라는 훈장을 달자면 욕이 상습적으로 입에 달라붙어 있는 사람이라야 한다. 입 벌렸다 하면 욕이 튀어나오는 사람, 욕 빼면 말을 못 하는 사람 정도는 되어야 욕꾸러기나 욕쟁이가 된다.

"제미럴, 우물 가서 숭늉 달래지. 알아서 줄 테고 주면 처먹기나 하지, 웬 성화는!"

가령 충북 청주에서 식당을 하던 유명한 욕쟁이 할머니는 빨리 달라고 재촉하는 손님이 있으면 상대 가리지 않고 이만큼 윽박지르기 예사였다. 정도가 심하면 밥 먹으러 간 건지 욕먹으러 간 건지 분간하기 어렵기도 했다.

"야! 그 할머니 입 한번 걸다. 양념도 그만큼 걸게 해서 빨리 주소."

손님도 알아서 이만큼 응대했다. 그러니까 그 식당 주인인 욕쟁이 할머니는 내놓고 누구에게나 욕을 해댈 수 있는 특허 아니면 특권 같은 것을 누리고 있었다. 그러니 손님들은 예사로 밥에 욕을 비비거나 탕에 욕과 밥을 같이 말아서 먹곤 했다.

한데 참 묘하게도 그 식당은 늘 화기애애하고 흥청거렸다. 그 식당 분위기는 단연 할머니 욕을 고명 삼아 맛을 돋우는 것이었다. 그 식당 음식이 맛있었던 것은 욕맛이 거들었기 때문일까? 손님들은 욕먹으면서 혹시 피학대성 쾌락에 탐닉한 것은 아닐까?

그 할머니는 타계하기 직전, 뒷골목 식당 경영주로서는 상상하기 힘든 몇 억인가 하는 거액을 지역 대학에 장학금으로 내놓았다. 한 10여 년 전 일로 기억된다.

욕꾸러기 할머니는 그야말로 개같이 번 돈으로 정승같이 썼다. 그분이 돈으로 세상에 보시한 만큼 욕으로도 손님들 마음에 보시했다고 하면 사태를 잘못 본 것일까?

들기로는 이 욕쟁이 할머니는 섣불리 채근하는 사람, 거들먹거린다든지 해서 꼴사나운 사람, 음식 두고 투덜대는 사람들에게 여간 야멸찬게 아니었다고 한다. 그것은 욕쟁이 할머니의 밥이 되기 알맞은 욕가마리 또는 욕감태기가 있었음을 의미한다. 욕가마리니 욕감태기는 욕 들어서 싼 사람, 욕먹기 십상인 사람들이다. 욕꾸러기며 욕쟁이의 맞수가 곧 그들이다.

가마리가 붙은 말에는 놀림가마리, 매가마리 등이 있다. 정해 놓은 단골 놀림감이 놀림가마리고 매라면 도맡아 맞게 마련인 자가 곧 매가마리다. 까닭이 있고 당해서 싼 놀림가마리까지 넣어서 매가마리나 욕가마리나 엇비슷한 사촌이다.

욕가마리, 욕감태기

한데 참 묘한 것은 요즘 놀림가마리에 매가마리 그리고 욕가마리까지 겸한 축일수록 난 체하고 설치고 세상 헤집고 다닌다는 사실이다. 일부 정치인, 일부 고급 관료, 일부 은행장이 다들 그 모양이다. 그러니 세상은 바야흐로 가마리들 세상이다.

어느 호화 여객선이 거대한 빙산에 부딪혔다.

비상 보트가 있는 대로 내려졌고 승객들은 옮겨 탔다. 노약자와 어린이 그리고 여성들을 먼저 태웠다. 건장한 남자들은 원칙적으로 배와 운명을 같이했다.

그런데 보트 한 척이 매우 심하게 정원을 초과했다. 보트가 이내 가라앉을 지경이었다. 그 안에는 타서는 안 될 국회의원과 고급 관료들이 섞여 있었다. 다들 그들에게 내리라고 했다. 그러나 워낙 음흉한 인간들이라 쉽게 응할 기색이 없었다.

자! 그러니 무슨 비상 수단을 강구해야겠는데, 그나마 그들을 감언이설로 꾀어야 한다면 어떻게 하면 좋을까?

국적에 따라 답을 다르게 내린다면 어떻게 될까?

"당신, 신사지!" 영국인이면 이걸로 족하다.

"다들 함께 죽기로 정했단 말이야!" 이건 일본 사람에게 직효다.

"바다 밑 유태인을 잡아와!" 한 시대 전 독일인에게 통할 말이다.

"지금이 바로 인어공주 옷 벗을 시간이야!" 이태리 사내라면 이 말에 서슴없이 물 속으로 풍덩 할 것이다.

자! 그런데 상대가 한국인이라면 어떻게 한담! 그야 간단하다.

"떡값 줄게." 이거면 물 속에 두 번 세 번 뛰어들 것이다.

그래서 뛰어들긴 했는데 당치도 않은 상상 밖의 일이 생겼다나? 떡값을 챙긴 그 한국의 정치인 또는 고급 관료가 일단 물에 뛰어들긴 들었는데 슬쩍 뒷전으로 돌아가서는 다른 사람 떠밀고 다시 기어올랐다던가 어쨌다던가.

이런 자가 바로 욕감태기 아니면 욕가마린데 그들이 바로 벼슬가마리고 돈가마리고 유명가마리임을 어찌하랴!

한데 바로 여기서 유념할 게 있다. 그것은 바로 욕감태기에서 감태기의 뜻이다. 감태기란 감투를 속되게 얕잡아 부르는 말이다.

"에끼, 그놈의 감투들. 감투라고 어벙이 자지 껍질 쓴 듯하고는."

어벙이 자지란 포경이란 뜻. 감투쟁이들 감투 쓰고 욱신대는 꼴이나 어벙이 자지 가죽 쓴 꼴이나 그게 그거란 뜻의 욕이다. 이렇게 백성들 눈에 사납게, 꼴값하게 비친 감투가 다름 아닌 감태기다.

그러니 욕감태기란 워낙 욕을 감투 쓰듯 할 놈이란 뜻이겠으나 말 생김새며 꼴로 보아서는 '감투 쓴 놈, 욕먹을 놈'이란 뜻도 간직하고 있었던 것 같다.

감투란 게 벼슬이며 관직의 대유(代喩)인 것은 어김없는 사실이다. 그러나 감투가 백성들에게 밉보이고 그래서 얕보인 것 또한 사실이다. 그래서 백성들의 곁말 곧 은어(隱語)에서 감투는 늘 수모를 당해 왔다. 감투를 감태기라고 낮추어 부른 것부터가 그렇다.

감태기의 태기는 망태기, 영감태기의 태기와 같은 태기다. 망태를 비속화하면 망태기고 영감을 업수이 보면 영감태기다. 그렇듯 감투를 개 발싸개처럼 깔보면 감태기가 된다.

감투는 감투란 낱말의 모양 그대로 쌍소리의 근본이 되기도 했다.

'감투거리'라면 '맷돌 돌리기'와 마찬가지로 남녀의 성행위의 이른바 체위(體位)에서 여성 상위를 일컫는다. 이 경우 감투에 여자의 그 부분이 얹히고 걸리고 했다는 뜻이니 감투는 다름 아닌 남성 성기, 그 중에서도 용두 부분이다. 맷돌의 경우, 아랫돌에는 돌기(맷돌이라고 부를 만한)가 있고 윗돌엔 구멍만 나 있는 꼴 때문에 여성 상위를 맷돌 돌리기라고 한 것이다.

감투거리를 에워싸고 도는 웃음거리 이야기 한판.

옛날 웬 양반 집에서 있었던 일이다.

어느 날 안방마님께서 아무것도 모르고 바깥 사랑채 앞을 지나치는데, 마침 과객들이 있었던 모양으로 방 안은 사내들 웃음소리로 낭자했다. 마님은 본의 아니게 멈춰 섰다. 소리들이 절로 들려왔다. 일부러 엿들은 것은 천만 아니다.

한데 그 소리 가운데 평생 들어 본 적이 없는 낱말들이 섞여 있었다. 가로되, '용두질', '감투거리', '비웃' 뭐 그런 따위였다. 그런 귀에 선 말이 아무래도 웃음의 꼬투리인 듯했다.

그날 저녁 손님들이 가고 바깥양반이 안에 들었다. 아내가 물었다.

"양반, 그 아까들 재미있어하던 용두질이니 감투거리니 비웃이니 하는 말들은 다들 무슨 뜻이니까?"

영감은 기가 찼다. 해괴한지고, 안것이 드디어 미쳤나 싶을 정도였지만 낯빛을 고치고 껄껄 웃었다. 그리곤 둘러댔다.

"그 별스런 걸 다 물어 보시는구려. 아, 용두질은 담배 피는 것, 감투거리는 화투 치는 것, 그리고 그 뭣, 그래 비웃은 장기 두는 것이니 그게 다 사내들 곁말이외다. 허허허……."

그 자리에서는 이렇게 얼렁뚱땅 넘어갔다. 그날 밤 영감은 감투거리를 실행하면서도 차마 이게 그거라고 실토할 수는 없었다.

그리고 얼마 뒤, 사위가 왔다. 사랑채의 손님을 피해서 안채에 먼저 들러 장모를 뵈었다. 그리곤 우두커니 한참. 미적대던 장모가 담배를 사위에게 내밀면서 먼저 입을 뗐다.

"자네, 심심한데 용두질이나 허게."

아니, 이게 웬 뚱딴지. 사위는 기가 찼다. 눈알이 휘둥그레지고 고개를 가로저었다. 장모가 말을 이었다.

"자네 고개 떨어지겠네. 담밴 싫은가보이. 그럼 나하고 감투거리나 할까?"

그러면서 화투를 꺼냈다. 사위는 이건 정말 장모님 망령이라고 생각했다. 얼핏 자리에서 일어섰다. 그가 마루를 내려서는데 뒤따라 나온 장모가 그 뒤꼭지에 대고 속삭였다.

"사랑으로 나가는 건가? 그럼 장인하고 비웃이나 두게."

이 막강한 외설담에서도 감투는 단단히 욕감태기 구실을 하고 있다. 감투 자체가 욕쟁이 눈에는 욕감태기로밖에 보이지 않는 뒤안에는 이런 우스갯소리가 숨겨져 있었던 것이다.

아무려나 욕꾸러기며 욕쟁이의 맞상대가 욕감태기고 욕가마리다. 욕감태기 나고 욕쟁이 생겨난 것인지, 아니면 거꾸로 욕꾸러기 생기고 욕가마리 생겨난 것인지를 가리기는 어렵다. 병아리와 암탉 어느 쪽이 먼저냐를 따지는 것처럼 부질없는 일일 듯도 싶다.

하지만 욕꾸러기라고 멀쩡한 사람 욕감태기로 만들지는 않았을 것이다. 어느 식당의 욕쟁이 할머니에게서 욕 듣기 십상인 욕감태기가 따로 있었듯이, 세상엔 욕 듣게 마련인 인종이 따로 있는 법이다.

가령 인색한 사람, 탐욕스런 사람, 인정머리 없는 사람, 염치없는 사람, 간특한 사람 등은 욕을 먹었다. 구두쇠, 노랑이, 놀부 같은 놈, 자린고비 등은 인색한 사람에게 붙여진 욕스런 별호들이다.

탐욕스러우면 개 돼지가 되고, 인정 모르면 뱀이고, 염치없으면 얌체머리 빠진 놈, 간특하면 여우나 구렁이가 되었다. 모두 한국 사람이 내놓고 싫어한 족속들이다. 누구에게나 미운 살 박히게 마련인 축들이었다.

게으른 놈은 황소고 미련떨면 곰이다. 약은 놈은 족제비고, 깝죽대면 참새다. 이것들도 웬간한 미운 살, 미운 점들이다.

미운 것은 얼마든지 더 있다. 거드름빼기, 난 체하기, 사람 업신여기기 등은 미운 살 중에서도 굳은 왕살 박힌 미운 살이다. "헌 바지 구멍 ㅈ대갱이 불거지듯" 하는 욕은 대개 이런 축들보고 하게 된다. 아니면 "수캐 ㅈ 자랑하듯"이라고 쏘아붙이는 축들이다.

그러나 뭐니뭐니 해도 슈퍼 미운 살은 부도덕한 파렴치들이다. 불효한 놈, 도둑년놈, 인륜을 어긴 년, 위아래 못 가리는 놈, 이웃 넘보는 년. 이들은 대표적인 '사람 아닌 것'들이다. 실제로 "이, 사람도 아닌 것!" "인두겁을 쓴 것!" 하게 되면 더는 상종할 수 없는 '인종지말자'(人種之末者)란 뜻이다.

지금껏 '못된 것들'이라고 엮일 만한 욕감태기들을 훑어보았는데, 못된 것들 못지않게 '못난 것' 역시 상당한 욕감태기다. 이때 못났다고 함은 좀 모자라고, 나사가 덜 죄어지고, 무엇인가 요긴한 게 빠진 듯한 것들이며 그들 짓거리를 통칭하게 된다.

배알 없는 것, 쓸개도 간도 남 내준 것, 덜 떨어진 것, 빙충이 등이 모두 이에 속한다. 물론 바보도 이 패거리 중 하나지만 이들이야말로 욕을 바리바리로 듣고 있는 편이다.

바보, 등신, 바보등신, 축구(경상도), 벽수(경상도), 머저리, 얼간이,

얼간망둥이, 얼바람둥이, 살짝 간 놈. 이게 다 한통속이다. 그러고 보면 바보만큼 무더기로 욕스런 별호를 뒤집어쓴 보기를 달리 찾기는 힘들 것 같다.

"뜨물로 만든 놈", "발가락 박아서 생긴 년", "태만 떼어서 키운 놈." 이들이 다 서로 다를 바 없다. 한국인은 바보를 가장 큰 욕감태기로 삼았다.

결국 한국의 욕감태기며 욕가마리는 못된 것과 못난 것, 이들 두 범주로 크게 나누어지는 셈이다. 앞의 것은 미운 살 박힌 것이고 뒤의 것은 깔보임당한 패다.

한 세대 전, 그러니까 5·16이 끝날 무렵에 '아더메치'란 말이 유행했었다. 아는 아니꼬움의 아, 더는 더러움의 더, 메는 메스꺼움의 메 그리고 치는 치사함의 치다. 그 뒤 얼마 있다가는 여기에 덧붙여 '아더메치 유지징'이란 말이 유행했는데, 유는 유치함의 유, 지는 지저분함의 지, 징은 징그러움의 징이다.

그 무렵의 세태며 인심의 동태가 통으로 '아더메치 유지징'이던 시대라 그랬지만 지금이라고 크게 달라진 것은 없다.

5·16 뒤의 뒤숭숭한 세상, "잘 살아 보자"는 구호 아래 벼락 권력, 벼락 부자, 벼락 유명인들이 서로 줄을 대고는 줄줄이 날뛰기 시작했다. 그게 졸권(猝權), 졸부(猝富), 졸명(猝名) 등 삼졸(三猝)의 시대를 연출해 내었다. 칼 찬 빙충이가 권력을 쥐었다.

인품도 교양도 집안도 아무 소용이 없었다. 그저 삼졸의 천하였다. 돈과 권력말고 믿을 만한 것은 아무것도 없어 보였다. 그러니 세상이 온통 아니꼽고 더럽고 메스껍고 치사했다. 그래서 생긴 말이 아더메치다.

그러나 그 효험, 그 효능은 지금도 시퍼렇게 살아 있다. 그리고 사람들은 아더메치를 이 시대의 가장 큰 욕감태기, 욕가마리로 삼게 되었다. 하지만 아더메치가 비단 어제 오늘만의 세태요 인심이겠는가!

한국인은 어느 시대에나 필경은 못된 것과 못난 것을 묶은 아더메치를 욕감태기, 욕가마리로 삼아 왔다.

장승 이야기 18 장승에는 두 가지의 얼굴 표정이 있답니다. 하나는 사천 왕 같은 수호신상이고, 하나는 민중적인 자화상입니다. 장승을 만든 사람 들은 사람 모습을 빌려 의도적인 왜곡과 과장을 동원한 거지요. 조선 후기 에 이르기까지 전래되어 온 여러 가지 수호신상을 존재의 격상도 격하도 아닌 민중적 모습으로 그려 낸 게 지금의 보편적인 제 모습입니다. 마음 넉넉하고 한없이 포근한 할머니 모습 같지 않아요?

5. 욕도 카운터 펀치로

욕은 약, 세상도 고친다

사람은 당하면 당할수록 크게 반발한다. 사람의 오기는 워낙 용수철이기 때문이다.

"이 새끼, 맞아야 알간!"

이건 힘센 놈이 상투적으로 써먹는 공갈이다. 하지만 '맞아서 알 것'은 맞는 쪽의 몫이기도 하다. 얻어맞기 전엔 모른다. 당하기 전엔 겁먹게 마련이다. 하지만 막상 한대 얻어 걸리고 나면 떨던 몸도 바로 잡힌다. 그리고 스스로 놀랄 만한 힘으로 역습한다.

맞은 것에는 들이박는 것으로, 들이박힌 것에는 씹어 뜯는 것으로 앙갚음한다. 이게 카운터 펀치다.

욕도 카운터 펀치일 때가 훨씬 용맹스럽다. 맹물이던 것이 원자탄이 되고 수소탄이 된다.

항의성의 욕, 항변의 욕지거리, 맞대거리하는 쌍소리일수록 더 무섭다.

"까불지 마, 불알 두 쪽밖에 없는 주제에."

"오냐! 좋다. 나나 너나 불알 두 쪽뿐인데, 내 불알은 찬 불알, 네 놈 것은 풍선 불알."

이랬다면 멍군장군의 카운터 펀치다.

"개썹에서 빠진 놈!"
"개썹에 빠질 놈!"

이것 역시 카운터 펀치지만 재치는 위의 것보다 월등 뛰어나다. '빠진'과 '빠질'은 ㄴ과 ㄹ의 차이다. 그 작은 차이를 크게 활용한 재치 때문에 이만한 욕이면 재담 수준이다.

한데 조크란 게 워낙 카운터 펀치 날리기로는 으뜸가는 슈퍼 헤비급 선수다.

생사의 갈림길

오세아니아 어느 외딴섬으로 관광을 간 한국인이 식인종에게 사로잡혔다.

추장이 말했다.

"내일 아침에 보자. 여기 부대 속에 검정 돌 백 개에 흰 돌 하나를 섞어 놓았다. 내일 잠에서 깨는 대로 네 녀석이 거기서 흰 돌을 집어 내면 살려 주마!"

추장은 음흉하게 웃었다.

밤중에 사경의 사나이가 부대 속을 뒤져 보았다. 흰 돌은 하나도 없었다. 이번엔 이 사내가 빙긋이 웃었다.

아침이 왔다. 추장은 사내 앞에 부대를 던졌다.

"자, 어서 손을 집어 넣어서 한 개만 골라!"

추장은 유쾌한 듯 웃어 대면서 입맛까지 다셨다. 사내는 다 구워 놓은 생선과 같았기 때문이다.

사내는 부대 속에 손을 넣었다. 얼른 주먹을 빼고는 돌을 입 안에 털어 넣고 삼켰다.

"잘못해서 흰 돌을 삼킨 것 같소. 부대 속을 확인하시오."

이렇게 해서 사내는 기지로 살아났고, 그 기지로 추장 작자에게 보기 좋게 카운터 펀치를 안겼다. 이 역습의 주먹이 없었다면 이 얘기는 조크일 수가 없다.

이 조크를 욕으로 고치면,

추장 : "야, 이 한국놈, 넌 내 밥이야."

한국인 : "얼간이, 넌 내 반찬거리도 못 돼."

이쯤 될 것이다.

우스갯소리란 워낙 앞뒤가 엉망으로 뒤틀리고 꼬여야 한다. 앞뒤 어긋난 것, 겉과 속이 뒤바뀐 것이 아니고는 배꼽을 쥐게 할 수 없다.

옛날 어느 전직 대통령이 미국엘 갔다나.

마침 사람의 지능지수 자동 검사 기계를 샀는데, 그걸 호텔 테이블 위에 얹어 놓고 대통령이 수행원에게 말했다지?

"다들 머리를 이 기계 안에 디미시오. 지능지수가 자동으로 나올 테니."

다들 차례로 대가리를 디밀었다.

하나같이 100 근처에서 디룽디룽 목을 매달았다.

낙심한 대통령이 말했다.

"다들 비키시오. 그것도 머리라고 목 위에 얹고 다니시오?"

대통령은 혀를 찼다. 그리고 거드름을 피우며 머리를 쓰다듬었다.

한데 그가 머리를 디밀자, 검사기 기계판에 숫자가 나오질 않았다.

"그 보시오. 나는 이 기계 이상이오."

그때 마침 기계에 글자가 나왔다.

"Sorry, We don't accept stone!"(우린 돌은 받지 않습니다!)

흙대가리와 돌대가리

돌대가리가 흙대가리를 거느리고 뻐기다가 개망신당한 얘기다. 한 방 크게 먹으려다 오히려 제 가슴팍에 난도질한 꼴이 되었다. 한 방 먹인 손이 제게로 카운터 펀치가 되어 돌아온 것이나 다를 바 없다. 이 우스갯소리는 얘기이자 욕이다. 이를테면 얘기욕이다. 우스개욕이래도 무방하다.

위의 그 대통령은 이런 욕 듣기 알맞다.

입 사나운 사람이라면 "그 대통령, 그럴 때 좆에 땀났을걸" 하고는 혀를 찰 것이다.

미국에서조차 역대 대통령은 대개 삼류 지식인에 불과했다고 욕먹을 정도다. 닉슨이 대통령일 때 매사추세츠 일대의 대학생들, 하버드며 MIT의 대학생들은 중고 가게에 내다 놓은 헌 차 중에서도 아주 똥차를 "닉슨즈 유스트 카"(닉슨이 쓰던 차)라고 했을 정도다.

닉슨이 당선되자 미국 시민들은 "저 정도가 대통령이야"라고 중얼댔다. 포드가 뒤를 잇자 "별게 다 대통령이라고" 하면서 엿먹어라를 했다. "퍼크!"라고 소리치는 녀석도 있었다. 케네디가 대통령이 되면서 다들 잠잠했는데 웬걸 존슨이 뒤를 잇자 "아유, 저런 게 대통령이면, 나는 안 해"라며 한숨을 쉬었다.

대체로 이런 게 대통령에 대한 미국 시민의 의식이다. 그러니 케네디라고 해서 다들 그에게 합장하고 절만 한 건 아니다.

"케네디가 말씀이야! 왜 늙다리 존슨과 러닝 메이트가 되었게?"

"그야 여부 있나. 어른과 함께가 아니면 워싱턴 가는 기차를 안 태워 주거든!"

미국의 대통령이 이 정도라고만 보아선 안 된다. 이 정도 홀대를 받을 줄 알아야 민주주의적인 대통령일 수 있는 것이다.

호랑이도 여자에겐 못 당한다

남의 나라 대통령 얘기하다가 헷갈리게 되었다.

앞뒤가 뒤죽박죽인 또 다른 얘기 한 토막.

옛날에 숲 그늘에 앉아 소피 보고 있는 아낙을 호랑이가 덮쳤다.

앙! 하고 크게 입을 벌리자, 아낙이 뒤로 발랑 넘어졌다. 그리고 털북숭이 아랫입이 툭 불거졌다.

호랑이는 뒤도 안 보고 달아났다.

두고두고 호랑이는 말했다.

"와! 무섭다고 그렇게 무서운 아가리는 처음 봤네. 그놈의 아가리 위아래로 찢어지고도 얼마나 호걸인지. 털북숭이라니까!"

이 아낙은 원치 않았는데, 또 뜻하지도 않았는데 호랑이에게 멋지게 카운터 펀치를 안긴 꼴이 되었다.

입성 사나운 사람이 들으면 "좆도 모르는 호랑이" 아닌 "씹도 모르는 호랑이"라고 쌍심지를 돋울까. 그놈의 호랑이 욕 들어서 싸다.

아무려나 우스갯소리는 아무리 짧더라도 앞뒤가 뒤틀려 꼬여야 한다.

'참새 시리즈'라는 토막 우스갯소리가 설친 시절이 있었다.

참새들의 세상

"전깃줄에 암수 두 마리 참새가 앉아 있었다. 포수가 암놈을 겨누었다. 빵! 떨어진 것은 수놈이었다. 왜 그랬게?"

이런 수수께끼 조크에 대한 답이 자못 엉뚱하다. 이 엉뚱함이 사람 배꼽 잡게 한다.

"왜긴, 바나나 킥으로 쏘았지."

그 무렵 군사 독재가 국민들의 축구열을 부추겼다는 사실과 이 엉뚱한 답은 무관하지 않다.

"겨우 스포츠 따위로 독재를 얼버무리려고 하다니, 공을 차도 한참 잘못 찼군!"

지식인들의 이런 빈정댐이 메아리치고 있을 법하다.

참새 시리즈는 이어서 계속되었다.

"전깃줄에 암수 두 마리 참새가 앉아 있었다. 포수가 쏘자 수놈이 떨어졌다. 그가 떨어지면서 뭐라고 했게?"

이 답은 "내 몫까지 살아 줘!"였다. 월남전에 참전하기 위해 용병 비슷한 처지로 젊은이들이 바다를 건너가던 가슴 아픈 시절이 여기 반영되어 있다. 그 대답이 죽음의 땅으로 가는 젊은 남편이 아내에게 주는 말이라고 생각하면 웃던 입에 이내 경련이 일 것이다. 이런 우스개는 그 엉뚱함 때문에 칼날을 머금게도 된다.

시리즈는 또 계속되었다.

"전깃줄에 암수 두 마리 참새가 사이 좋게 달라붙어 앉아 있었다. 그들은 입맞춤을 되풀이했다. 포수가 쏘자 수놈이 떨어졌다. 그 녀석 곧 두박히면서 뭐라고 했게?"

"뭐라긴! 진작 자리 바꾸자 했는데도!"

그랬다는 것이다. 월남전 끝나고 한참 잘 살게 되고 덩달아서 인심 흉흉해진 시대다운 대답이다. 이 경우 수놈은 욕 듣기 알맞다.

"독한 놈! 아가린 왜 맞추고 지랄했지?"

이 정도면 이 우스개 얘기도 욕이다. 욕우스개다. 흉흉한 인심, 남 잡아먹은 아가리로 연신 입맛 다시면서 풍요를 혓바닥 빠지게 외쳐 댄 시대가 욕감태기가 되어 있다.

두 번째 시리즈에서 수참새는 순정파다. 그러나 셋째 시리즈의 수놈은 악당이다. 지난 시절, 풍요는 민초들의 삶을 짓눌렀다. 그리고 이기심이 헌 바지 불알 내밀듯 판을 쳤다. 그 세태를 셋째 시리즈는 욕하고 있는 것이다.

"제기랄! 네 놈은 귀신 되고도 젯밥 빌어 처먹어라!"

셋째 참새 같은 사내는 이 욕 들어서 싸다. 세상 인심 달라지면 우스개도 달라지고 욕은 재빨리 처방을 달리한다. 응급으로 수술 조처해야 세상이 그나마 고쳐질 테니까.

명태와 조기

　최근에 한창 사람들 입길에 오르내리고 있는 '명퇴'(명예 퇴직)나 '조기'(조기 퇴직)는 또 다른 떨어지는 참새들이다. '명퇴'와 '조기'들은 무어라면서 떨어져 나갈까.

　"바나나 킥"이라면서 고소할까? 남은 직원보고 "내 몫까지 일해 줘!" 할까? 아니면 송별하는 남은 동료에게 "진작 자리 바꾸자니까!" 할까?

　이 세 마디 중 어느 하나쯤 각자 감회와 처지에 맞게 중얼댈 것 같다. 오늘 명퇴 시리즈가 있다면 옛날의 참새 시리즈를 활용할 것도 같다.

　한데 또 다른 참새 시리즈도 있는데, 이건 명퇴시킨 기업주 몫으로 적당할 듯하다.

　전선 위에 앉은 암참새 한 마리. 그 아래 웬 사내가 서 있었다. 암참새가 찍! 똥을 쌌다. 똥벼락 맞은 사내가 악을 썼다.

　"요것아! 뭐하는 짓이야."

　암참새가 응수했다.

　"노 팬티."

　이러고 보니 명퇴란 어째 피고용인에게 똥벼락 씌운 것과 비슷하다는 생각이 든다. 팬티 안 입은 쌍것 참새 얘기의 뒷부분도 앞에서는 미처 그럴 거라고 예상할 수 없을 만큼 엉뚱하다. 이 경우에도 앞뒤의 어굿남이 사람을 웃긴다.

　기왕 명퇴며 조기가 화제에 올랐으니 내친 걸음이요 벌린 춤판이라
욕우스개를 읊어 보자.

강태, 동태, 황태

　"강제로 명퇴하면 뭐게?"—"강태."(강원도 명태)
　"한겨울에 명퇴하면 어떻게 되게?"—"동태."
　"황당하게 당한 명퇴면?"—"황태."
　"명퇴 속이 북북 찢어지면?"—"북어 무침."

　이런 식이다. 물음과 답이 모두 엉뚱한 게 이들 우스개의 요점이다.
그러나 이것은 욕이 아니다.

　무책임한 기업주 아비 앞에 중학생인 아들이 고개를 떨구고 섰다.
　"왜 기가 죽었냐?"
　"아무래도 퇴학당할 것 같아서요."
　"자식, 왜 그렇게 됐어?"
　"이번이면 세 번 낙제하거든요."
　"그럼 미리 자퇴서를 써!"
　"뭐가 달라요."
　"임마, 그래야 명퇴가 되지."

　이 우스개는 멀쩡한 욕이다.

"꼴 좋다 하늘 보고 침 뱉더니!"

한데 이 우스개 얘기는 이것으로 끝나지 않는다. 위 얘기에 이어서 자식이 물었다.

"아버진 왜 그렇게 척척이세요?"

"이놈아! 나도 중학교 때 그런 식으로 명퇴했거든."

이쯤 되면 욕이 겹쳐 쌍욕이 된다. 겹욕이 된다.

"그 아비에 그 새끼라더니, 원!"

"벼라별 악덕으로 기업하더니, 씨도둑은 못 하구먼."

쌍소리까지 겹치면 욕은 이렇게 된다.

"제 좆 꼴리는 대로 하더니, 제 새끼 일로 당해서 싸지."

한데 명퇴에 관한 욕우스개는 얼마든지 있을 수 있다.

대리 근무와 정리 해고

조강지처가 병들어 눕자마자 바람둥이 기업주는 바람난 년 하나 주워다가 '대리 근무'를 시켰다.

아내가 대들자 남편이 말했다.

"넌 정리 해고야."

이것에도 욕이 담겨 있다.

"꼴에, 귓구멍 뚫어졌다고 들은 것은 있어서, 원."

위 얘기의 뒷부분을 이렇게 고쳐도 욕이 된다.

남편이 말했다.

"싫으면 이혼장 쓰고 나가! 그럼 명퇴라서 위로금 준다고."

회사고 가정이고, 피고용인이고 아내고 온통 구별이 없는 청맹과니 같으니라고! 이 사나이면 능히 지 아비보고 영감 땡감 할 놈이다.

극히 최근에 말썽이 된 노동법이 끼여들어도 앞뒤가 뒤꼬인 욕우스개는 금세 생겨난다.

경리 과장이 월급 명세서를 사장 앞에 내놓자 사장이 말했다.

"이 한 놈, 전임 노조원에겐 무임금이야! 작업장엔 나가지도 않고 사무실 안에서 책상만 지키는 이 따위 놈은 수령자 명단에서 빼!"

과장이 명단을 되받아서 북북 찢고는 다시 사장에게 내밀었다.

"아니! 왜 내 이름까지 지워?"

"사무실에 앉아 책상 지키는 사람 지우라고 하셔서……."

카운터 펀치를 당한 이 사장에게 쓰일 욕은 뻔하다.

"똥구멍이 밑구멍 나무라긴."

"똥개나 잡종이나."

"거울 들여다보고 '이 새끼' 해라."

하도 말썽도 많고 보니 욕우스개도 많을 수밖에…….

납품업자가 사장을 찾아왔다.

"제가 어제 대금을 받아 간 것 아시죠?"

"그야 물론."

"그런데 경리 과장 아주 나쁜 사람이더군요. 파면하세요."

"왜요, 난데없이."

"납품으로 제가 이익을 남긴 것은 당연하죠. 한데 그 사람이 서류를 조작해서 제 이익금 일부를 잘라 냈지 뭡니까. 나쁜 자식."

"아니올시다. 그 사람 쓸 만하네요."

"아니, 뭐라고요?"

"그렇지 않고요. 그 사람이 내 대신 대리 근무 했으니까."

이 우스개에 담긴 욕은 당연히 "남의 집 말뚝 뽑아다가 제 여편네 배에 박을 놈"쯤 될 것이다. 아전인수도 너무 심하니까……

'조기' 가지고도 얼마쯤은 우스개욕을 만들 수 있다.

"조기가 밥 굶으면 뭐가 되게?" — "그야 굴비지."
"조기 내물리고 사장 뭘로 밥 먹지?" — "명태(명퇴) 뜯어먹지."

이 정도는 아직 재담이지 욕은 아니다. 그러나 다음은 그렇지 않다.

"사장, 새벽에 조기(早起)하는 것은?" — "좆대가리!"

이것이 된욕이란 것을 모를 사람은 없다.
세상 돌아가는 우스갯소리 이만큼 해 두고 쌍소리 섞인 진짜 카운터 펀치의 맛을 보자.

네 어미 헌솥에나

남도의 어느 색향에서다.
그곳 여학교엔 퇴기의 딸이 많았고 다들 미색이었다.
한 여학생이 학교를 마치고 집으로 돌아가는데, 길에서 만난 남학생이 소리쳤다.
"이 가시나야! 네 새 솥에 내 고구마 좀 삶자."

그 여학생이 가만 있지 않았다.

"네 어미 헌 솥에나 삶아라."

지독한 욕우스개다. 보기 좋게 역습당한 이 녀석을 뭐라고 욕할까?

"홍어 좆을 찼나! 못나긴!"

명색이 불알 찼다고 물색없이 덤비다가 망신당한 얘기는 또 있다.

옛날에 미인 처녀 사공이 있었다. 어느 날 사내 손님 하나를 태웠다. 배가 강 중간쯤에 갔을 때, 사내가 너스레를 떨었다.

"내 마누라. 잘도 젓네."

처녀가 발끈했다.

"댁이 언제 내게 장가들었소?"

"내가 당신 배에 올라타지 않았소!"

처녀는 더 할 말이 없었다. 배가 드디어 물가에 닿았다.

"마누라, 당신 배에서 내리네."

사내가 저만큼 가고 배는 물 가운데 떠 있었다. 그때 처녀가 소리쳤다.

"이봐 내 새끼놈, 잘 가라!"

사내가 돌아섰다.

"저 찢어 죽일 년이."

"왜, 내 배에서 나가 놓고."

카운터 펀치가 된통으로 날아간 욕우스개다. 재치가 번득이기로는 기생 딸이나 처녀 사공이나 막상막하다. 한편 사내들은 한 치 앞도 못 내다보고 있다. "사내 못날수록 여자 앞에 콧대가리 들고 나선다더니!" 이들 사내에게 해줄 욕이다.

그렇다고 여자가 늘 카운터 펀치 안기는 처지를 일방적으로 누리고 있는 것은 아니다. 역시 세상은 돌고 돌게 마련이니까…….

욕의 약발

약혼자 앞에서 화장을 잘 하고 나선 처녀가 자랑을 늘어놓았다. 미태를 지으면서.

"아유, 내가 결혼하면 열 사내가 불행해질 텐데."

"그러게 말이야. 한데 무슨 재주로 결혼을 열 번이나 하지?"

역습당한 이 여자보고 할 욕이 있다.

"환장한 김에 화냥짓 한다더니!"

이 정도로 카운터 펀치의 욕이며 욕우스개를 덮기로 하자. 하지만 마무리는 해야 한다. 이들 역습의 우스개는 하나같이 큰 가르침을 담고 있다. 얘기는 정해 놓다시피 못난 축이 잘난 척 먼저 덤비게 한다. 그리곤 그것들을 냅다 메친다. 불알 물린 곰이 개구리 메치면 그럴까 싶게 납작해진다.

"꼴 좋다! 나팔 불면 아전이 앞선다더니."

"얼씨구! 기생 점호는 내시가 한다던가."

이들 얘기로 우리는 욕의 약발을 여실히 깨닫는다. 잘난 척 덤비는 것들, 설치는 것들에게 카운터 펀치 매겨서 서민들이 거두는 역전의 대승리. 그것은 꿈만은 아니다. 헛물 켜기만은 아니기를 이들 욕은 꿈꾸고 있을 것이다.

장승 이야기 19 풍파세월을 보냈습니다. 이 마을 어르신이나 저나 이 땅에서 태어나 희노애락을 같이하다 보니 아무래도 모습마저 닮아 버린 것 같습니다. 저는 백성들의 뿌리 깊은 삶과 같이 살아가는 것을 큰 기쁨으로 생각합니다. 금빛 위엄으로 가부좌를 틀고 앉아 있는 대웅전 부처보다 집이 따로 없는 내가 더 행복한 존재입니다.

전남 장흥군 관산읍 방촌리 벅수 · 사진 이형권

6. 인간 최후의 욕, 사후에까지 미치다

고운 삶, 고운 죽음

삶의 저주는 죽음에까지, 아니 사후에까지 미친다. 살아 생전에 흉측한 짓 골라 한 사람, 남에게 원한 살 일만 한 사람에게는 욕도 악담도 그의 죽음과 그 뒤에까지 뻗친다. 살아서 지은 업장이 죽음의 욕, 욕된 사후로 마무리되는 것이던가.

그게 무서워서도 사람들은 악이며 죄를 피해 다녔다. 산 고생보다 죽은 고생이 더 흉한 팔자라고들 믿었기 때문이다. 삶은 삶으로 끝나지 않는 법, 이승 삶의 길 저 너머에 저승 삶이 있으니 그걸 죽음이라고 했다. 살아서 죽음을 그르치면 삶도 헛 살고 잘못 산 것이라고들 믿은 탓일까?

그래서 고운 죽음, 이쁜 죽음, 편한 죽음은 삶의 목적이기도 했다. 곱게 죽자! 그러려면 곱게 살자! 다들 이렇게 다짐했다. 그것은 신이 개재한 신앙 못지않은 인간적인 신앙이었다.

그래서 욕 중에도 무서운 욕, 막판욕, 막장의 악담은 죽음에, 더 나아가 사후에 걸려 있었다. 이것은 크나큰 교훈이다.

가로되 이런 말이 있다.

"와석종신(臥席終身)을 못 할!"

제 집 안방에서 자리 보전하고 숨지는 게 와석종신이다. 그 죽음에서
거절당하면 악사(惡死)다. 악사는 악생(惡生)보다 더 악하고 더 나빴다.
또 가로되, "편안히 눈 감을라고?"
원한을 남기고 죽으면 눈을 못 감듯, 악행 끝에 죽어도 눈 못 감는
법, 생시에 눈 못 감으면 잠 못 드는 것쯤 누구나 다 아는 이치. 청해도
청해도 잠은 오지 않고 온 밤을 뜬눈으로, 말똥거리는 눈으로 지새던
그 고통.
그런데 사후 저승살이 내내 뜬눈이라니! 그건 여간한 저주가 아니
다. 여간한 형벌이 아니다. 그쯤이면 죽음은 이미 겁벌(劫罰), 영겁토
록 다함이 없을 중벌이다. 그러기에 이 욕은 죽을 당장에만 걸려 있지
않다. 사후 내내, 끝남이 없을 사후 세계에 걸려 있다.

"무간 지옥에 떨어져라!"
"호랑이에게 물려 가라!"
"벼락맞아 뒤져라!"
"염병 들어 꼴깍해라!"

이 따위 욕, 그저 죽으라는 욕은 "편안히 눈 감을라고"에 비하면 그
래도 약과다.

"객사 죽음할 놈!"

그냥 죽으라는 욕 같지만 그렇지가 않다. 왜냐하면 와석종신하지 못

하고 객지 떠돌이로 죽으면 객귀가 되고 잡귀가 된다. 저승에 못 가고 이승을 거지처럼 각설이패처럼 떠도는 넋, 그게 잡귀고 객귀다. 다 같은 나그네라도 죽은 나그네 서러움이 한결 더한 법. 그러기에 객사 죽음하라는 욕은 죽음에 임박한 욕에 사후의 욕까지 겸하고 있다. 이중의 저주다.

　한편 "선 채로 죽을 놈"은 어떤가. 이것과 "눈도 못 감고 죽을 놈"과는 막상막하고 피장파장이다. 살아 생전 움직이는 다리로도 평생 서서만 지내게 마련이라면, 그 고통이 오죽할까? 하물며 옴짝달싹 못 할 다리로 영겁토록 서 있을 송장이 되다니! 그 저린 다리, 그 아린 다리를 또 어찌할 것인가.

"선 채로 돌이 되어도 내가 부르다 죽을 이름이여!"

오죽하면 소월이 그의 시 「초혼」에서 이같이 노래했을라고.
이에 그치지 않는다. 또 있다.

"묻히지도 못할!"
"무덤이 무너질!"
"제사도 못 얻어먹을!"
"관이 일어설!"

무섭다. 겁난다. 소름끼친다. 안장(安葬)이란 말, 영면(永眠)이란 말, 그래서 생긴 명복이란 말은 이제 헛소리다.
　원귀들이면 다들 이 세 가지 욕을 듣는 거나 마찬가지 경지에 빠진다. 남에게 죄 짓고 원한을 사도 다를 바 없다. 죽어 못 묻히면? 묻혀도 무덤이 허물어지면? 귀신이 되고도 제사 섬김을 못 받으면?

이래서도 옛 사람들은 삶을 옳게 의롭게 살자고 다짐했다. 한데 오늘날 사후 세계를 못 믿거나 안 믿는 이들에겐 어쩔 것인가! 그들에겐 인간 최후의 윤리의 보루며 방패가 없다.

"한번 가면 그만인걸!"

이 뇌까림은 오늘날 허무주의의 독백에 그치지 않는다. 타락과 죄업의 전제가 된다. 놀라운 일이다. 사후의 보장 따위는 망해 버린 보험회사의 보험증과 다를 게 없다고 확신하는 사람들에게는 삶이 윤리일 수 있는 마지막 근거가 결여되고 없는 셈이다. 불쌍한 일이다.

이제 옛날로 되돌아가 보자. 눈 부릅뜨고 선 채로 죽은 송장 찾아가 보기로 하자. 욕의 욕, 최악의 욕이 거기 있기 때문이다. 삶이 윤리일 수 있게 견제할 방패가 거기 있기 때문이다.

두 동 한 뭇 사내 잡아먹은 년

중년(中年)에 맹랑한 일이 있던 것이었다. 평안도 월경촌에 계집 하나 있으되, 얼굴로 볼작시면 춘이월 반개도화(半開挑花) 옥 같은 머리칼에 어려 있고, 초승에 지는 달빛 눈썹 새에 비치었다. (중략) 하건마는 사주에 과부살이 겹겹이 싸인 고로 남편을 잃어도 징글징글하고 지긋지긋하게 단콩 주워먹듯 하것다.

판소리 「변강쇠타령」의 첫머리다. 천하의 일색인데, 미인 박명이라 하였듯이, 열다섯에 얻은 서방 잃은 뒤로 스무 살 되기까지 해마다 하나씩 서방을 잃었으니 6년 새에 여섯 명의 지아비를 차례로 저승길로 떠나 보낸 이 옹가(饔哥) 여인은 「변강쇠타령」의 여주인공이다. 한데 그녀는 남편들하고만 상관한 게 아니다. 외간 사내하고도 무수히 정사를 벌이는데, 그런 족족 모두 죽어 나가곤 했다. 이 대목을 직접 판소리에서 들어 보자.

열다섯에 얻은 서방 첫날밤 잠자리에서 급상한(急像寒)에 죽고, 열여섯에 얻은 서방 당창병(唐瘡柄)에 튀고, 열일곱에 얻은 서방 용천병에 펴고, 열여덟에 얻은 서방 벼락맞아 식고, 열아홉에 얻은 서방 천하의 대적(大賊)으로 포(도)청에 떨어지고, 스무 살에 얻은 서방 비상 먹고 돌아가니 서방에 퇴(진저리)가 나고 송장 치기 신물난다.

이렇게 본서방들이 차례차례 죽어 나간다. 급상한은 급성 감기쯤 되니 요즘 같으면 급성 유행성 독감쯤 될 것 같다. 당창병은 성병이고 용천병은 간질이다. 그런데 그들이 병들어서만 죽은 게 아니다. 포도청에서 목이 떨어진 축이며 독약을 먹고 자살한 축까지 포함되어 있다.
한데 본서방들은 그렇다 쳐도 기둥서방이며 샛서방들은 그 짓거리만큼 흉한 죽음을 겪고 있다.

이것은 남이 아는 기둥서방, 그남은 간부, 애부(정부), 거드모리(옷 입은 채로 저지르는 성행위), 새호루기(새 홀레처럼 후닥닥 치르는 남녀의 성행위), 입한번 맞춘 놈, 젖 한번 쥔 놈, 눈 흘레한 놈, 손 만져 본 놈, 심지어 치맛귀에 치맛자락 얼른 한 놈까지 대고 결딴을 내는데, 한 달에 뭇(10), 일년에 동(물고기 같으면 2,000마리) 반, 한 동 일곱 뭇, 윤삭 든 해면 두 동 뭇수 대고 설그질 제(처리될 때, 곧 죽어 나갈 때?) 어떻게 (사내들을) 썼던지 삼십리 안팎에 상투 올린 사나이는 고사하고 열다섯 넘은 총각도 없이 계집이

밭을 갈고 처녀가 집을 이니, 황평(황해, 평야) 양도 공론하되, "이년을 두었다는 우리 도내에 ㅈ 단 놈 다시없고, 여인국이 될 터이니 쫓을밖에 수가 없다."

그야말로 옹가녀는 구렁이 개구리 잡아먹듯, 두꺼비 파리 삼키듯 사내들을 결판내었으니, 양도가 합세해서 그녀를 추방한 것이다.
한데 바로 이 쫓겨나는 대목에서 욕설이며 쌍소리가 방자하다.

양도가 합세하여 훼가(집을 헐기)하여 쫓아내니, 이년이 하릴없이 쫓기어 나올 적에 파랑 봇짐 옆에 끼고 동백기름 많이 발라 낭자를 곱게 하고 산호 비녀 찔렀으며 출유(바깥 나들이) 장옷 엇매고 행뚱행뚱 나오면서 혼자 악을 쓰는구나.
"어처! 인심 흉악하다. 황평 양서(兩西) 아니며는 살 데가 없겠느냐. 삼남 ㅈ은 더 좋다더고."

이 지경으로 꽁지 빠진 도둑닭 모양으로 내쫓음을 당한, 천하 잡년 옹가녀가 천하 거지 잡놈 변강쇠를 만난 대목이 방자하고 낭자하지 않을 턱이 없다.

이때에 변강쇠라 하는 놈이 천하의 잡놈으로 삼남에서 빌어먹다 양서(두서도)로 가느라고, 연놈이 오다 가다 청석 좁은 길에서 서로 만났거든, 간악한 계집년이 힐끗 보고 지나가니 의뭉한 강쇠놈이 다정히 말을 물어 "여보시오, 저 마누라. 어디로 가시나요?" 숫계집 같거드면 핀잔을 하든지 못 들은 체 가련마는 이 자지간나희(자지 가지고 노는 계집년? 놀아먹는 논다니년)가 홀림목 곱게 써서 "삼남으로 가."

이 지경으로 이미 욕설과 쌍소리가 흥건한데, 천하의 색골 연놈이 합궁하는 대목은 또 어떻겠는가. 엉터리 날치기 궁합을 본 끝에 벼락치기로 가시버시가 되기를 기약하니 그야말로 벼락에 콩 구워 먹듯 짝을 맞추고 만다.

눈 부릅뜨고 선 채로 죽은 놈

계집이 허락 후에, 둘이 손길 마주 잡고 바위 위에 올라가서 대사를 지내는데, 신랑신부 두 연놈이 이력이 찬 것이라 이런 야단 없겠구나. 멀끔한 대낮에 연놈이 철썩 벗고 매사니(매 사냥꾼) 뿐, 장난할제.

이같이 매사니처럼 장난질을 벌인다. 매사니가 매 가지고 놀듯, 아니면 매가 꿩 낚아채듯 시시덕거렸다는 뜻이리라.

그래서 바야흐로 포르노 장면이 낭자하게 벌어지는데, 이 대목 판소리 사설이 차마 귀 열고는 못 들을 지경이다. 눈 뜨고 못 볼 지경이다.

천생 음골(陰骨) 강쇠놈이 여인 두 다리 번듯 들고 옥문관(玉門關)을 굽어보며 "이상히도 생겼다. 맹랑히도 생겼다. 늙은 중의 입일런지 털은 돋고 이는 없다. 소나기를 맞았던지 언덕 깊게 파이었다. 도끼날을 맞았던지 금 바르게 터져 있다. 생수(生水) 나는 곳인지 옥담인지 물이 항상 괴어 있다. 무슨 말 하려는지 옴질옴질하고 있노. (중략) 제 무엇이 즐거워서 반쯤 웃어 두었구나. 곶감 있고 으름 있고 조개 있고 연계 있고 제상은 걱정 없다."

이렇게 허튼 수작을 해대는 사내 색골에게 지고 있을 계집 색골이 아니다.

저 여편네 반쯤 웃으며 갚음을 하노라고 강쇠 그 물건을 가리키며,
"이상히도 생겼네, 맹랑히도 생겼네. 무슨 일, 무슨 수작 쌍걸낭(쌍주머
니)을 느직하게 달고, 냇물가에 물 방안지 떨구덩 떨구덩 끄덕인다. 송아지
말뚝인지 털고삐를 둘렀구나. 감기를 얻었던지 맑은 코는 무슨 일꼬. 성정
도 혹독하다. 화 곧 나면 눈물난다. 어린아이 병일런지 젖은 어찌 게웠으며,
제사에 쓴 숭언지 꼬챙이 굼(구멍)이 그저 있다. 뒷절 큰방 노승인지 민대가
리 둥글린다. 소년 인사 다 배웠나 꼬박꼬박 절을 하네. 물방아 절굿대며 쇠
고삐 걸랑 등물 세간살이 걱정 없네."

이렇듯 주고받은 한참 뒤 두 연놈이 지리산에 들어가 밭농사 짓고 살
기로 하는데, 그러던 중 강쇠놈이 장작이랍시고 장승을 베어 온다. 화
를 당한 함양 땅 장승이, 경기도 노량진 선창가에 있는 대방(대장) 장
승을 찾아가서 복수해 주기를 빈다.
그래서 온 천하의 장승이 다 모여서는 이 설축한 놈(설근찬 놈, 즉 흉
포한 놈) 흉녕(凶獰)한 놈을 징계할 방법을 의논하게 된다. 의논이 오
고가는데 그 중에서 해남의 관머리 장승이 생각해 낸 방법이 걸작이다.

그런 흉한 놈은 쉽사리 죽여서는 앙심을 못 풀 터이니 고생을 실컷 시켜
죽자 해도 썩 못 죽고 살자 해도 살 수 없어 칠칠이 사십구, 한 달 열아흐레
밤낮으로 보깨다가 험사(險死), 악사(惡死)하게 하면, 장승 화장한 죄인 줄
을 저도 알고 남도 알아 쾌히 징계될 터이니, 우리의 식구대로 병(炳) 한 가
지씩 가지고서 강쇠놈 찾아가서 정수리에서 발톱까지 오장육부 안팎 없이
새집에 흙 모으듯, 방 안에 도배하듯, 장판에 기름 먹이듯, 겹겹이 발랐으

면, 그 수가 좋을 듯하오.

　과연 변강쇠놈 그 탓으로 병이 드니, 원본 판소리에서는 "병 이름 짓자 하니 만 가지가 넘겠구나"라고 할 정도로 숱한 병을 앓게 된다. 그 중에서 남을 저주하는 욕으로 쓰일 만한 것만 대충 골라 보아도 능히 부지기수다.

　쌍다래끼(나 껴라, 이놈아)
　청맹(과니 같은 년)
　주독(에 빠져 죽을)
　구와증(으로 입이나 비뚤어져라)
　설축증(들어서 혀 꼬부라질 녀석)
　연주 · 나력(에 온몸 곪아 터질 년)
　수전증(이 걸려서 숟갈도 못 들 년)
　등창(으로 구들 지고 죽을 놈)
　부종(이나 들려 사지가 부풀어라)
　임질(에 ㅈ 떨어질)
　치질(남의 치질 앓을 놈)
　학질(에 염병 겸해서 앓을)
　황달(들고 오갈 들)
　헐떡증(으로 숨통 막혀 죽을)
　용천(지랄할 놈)
　물조갈(에 물 한 모금을 못 마실)

　보기를 들자면 끝이 없다. 한데도 여기 들어 보인 병의 가지는 원본 판소리에 나와 있는 종류의 십분의 일에도 못 미친다. (위의 보기 중에서 괄호 안은 흔히 통용되는 욕이다.)

일만 가지의 병

세상 병이란 병은 다 앓으니 점치고 무당 부르고 벼라별 방책을 다 쓸 뿐만 아니라 약도 천하의 명약은 다 쓴다. 그 가운데는 굼벵이즙, 거머리에 올빼미가 들어 있을 뿐만 아니라, 끔찍하게도 오줌 찌끼에 월경수(月經水)까지 들어 있다. 그러자니 경(經)에 곯고, 약에 곯아 병이 더욱 위중할 수밖에. 결국은 "병은 만 가진데 약은 겨우 백 가지"라 변강쇠놈 죽음을 피할 수 없게 된다.

한데 그 지경에도 아내에게 유언이라고 남기는 게 겨우 이 꼴이다.

내가 지금 죽은 후에 사나이라 명색하고 열 살 전 아이라도 자네 몸에 손대거나, 집 근처에 얼른하면 즉각 급살할 것이니 부디부디 그리 마소.

그러나 이같이 당부만 하고 말 강쇠가 아니다. 죽어 가는 녀석이 마지막 혼신의 힘을 차려서 하는 짓거리를 원본 판소리는 다음과 같이 묘사하고 있다.

속곳 아귀에 손길을 불쑥 넣어 여인의 ㅂ 쥐고 으드득 힘주더니 불끈 일어 우뚝 서며 건강한 두 다리는 이리저리 헛디디고, 바위 같은 두 주먹은 눈 위에 높이 들고, 경쇳덩이 같은 두 눈은 찢어지게 부릅뜨고, 상투 풀어 산발하고, 혀 빼어 길게 물고, 짚동같이 부은 몸에 피고름이 낭자하고, 주장군

(몸뚱이)은 그저 뻣뻣, 목구멍에 숨소리 딸깍, 콧구멍에 찬바람 소리는 왱 —, 장승 죽음 하였구나.

이 대목은 살아서 색골의 임종이 얼마나 처참한가를 보여 주고 있다. 제 욕심에 겨운 자의 죽음은 몹시 참혹하여 그야말로 목불인견이다. 이 야차 같은 묘사만으로도 이미 쌍욕이고 일등 욕이다. 마지막 죽는 꼴은 악마의 발악이라고 할 수밖에 없다. 그 주제라 죽어서도 눈 부라리고, 눕지 못해 뻣뻣하게 선 송장이 되었다.

변강쇠놈, 죽음에 이르기까지 온갖 병을 다 앓았고 죽음도 편치 못했다. 단말마가 발악하는 꼴의 죽음이었다. 게다가 송장은 피투성이 고름 덩이로 불어 터졌다. 온전히 다루어질 송장이 아니었다.

죽음까지 가는 길목은 물론 죽음에 임박해서, 그리고 사후에까지 변강쇠의 역정에 직접 욕이 퍼부어져 있건 말건, 실질적으로 그것은 욕투성이고 욕감태기다.

오늘날 한국인이 죽음 뒤를 무서워하지 않는 것과 그들의 이승 삶이 흉측한 것과 무관하다 해서는 안 된다. 변강쇠는 다시 살아나야 한다. 그의 행적을 온 천하에 떠벌이고 다녀야 한다. 저처럼 욕먹지 않을 한국인이 하나라도 더 늘게 하기 위해서라도.

그 행실, 그 욕

영락없이 죽을 병이 든 늙은 암캐 꼴이더라고. 화등잔한 눈가에는 진물이 흐르다가 덕지덕지 말라붙었더군. 난쟁이 좆 길이만한 몸통에는 시영이 즈 아배가 입던 무잠뱅이 윗도리를 걸치고 있었는데, 아니 그래 키라는 것이 아무리 생기다 말았기로소니 그 무잠뱅이 윗도리가 땅바닥에 질질 끌리겠어?

이것은 정동주의 『단야』에서 한 중늙은이 아낙이 다른 젊은 여자를 두고 하는 욕이자 악담이다.

이 입성 사나운 아낙은 딸 둘을 데리고 있는 과부다. 그녀는 "입버릇 만큼 행실 또한 깔끔찮아서 아무리 다 떨어진 사내라도 사내라는 이름 만 들으면 목젖부터 부어오르는 여자"다.

마을 사람들은 아예 그녀 앞에서는 콩으로 메주 쑤는 얘기조차 꺼내 질 않으려고 했다. 그녀는 "벌써 셋이나 사내를 갈아 치운", 이를테면 잡년이고 화냥년이었다. 그런 주제에도 쌍지팡이 짚고 나서서 악담을 퍼부어 댈 상대 여자가 있다니! 된똥 싼 년이 물똥 싼 년, 아니 병들어 피똥 싸는 딱한 여인과 시비를 벌이는 것일까?

하지만 욕을 듣고 있는 여인은 결코 '암캐 꼴'이 아니다. '늙은 암캐 꼴'은 더욱 아니다.

이 가당찮은 욕쟁이, 천이네 눈에 직접 비친 상대를 작가는 다음과 같이 묘사하고 있다.

천이네는 다시 침을 삼키며 꼽추 여자 얼굴을 뚫어지게 훔쳐보았다. 소문 보다 훨씬 더 아름다웠다. 꼽추만 아니었다면 왕비가 되고도 남겠다고 천이 네는 속으로 감탄했다. 환하게 내리쬐는 봄 햇살 아래서 혼자 풀을 뽑다 말 고 이따금씩 고개를 들어 태양을 바라보곤 하는 꼽추 여자의 눈은 크고 우 아했다. 햇볕이 싫은지 이맛살을 세울 때는 더욱 눈부신 이마와 콧날이었 다. 약간 도톰하고 큰 입술, 알맞게 숱이 짙은 눈썹, 갸름하고 흰 얼굴, 막 일이라고는 한 번도 안 해본 듯한 길고 하얀 손가락, 가늘다 싶을 만큼 쭉 뻗은 목, 천이네는 꼽추 여자가 퍽 이국적인 미인이다 싶었다. 잠시 뒤 꼽추 여자는 풀을 뽑다 말고 일어섰다. 그녀는 정말 김형구(남편)가 입던 무잠뱅이 윗도리를 걸치고 있었는데 무릎 조금 아래까지 덮였다. 대리석으로 깎아 만든 듯이 곧고 뽀얀 종아리가 드러났다.

천이네가 걸레라면 꼽추 여자는 비단결이다. 한데도 그 걸레가 비단 보고 '늙은 암캐 꼴'이라고 망발을 떨고 있다.

여기서 우리는 제 밑 구린 사람일수록 구리지 않고 맑은 사람 못 보아 내서 해대는 욕이 있음을 알게 된다. 이것은 하늘 보고 침 뱉는 욕이다. 욕 중에서도 가장 저질이고 악질이다. 자신의 더러움을 남에게 바가지 씌우고 스스로는 빠지자는 수작의 욕이기 때문이다. 이야말로 수작치고 개수작이라서 이 따위 욕을 '개수작욕'이라고 부를 수 있을 것이다.

하지만 불행히도 지금 우리 세상에서 가장 날뛰고 설쳐 대는 욕은 대체로 이 무리에 든다. 그게 정치판일수록 더욱 두드러진다. 구태여 상소리와 악담과 천한 말을 섞어서만 욕이 되는 것은 아니다. 무고한 비방, 야비한 인신 공격, 감정적인 공격성 등이 논리며 말의 씨를 앞서 있다면, 아무리 겉치레의 점잔을 떨어도 욕일 수밖에 없다. 이런 것을 '위선(僞善)의 욕'이라 하고 싶다.

정치판은 바로 이 위선의 욕판이다. 적어도 부분적으로 그런 면이 있다. 특히 다급하게 정쟁(政爭)에 불이 붙어서 여야가 팽팽히 맞서 있을수록 위선의 욕이 기승을 부리는 꼴을 우리는 보아 왔다. 매스컴을 이용한 정당 대변인의 언쟁쯤 되면 기승이 지나치게 됨도 역시 목격해 왔다. 강도니 강탈이니 날치기 같은 몰골보다 더 꼴사나운 말들도 예사로 설쳐 댔다.

하늘 보고 침 뱉는 꼴로, 또 제 잘못 남에게 바가지 씌우는 꼴로 해대는 욕, 그래서 위선일 수밖에 없는 이 치졸한 욕을 할 때는 천이네라는 무지렁이 여편네의 입이나 일부 의정 활동 현장이나 별반 다른 게 없었을까. 바가지 씌우기와 덮어씌우기의 욕은 필경 무고한 희생자, 억울한 희생양을 냄으로써 피 흘리는 살육의 욕이 될 수 있다. 생명을 두고 살상을 저지르는 것뿐만 아니라 정신을 두고도 그럴 수 있다.

천이네는 비록 첩살이를 하고 있으나, 미모에다 몸가짐이 단정하고 일 매무새 바른 꼽추 여자를 보고서, 이렇게 극언을 하기도 한다.

거기다가 연중에 병한다고 배때기가 불룩한 것으로 봐서는 알을 실은 모양이더마. 아이구, 내가 무슨 전생 업장이 이리 두꺼워서 그년의 그 흉악스런 몰골을 보게 되었는지 모르겠구마는.

한 인간 생명의 잉태를 두고 '알을 실었다'는 기상천외의 은유법을 활용할 만큼 이 여인은 교활하다.

한데 이 말에 마을 안 여편네들이 맞장구를 치고 나선다.

"뭣이? 알을 실었다고? 그럼 얼라(아이)를 가졌다는 말이 아닌가?"
"하기사 뭐 개짐승도 암수가 붙으면 새끼를 배는 것인데 하물며 치마 두른 년이 그렇게 밑구녕을 내돌리는데 씨를 안 배고 말겠나."
"그런 병신도 사타구니는 성한 모양이지. 안 그렇고서야 어찌 달거리를 하고 씨를 실었겠어!"

그들은 모두 이같이 악의에 찬 입방아, 욕방아를 짓까부르며 나선다.
이쯤 되면 욕판은 사형(私刑) 곧 린치에 속한다. 꼽추 여자는 뒤에 실제로 마을 재난의 원인으로 몰려서 박살당하지만 그에 앞서서 이미 욕박살이 나고 있다.

마을 안이 온통 여인네들 쌍스런 욕으로 들끓게 된 것은 시기며 질투, 타자(他者 ; 기성 공동체에 속해 있지 않은)에 대한 따돌림 때문이다. 그것들이 근거 없는 적개심에 불을 질렀다. 첩이지만 남편 사랑을 지극히 받고 있는 것, 한문 문자가 섞인 장편 가사를 낭랑하게 노래할 만큼 교양을 갖추고 있는 것 등에 대한 공연한 질투인 욕. 이 따위 욕은 남 잘 되는 것 못 보아 내서 하는 욕이다. 욕 중에서도 가장 저질이고 야비한 욕이다.

도적놈에서 놈자 빼기로소니

도적놈을 놈자 빼고 도적이라 해보았자 별로 점잖은 말이 될 것 같지 않다. 도둑놈도 마찬가지다. 도적이나 도둑이나 송덕비 세워 주긴 아예 틀려먹었다. 그래서 도둑엔 떼로 욕이 달라붙어 있다. 날도둑놈, 날강도, 화적, 화적떼, 불한당 등이다. '밤손님'이니 '양상군자'가 제법 좋게 들리지만, 결국은 알랑방구요 비아냥댐이다.

차라리 소도둑이 시원해서 좋을지 모른다. 그러나 소도둑놈은 도둑 중의 도둑이라서 여간 겁나는 게 아니다. 심하면 황소 등에 업고 달아나는 슈퍼 도둑도 있다니 말이다. 그걸 몰고 갔다간 어느 세월에 들고 튀겠는가!

한데 요즘 소도둑은 적게는 트럭에, 크게는 컨테이너에 싣고는 내빼니, 그만하면 기동대 소도둑놈들이다.

한데 이 화적떼들이 한다는 것이 어찌나 여북했던지 다음과 같은 전설 아닌 실화가 전해진다.

장소는 경남 남해안의 어느 외딴 야산 비탈, 시간은 요 5, 6년 안짝.

어느 날 야밤중에 소도둑들이 주인을 깨워 칼을 들이댔다.

"몰래 끌어가면 좀도둑밖에 더 되나!"

이렇게 능청까지 떨었다나! 주인을 윽박질러서 열 마리 소를 몰고 온 트럭에 죄 올려놓게 했다.

"밤손님도 손님은 손님인데, 일하실 수 있나. 당신이 하시오!"

그들은 이렇게 명분까지 내세웠다.

"손님 술상 안 차리게 하는 것만도 어딘데, 이 병신!"

이렇게 너스레를 떨어도 주인은 꼼짝하지 못했다.

드디어 트럭이 떠나면서 그놈들이 소리쳤다.

"이 구두쇠야! 재산이란 남들과 나누라고 있는 거야! 네 목숨 백정질 안 한 것만이라도 고마워하라고, 이 빙충아!"

거기에다 주인 면상에 주먹질까지 했다고 전해진다.

그 뒤 작은 목장을 꿈꾸던 젊은 사육자는 떠나고 목장이 되다 만 터는 폐허로 남아 있다고 한다.

한때 대학을 우골탑이라 불렀다. 상아탑에 빗대어 지어진 말인데, 시골 학생들이 소 팔아서 등록비 대었으니 그런 별명이 붙을 만했던 게 한두 세대 전의 대학이었다. 농가에서 소를 치지 않았다면 한국엔 대학이 없었을 것이다.

그러나 그만큼 농촌이 피폐해 갔다. 소 팔아 공부시킨 자식은 서울이나 대도시에 남고 그들 부모의 터전인 농촌은 가장 큰 자산을 잃었기 때문이다. "소 잃고 외양간 고친다"지만, 그 뒤 시골에서는 잃을 소도 외양간도 없게 된 집이 많이 늘었다.

그처럼 소는 명실공히 농촌의 동산(動産)이었다. 현금이라곤 쥐구멍에 볕 드는 것보다 더 대하기 어려웠으니 네 발로 움직이는 소야말로 유일한 동산이었다. 그러기에 소도둑은 왕도둑으로 일컬어졌던 것이다. 큰 도둑의 별명이 다름 아닌 소도둑이고 그렇지 못한 것은 죄 조무래기 좀도둑 아니면 얌생이꾼에 지나지 않았다. 고집도 왕고집이면 황소고집이라고 하지 않았던가.

속담에도 "바늘도둑이 소도둑 된다"고 했다. 도둑의 말단은 바늘도둑이고 그 최상은 소도둑임을 의미한다.

그러니까 소도둑이란 굳이 소만 훔친다고 해서 붙여진 이름이 아니다. 거대한 것을 한몫 왕창 집어삼키면 훔친 것의 물목과 관계없이 소도둑이다. 남의 집이나 땅을 사기로 등쳐먹는 놈이 소도둑이라면, 부당 이익 크게 남겨서 물건 팔아치는 녀석 또한 황소도둑이다. 그런가 하면 쿠데타 따위로 나라 도둑질하는 패들도 갈 데 없는 황소도둑이다.

훔쳐먹는 대상의 덩치가 크거나 질이 월등히 높을 때 소도둑질이라고 하지만, 그만큼 간 큰 도둑 또한 황소도둑이다. 도둑 주제에 안하무인이고 뻔뻔하면 소도둑놈 소리 들어도 싸다.

지난 시절 각종 선거에 표 도둑이 횡행한 적이 있지만, 이 따위 붙이 역시 황소도둑이다. 국권이며 체제가 걸린 도둑질이기 때문이다. 그런가 하면 국회의 법안 날치기 통과도 상당한 소도둑질이다. 낮이 번들번들하기 때문이다.

그런 식으로 간이 배보다 더 크거나 숫제 간이 배 바깥으로 대가리를 내민 식의 도둑질이면 뭐든 황소 자 붙여도 무방하다.

운전수 미안해. 자네도 젊어서 경험이 없군. 내일 아침 신문을 보면서 공부 좀 하게. 요새가 어떤 세상이라고 이런 데까지 차를 몰아 오나? 돈도 좋지만 돈이 돈을 죽이는 거야. 3인조 택시 강도가 운전수를 발통 밑에다 결박

해 놓고 약탈 도주…… 내일 이렇게 신문에 날 걸세. 우린 자네를 저 발통 밑에다 묶어 놓고 사이드 부레키까지 뽑아 놓고 갈 테니까 말야. 꿈틀거리면 발통이 자네 대가리를 몰라 보는 거야. 알겠나? 안됐네. 공부 좀 하게…… 그리고 앞으로는 절대로 갈월동 근처로 오시지 말도록…….

— 이문희, 「흑맥」에서

이것은 택시 강도가 운전수보고 하는 말 같잖은 수작이다. 저들끼리 '하꼬방'이라 부르는 서울역을 무대로 쪼기(훔치기), 삥(소매치기), 팸프 노릇(창부의 끈) 등, 온갖 행패를 부려 대고 있는 일단의 두목과 부두목들이, 졸개들의 공출 쌀(의무금)로도 모자라서 직접 한탕 벌인 끝에 하는 말치고는 논리가 정연하고 사뭇 훈계조다. 앞에서 말한 소도둑들의 너스레와 다를 것 없는 말을 그 아가리들로 까댄 셈이다. 이만하면 의젓한 소도둑놈들이다.

요즘은 그나마 듣기도 보기도 어렵게 되었지만, 지난 세월엔 별의별 소도둑놈들이 들끓었다. 소도둑도 예사 소도둑이 아니라 버팔로 소도둑들이었다. 가히 맘모스급 소도둑들이었다.

화물 열차에서 아예 화물칸 하나를 통째로 따로 떼어서 집어삼킨 대도가 있었는가 하면, 남의 창고 앞에 당당히 트럭을 들이대고는 몽땅 털이를 해간 축도 있었다.

한국전쟁이 한창이던 무렵, 부산 부두에 정박 중인 미군 수송선에서 닥치는 대로 짐짝을 바다에 떠밀어 넣은 뒤 잠수부를 시켜 다시 건져 올렸는데, 그게 더러는 웬만한 바지선 하나 가득했었다고 전해진다. 그 가운데는 군수 물자도 있었을 테니 이적죄로 총살을 당하고도 남을 화적떼들이나 다를 바 없다.

장승 이야기 20 나의 친구 나무 장승들은 이름 없는 얼굴로 수없이 죽어
갔습니다. 민초들의 삶 가까이에서 같이 호흡하고 같이 울분을 삭이며, 눈
물처럼 살다가 꽃잎처럼 바람처럼 사라져 간 거지요. 진주민란이 그랬고,
갑오농민전쟁이 그랬고, 3·1 만세운동이 그랬고, 5·18 민중항쟁이 그랬
습니다. 하지만 이 땅을 살아가는 건강한 민초들이 남아 있는 한, 저는 가
야 할 장승의 길, 즉 장생불사(長生不死)의 길을 갑니다.

경기도 광주군 중부면 엄미리 장승·사진 이형권

인간 악덕이여, 가라

인간 스티그마가 미워서

욕설의 발생 동기를 인간 심리에서 구할 때, 인간의 공격성과 잔인성에 가세한 힘의 의지 등을 열거할 수 있을 것이다. 욕설이 인격적인 가학 행위임은 틀림없기 때문이다.

그러나 이 같은 인간 심성이 발동되는 바탕에 '스티그마'(stigma)가 깔려 있음을 지적해도 좋을 것 같다. 스티그마란 한 인간 개체가 지닌 온갖 인간적인 부정적 징표라고 말하고 싶다. 육체적인 결함, 정신적인 결손 등이라고 요약될 스티그마에 멸시와 모욕을 주는 일이 욕설의 전부는 아니라 해도 그것은 인간 스티그마에 귀쌈을 안긴다. 욕의 가학 행위 바탕에는 얼마쯤의 정의감이 도사리고 있다.

한국어의 욕설 가운데 '바보', '병신' 등이 많이 쓰이는 것을 그 같은 욕설 발생 동기의 증거로 삼을 수 있다. 인간이 모자라는 것만큼 큰 욕거리도 없다.

"아이, 저 모자라는 것."

"모자라도 한참 모자라는 것."

흔하게 내뱉는 욕지거리다.

인간으로서는 무엇인가 꽉차고 넘쳐야 하는데 덜 차 있다는 뜻이다. 물론 이 경우 인간 조건을 어느 정도로, 또 몇 가지로나 쳤는지 말하기는 어렵다. 또 차는 기준도 얼만큼인지 따지기 쉽지 않다. 아무튼 조건이 모자라고 수준에 못 미치는 것 그게 모자람이다. 한국인의 인간 완성의 잣대에 못 미치니까 모자란다고 했을 것이다.

머리가, 소견머리가 모자라서만 '푼수'가 되는 게 아니다. 하는 짓이 모자라도 물론 '팔푼이'다. 이같이 육신의 짓거리가 모자라는 것말고 육신 자체의 모자람도 유감스럽게 욕을 먹는다. '병신'이 이 대표자이다.

육신상의 결격을 욕하는 것은 아무리 생각해도 잘 하는 짓이 아니다. 그러나 유감스럽게도 우리는 그것에 악담을 쏟아부었다. "병신 꼴값"은 육체 결격을 대상으로 했을 때, 여간 악담, 여간 악매가 아니다.

"배냇병신, 병신 구실, 병신스럽다, 병신 지랄."

지상 최대의 악취미다.

"난쟁이, 앉은뱅이, 절름발이."

역시 악취미 중의 악취미다.

"봉사를 아침 결에 보면, 하루 종일 옴 오른다"는 속신(俗信)에서 봉사나 소경은 까마귀 울음이나 저녁 거미와 마찬가지로 흉한 것 중의 흉한 것으로 가름되어 있다. 차마 눈 뜨고 못 보고 귀 열고 못 들을 악매다.

그러나 이를 어쩌하랴, 그게 현실임을. 아무려나 우리의 경우 바보는 병신과 한 묶음으로 욕거리가 된다.

'병신 꼴값, 병신 육갑 그리고 병신 새끼'는 사용 빈도가 높은 욕설에 속하지만 '바보'도 결코 이에 뒤지지 않는다. 바보가 머저리, 얼간이, 돌대가리, 천치, 멍텅구리, 반푼 등과 등가인 것은 전국적이지만, 따로 경상남도의 경우만 보아도 '축구, 벅수, 또디기'가 바보와 등가로 쓰인다. 바보는 그만큼 다양한 어휘 군단을 거느리고 있는 것이다. 우리의 욕설 가운데서 바보 무리는 가장 큰 집단을 이루고 있다. 병신이나 바보만한 욕감태기는 흔하지 않다.

병신과 함께 바보가 욕감태기란 사실은 바보가 성(性) 및 외국인과 더불어 우스갯소리의 3대 객체란 사실과 무관하지 않을 것이다. 우스갯소리에서 바보는 대표적인 웃음거리이거니와 그러다 보니 욕거리가 되는 것은 당연하다고 보여진다.

신혼 초야에 신방이 차려지기 직전 밖으로 오줌 누러 나가서는 비 소리를 제 오줌 누는 소리로 착각하고 밤새 문 밖을 지키고 서 있더라는 그 바보 신랑을 옆에서 입 험한 사람이 보았다면, 영락없이 "바보 꼴값"이라고 할 것이다. 따라서 바보 우스갯소리가 악취미의 소산이라면, 바보 욕설은 악덕의 소산이다. 그러기에 욕 들어서 싼 것은 바보가 아니라 바보에 대한 욕설 그 자체다.

바보와 병신말고 '미친 것'도 한국인의 상용 욕설에 속한다. 발음이 와전된 '매친 것'까지 이에 포함시킬 수 있겠지만, 심한 경우 '미친 개'란 말을 '미친 연놈'에 대신해서 내뱉기도 한다. '광증', '정신 나간 것', '얼빠진 것' 아니면 극도로 단순화한 '간 것' 등은 '미친 것'의 어엿한 일족들이다. '돈 놈'도 이에 속한다.

바보와 병신과 패륜

바보, 미친 것, 미치광이 등이 정신적인 스티그마로 해서 생겨난 욕설이라면 '패륜'에 대해서도 한국인의 욕설은 뚜렷한 딱지를 붙여서 특징지어 주고 있다.

'사람 아닌 것, 인두겁을 쓴 놈, 개 밑으로 빠진 것' 등은 인류을 어긴 '비인간'을 크게 범주화한 욕설들이지만, 인류의 세부 덕목을 어그러뜨린 사람을 범주화해서는 '불쌍한 놈, 후레자식, 후레아들, 아비 어미도 없는 놈, 들놈, 개망나니, 개아들' 외에도 '지어미를 붙어먹을, 지에미랄'이라고 닦달을 한다.

이 경우 성의 문란, 나아가서 근친간이 패륜의 극단으로 치부되어 있는 셈이지만, '잡연놈'도 이 범주에 들 것이다.

이들 보기는 바보, 병신, 패륜이야말로 욕설을 낳는 '3대 스티그마'(3대 악덕)라고 범주화해도 마땅한 것들임을 시사한다. 물론 미련함, 게으름, 게걸거림, 엉큼함, 인색함, 몰인정함, 내숭스러움, 약삭스러움, 변덕스러움 등 갖가지 얄미움이나 미움거리도 한국인이 즐겨 욕을 먹이는 인간의 정신적 스티그마 내지 마음의 스티그마들이지만, 이들은 욕거리의 비중으로 보면 전기한 3대 범주의 대적거리가 못 된다.

바보, 병신 그리고 패륜, 이 세 가지 인간의 결함 및 악덕이 욕거리였다고 할 때, 바보가 저능만을, 병신이 육체적 결함만을 의미하는 게 아님을 강조하고 싶다. 올바른 정신, 곧은 마음으로는 하지 말아야 할 짓을 예사로 해대는 짓거리야말로 진짜 바보 짓이며 알짜 병신 짓이란 것을 놓쳐서는 안 된다.

한국인들이 현명하게도 또 지당하게도 바보와 병신을 패륜을 다루듯, 묵사발이 되게 한 것만 보아도 그것은 헤아릴 만하다. 어쩌면 패륜의 또 다른 이름이 바보이고 병신일지도 모른다. 욕은 또 다른 윤리 교과서이기 때문이다.

그러기에 한국인이 바보와 병신과 패륜을 욕감태기의 3대 악덕으로 삼았다는 사실은, 필경 한국인이 욕으로써 인간 악덕을 다스리는 몽둥이 찜질로 삼고자 했기 때문이라고 결론지을 수 있게 해 준다.

"인간 악덕이여 가라!"

이게 곧 욕이 하고 싶어하는 마지막 말이다.

이 책을 마무리하면서 우리의 욕과 함께, 그리고 이 책을 읽은 독자들과 함께 목청 높여 소리치고 싶다.

"인간 악덕이여 가라!"

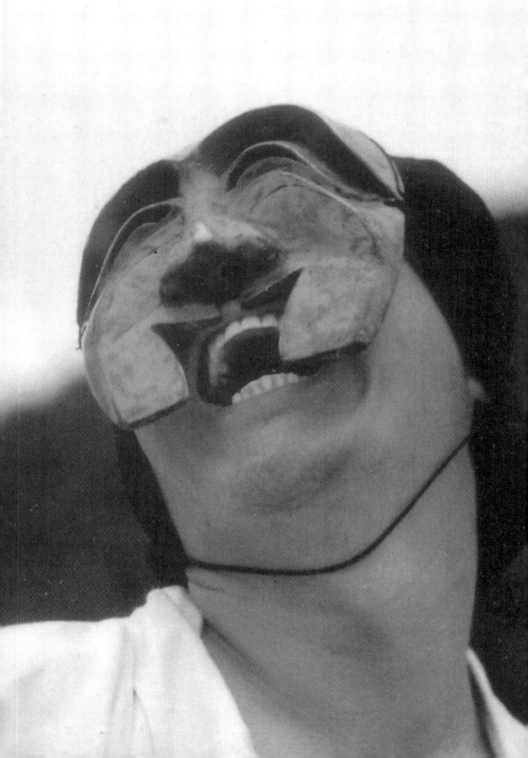

이럴 땐 이런 욕이 백발백중

쌍! 모처럼 고운 남의 입성 사납게 만드는 축들에게 쏘아 댈 직방즉
효의 욕들을 따로 모았다. 이건 무지무지한 시한폭탄의 곳간이다. 핵
탄두 대가리를 둘러쓴 미사일 기지다.

악담일수록 필경 덕담이 되어야 천하 욕귀신의 콧대가 선다. 스스로
욕하고서 그 때문에 남의 욕 얻어먹는다면 도무지 욕쟁이의 꼴이 사납
게 된다.

그래서 필요할 때 제대로 욕가마리 골라서 경우에 들어맞게, 그러나
상대방 간을 도려 내는 기세로 내지를 만한 욕을 고를 수 있었으면 한
다. 욕먹어 싼 치들 속이 뜨끔해지고 욕귀신 속이 풀어지는 효험을 거
두었으면 한다. 속내 문드러졌을 상대방에게는 침이고 입성 거친 욕쟁
이에겐 해장국 한 그릇인 것, 그게 욕이라야 하기 때문이다.

욕일수록 해야 할 때와 하지 말아야 할 때를 잘 골라야 한다. 욕이기
에 더한층 경우에 맞고 이치에 합당해야 한다. 함부로 내쏟다간 턱주
걱 풍비박산날까 겁난다. 삼갈수록, 뜻이 깊을수록 좋기로는 예사말이
나 욕이나 다를 바 없기 때문이다. 뒷간 가서 똥질하는 게 욕질은 아니
다. 세상 세수시키듯 해야 할 것이다.

야단받이 잘 골라서 야단친다면 그거야말로 어른의 어른다운 소치다.

1. 다발총

진실로 저주해 마땅한 치들에게

　모가지를 뽑아 똥장군 마개로 할 놈 / 칼막(일종의 끌)을 쓰고 꼬꾸라질 년 / 염병 3년에 땀도 못 낼 놈 / 벼락을 쫓아가 나이대로 맞아 죽어라 / 모래 바닥에 혀를 박고 죽을 / 간에 옴이 올라 긁지도 못하고 죽을 놈 / 눈도 못 감고 죽을 / 죽어서 제삿밥도 못 먹을 / 송장 되고도 무덤 차지 못할

못돼먹은 악질에게

　염병에 땀 구멍 막힐 놈 / 거지 발싸개 같은 놈 / 제미 붙고 귀양갈 놈 / 공쓰하고 비녀 빼갈 화적놈 / 못된 수캐 부뚜막에서 ㅈ 깐다 / 개 ㅆ으로 나왔나 / 화냥년 ㅆ구멍으로 빠진 놈

치사하고 더러운 치에게

　문둥이 코 마늘 빼 먹어라 / 발가락으로 쑤셔 만든 놈 / 뜨물로 씻어 생긴 놈 / 구더기 밑살 같은 년 / 거지 발싸개(강릉 잠수함 탄 공비 발싸개) / 오줌에 씻어 똥물에 튀길라(오줌에 담가 똥물에 절일라) / 간 빼 주고 쓸개 빠진 놈 / 밑구멍으로 처먹고 입으로 똥쌀 년

엉뚱한 짓거리 하는 자에게

　계집 배꼽에 ㅈ 박을 놈 / 쥐ㅆ에 말 ㅈ / 고자 ㅈ자랑 / 방귀에 초칠 년 / 과부년 집 문고리 빼들고 엿장수 부를 놈 / 보리밥 처먹고 가죽피리(방귀) 분다 / 화냥년 ㅆ 내밀기

못난 주제에 난 체하면

계집 못난 게 엉덩판만 커 가지고 / 얼금뱅이년 씨 자랑 / 우멍거지(포경) ᄌ 자랑하듯 / 고자 ᄌ 자랑 / 야윈 당나귀 ᄌ치레했다 / 당나귀 귀치레라니

지나치게 밝히는 여자에게

ᄌ내 맡고 살찐 ᄊ 벌어졌나 / 홍합 ᄊ인가 물도 많겠다 / 헤픈 계집 속곳 젖는다 / 바람난 촌년 ᄊ에 불났다 / 뱃대 밑에 바람 든 년

시도 때도 없이 덤벙대는 자에게

오입쟁이 낮거리 않는 놈 없다더니 / 홍합 씨엔 물이 많고 말 많은 년 ᄊ엔 털이 많다 / 중신어미 잔등에 ᄌ이나 박아라 / 중신아비 잡고 비역(남색)할 놈 / 헌 바지 가랑이 불알 새듯

중년인데 미쓰 티 내는 여성에게

여편네는 서른이 환갑이다 / 여자 삼십에 꽃 지고 남자 삼십엔 꽃 핀다 / 여자 삼십은 삭고 사십은 오갈 든다

말 같잖은 말을 듣고서

아가리로 주절대나 똥구멍으로 말하나 / 아가리로 방귀 뀐다 / 귀신 씨나락 까먹는 소리 / 잡귀신 젯밥 씹는 소리 / 아가리 찢어진 대로 씨부린다 / 별, 새 뒤집어 날아가는 소리 / 새가 모로 나는 소리

염치없는 얌체에게

ᄊ 본 ᄌ 염치를 안다던가 / 제 난 뒤에야 어미 ᄊ 바르거나 기울거

나 / 뒤질 년이 ㅆ 감출까 / 얌체가 똥체다 / 야바리 빠진 놈(년)

이상 성격자와 인격 파탄자에게

별꼴이야, 오줌에 씻겨서 태어났나 / 홀아비 ㅅ 일듯 화를 낸다 / 허파에 바람 든 놈 / 태만 키운 놈(애기는 떼어 버리고 애기집인 태만 기른 놈) / 발가락으로 쑤셔 만든 놈 / 여편네 배판, 돈 노름에 날릴 놈 / 협잡배놈

쓸데없는 짓거리 하는 사람에게

개 ㅈ에 덧게비(덮개)다 / 거미줄로 ㅈ 동이나 / 머리털 뽑아 밑구멍에 박을 놈 / 홍합에 ㅆ이나 섞어라 / 과부 선보러 가고 있네 / 누룽지 긁어 논에다 심어라 / 손주 제삿밥이나 챙겨라

잘난 척 우쭐대는 사람에게

잘 뛰는 울타리에 ㅈ 걸린다 / 흘렛개 ㅈ 자랑 / 수캐 ㅈ 자랑하듯 / 미친 개 앞에서 이빨 깔 놈 / 벼락 잡고 호통칠 놈 / 똥 싸 들고 금방(金房)에 갈 놈 / 목에 용쓰다가 ㅈ 부러질 놈 / 어깨 심지에 말뚝 박은 놈

게으름뱅이에게

게으른 여편네 ㅆ털 세다 / 구들장 지고 살 놈 / 할 일 없는 놈 ㅈ 주무른다

허풍쟁이에게

색시 허벅지 보곤 ㅆ 본 척 / 목젖 보곤 처녀 젖꼭지 보았다고 할 놈 / 콧김으로 아궁이 지필 년

칭찬 듣고 우쭐대면
  춤 잘 춘다니까 속곳 벗고 시아비 앞에서 춤출 년

놀고 먹고 밥만 축내는 치들에게
  똥통 / 똥집(똥의 집이 그 치의 몸이란 뜻)

제 허물 제 잘못을 모르면
  꼬부랑 ㅈ 제 발등에 오줌 싸기 / 남 허물 하나면 제 허물은 백이다 /
제 밑 찢어진 년, 남의 입 흉보나!

꼴같잖게 굴면
  꼴 보기 망측한 년 속곳 벗고 덤빈다 / 꼴에 수캐라고 가랑이 들고
우줌 누나!

엎친 데 덮친 꼴일 때
  장 쏟고 ㅆ 덴 년 국 쏟고 ㅆ 덴다

서투른 짓 허튼 수작 부릴 때
  가랑잎으로 ㅆ 가리기 / 똬리로 ㅆ 가리기

이 핑계 저 핑계 둘러대는 자에게
  옴 덕에 ㅆ 긁을 년 / 핑계 김에 서방질할 년 / 쌀 뜨물에 애기 밴 년

2. 단발총

남 타박 잘 하는 사람에게 — 제 얼굴 못난 년이 거울 깬다

의뭉한 자에게 — 고추 따면서 똥 싸는 척

줏대 없는 여자에게 — 인심 좋은 년 속곳 젖는다

신혼 재미에 빠진 자에게 — 결혼 3년은 개연놈도 산다

자식 자랑하는 사람에게 — 자식과 불알은 짐스러운 줄 모른다더니

위선을 떠는 자에게 — 열녀전 끼고는 서방질할 년

뒤늦게 딴소리하는 자에게 — 말 한 마리 다 처먹고 말 ㅆ내 난다나

돈 떼먹거나 시치미떼는 자에게 — 경상도 문둥인가? ㅈ 잘라 먹긴

쓸데없이 걱정하면 — 구들 꺼질까봐 ㅆ도 못 한다

말귀 어두우면 — 귀에다 당나귀 ㅈ 박았나

서두르고 성미 급한 꼴 보면 — 차라리 외할미 ㅆ으로 나오지

뒷북만 쳐 대는 꼴 보면 — ㅆ 놓친 ㅈ이 뒷산에서 일어난다

얼렁뚱땅하면 — 번개 ㅆ하듯 해먹을 놈

1. 판소리 중에서

심청가

빵덕이네가 황봉사와 눈이 맞어 밤중에 도망을 하고 심봉사는 그런 줄도 모르고 빵덕이네를 찾다가 간밤에 어느 봉사(황봉사)와 도망을 갔음을 알고 심봉사 허탈하여,

"예이 천하 의리 없고 사정 없는 이년아."

"귀신이라도 못 되리라 이년아."

"예끼 천하에 무정한 년."

라고 뇌까린다.

— 진양조 부분

수궁가

별주부에게 속아 수궁에 갔다가 죽을 뻔한 토끼가 또다시 용왕을 속이고 육지로 풀려 나오다 그물에 걸려 죽게 되자 수궁에서부터 참고 나왔던 도토리 방귀를 뀐다.

어부들은 토끼가 썩은 줄만 알고 버리니 또 한 번 토끼는 꾀로써 살아나,

"어이게 시러배 아들놈들. 너희보다 더한 수궁에 가서 용왕도 속이고 나왔는데 너 같은 놈들한테 죽을쏘냐."

하며 토끼는 살아났다고 신명 내어 고국산천을 반가워한다.

흥보가

남의 매를 대신 맞고 돈을 벌어 오는데도 앉은 채로 남편을 맞는 그의 처에게 하는 흥보의 말,

"에라 이 몹쓸 사람."

흥보 처 남편이 돈을 벌어 온 걸 기뻐하다 결국 흥보가 매품 팔아 번 돈인 걸 알자 슬퍼한다.

— 중머리 부분

남의 매를 대신 맞으러 갔으나 누군가 와서 먼저 매를 맞고 갔다는 사령의 말을 듣고 헛걸음질하고 집에 돌아온 흥보가 그의 처에게,

"날 건드리지 마오. 요망한 계집이 밤새도록 울더니 돈 한 푼 못 벌고 매 한 대를 맞았으면 인사불성 쇠 아들 놈이세."

흥보 아내는 남편이 매를 맞지 않고 그냥 온 것을 보고는 얼씨구 절씨구 하며 기뻐한다.

— 아니리 부분

여러 날 굶어 쌀섬이나 얻으러 온 흥보에게 그의 형이 마당쇠에게 박달홍두깨 몽둥이를 가져오라며,

"이런 놈은 복날 개 잡듯 해야 하느니라."

하니 흥보는 흠씬 두들겨 맞고 박 터지고 다리 부러져 형수에게 도움을 청하나 형수에게 되려 두들겨 맞는다.

—아니리 부분

부자가 된 흥보 집에 갔다가 흥보 처가 술을 내어 오자 권주가를 부르라며 고집하는 놀보가 흥보에게,

"야 흥보야, 네 계집 못쓰겠다. 썩 버려라. 내 다시 장가들여 주마."

이 말을 들은 흥보는 오히려 형의 말이 맞다는 듯 맞장구를 친다.

—아니리 부분

놀보에게 다리가 부러지고 한을 품고 돌아온 제비가 제비 왕에게,

"예 소조가 아뢰리다. 조선서 태어나 날기 공부를 하올 적에 불칙한 놀보놈이 소조의 다리를 분질러 절각지환(切脚之患)이 되었으니 어쩌하면 원수를 갚소리까. 십분 통촉허옵소서."

제비 왕이 이 말을 듣고 '수풍'이란 박씨로 원수를 갚으리라며 위로한다.

—중중머리 부분

"놀보놈 불칙한 심술은 강남까지 유명한 것이라. 명춘에 나갈 제는 수풍이란 박씨 하나만 물어다 주면 네 원수를 다 갚으리라."

—아니리 부분

이웃집 노인이 놀부에게 박을 따내라며,

"네 이놈 놀보야, 밤이면 지붕 위에 박통 속에서 뚱땅지 땅지땅 당동찡땅 찡땅. 이놈 밤이면 시끄러워 잠을 못 자겠구나. 이놈 박 썩 안 따낼래."

놀보는 박 속에서 나는 소리가 금은보화가 변화하여 나는 소리라 생각하고 박 따낼 생각을 한다.

— 아니리 부분

2. 가면극에서

양주별산대놀이 (이두현 채록본)

옴중이 목중의 얼굴을 재려 하면 목중이 "제미랄 놈 남 얼굴을 재, 자벌레가 썹을 해 만들었나."라고 하며 옴중은 "자벌레만 재는 게 아니라 하도 이상스러워 재봤다."며 받아넘긴다.

목중이 옴중의 얼굴을 쓸어 보더니 옴이 올랐다고 하자 옴중이 "네미랄 놈, 남의 얼굴 가지고 용천지랄을 하고 뺐다 박았다 개지랄을 하더니 이제 허다못해 할 말이 없으니까 이놈, 날더러 옴을 올랐다구? 여봐 쯍!" 하자 목중은 여러 번 사과하고 둘은 화해한다.

— 제3과장 목중과 옴중

옴중이 달타령 장단에 맞추어 춤을 추다 연(蓮)잎의 얼굴을 들여다보며 놀라 삼현청 제자리로 돌아오자 목중(첫째)이 "앗다. 이 네미랄 놈이 나가면 기절절사를 해 가지고 들오니 그 뭐이 나왔길래 그래. 사나이 대장부란 것이 여간 앞에 있다 해도 사불범정(邪不犯正)이지 제에기 밤에 꿈에 뜬물에 맹긴 자식 같으니라고. 내 양반 나가서 놀래지 않고 깜쪽같이 댕겨 오는 걸 봐라." 하며 나아가나 그 역시 놀라서 삼현청 앞 제자리로 물러와 앉는다.

— 제4 과장 연잎과 눈끔쩍이

급살로 죽은 자식을 살리기 위해 목중이 신주부를 찾아가 "신주부"라고 부르자 신주부가 **"어느 제에밀 붙을 놈이 신주부야."** 하며 목중이 사정 이야길 하며 자식들을 살려 달라고 부탁한다.

— 제2 경 침놀이

왜장녀가 애사당을 가리키며 제 딸인 양하자 목중이 **"이 네밀할 년, 또 딸! 그런 것 너의 집 있니."**

하자 왜장녀가 아이구 우리 집에 있는데두 몇이더라? 하는 시늉을 한다.

— 제3 경 애사당 법고놀이

목중이 왜장녀에게 술상을 차려 오라 하고 애사당에겐 자리에서 꿈쩍 마라 하니 왜장녀는 술상은 북 술잔은 꽹과리로 대용하여 자기가 먼저 술을 마시자 목중이 **"이년아, 네가 먼저 먹어. 육시를 할 년아."** 하고는 술상을 치운다.

— 제3 경 애사당 법고놀이

애사당이 법고채를 들고 나와 옴중과 목중이 든 법고를 치며 법고춤을 추자 목중이 별안간 법고채를 빼앗으며 **"앗다 요년 요런 배라먹을 년 같으니라구, 요년 벅구(법고) 치는 것이 벅구채를 잡아도 못 본 년이지. 벅**

319

구 치는 년이 그저 저고리, 치마, 단속곳, 너른 속곳, 그저 바지, 죄 입고 뭘 전복까지 곁들여설랑 요런 벼락맞다 죽을 년. (애사당을 쫓아간다.) 앗다 요런, 아이 고년 쫓겨 가는 데는 걸음 걷는 소리가 고 사타리에 뒷물은 어찌 안했던지 그저 걸음 걷는 대로 예전 줄쌈지 찢는 소리가 짜악 짜악 짝 나는 구나. 아이구 고런 배라먹을 년 요년 어른 벅구 치는 걸 봐라. 벅구라는 것이 버얼구 벗고서 한 번 멋있게 북채를 양손에 갈라쥐고서 한 번 멋있게 치지 고게 무슨 앙갚을 할 짓이야. (딱하고 북치는 소리) 똑똑 들어맞지 애 요것봐라 어떠냐 맛이. (딱) 요렇게도 쳐 보구 (딱) 요렇게도 쳐 보구 자 멋이 어떠냐. 앗다 제밀할 년 고년 배라먹을 년 아이구 저년 뭘 콩콩 쾅쾅 녹두녹두 아이고 고런 아양, 저런 개 같은 년." 하자 완보가 등장하여 목중과 옴중이 든 법고를 빼앗으면 목중, 옴중, 애사당 퇴장.

— 제 3 경 애사당 법고놀이

신장수가 노장의 큰마누라 작은 마누라를 수단껏 빼오라고 시키면 원숭이가 고개를 까딱까딱하고 발을 발발 떠는 것을 보고 신장수가 노랫조로 "봉지 봉지 봉지요, 깨소금 봉지도 봉지요, 후추 봉지도 봉지요, 고추 봉지도 봉지요, 계수나무 요븐틀 네에미 씹에도 내 좆탕…… 아 요녀석아 네에미 씹에 내 좆탕도 좋아. 요녀석이 아이고 고녀석 좋은 것두 많다……."라 하자 원숭이는 장단에 맞추어 멍석말이 춤을 추고는 소무 당을 유인하러 간다.

— 제 2 경 신장수놀이

말뚝이와 쇠뚝이가 샌님(양반) 이야길 하다 쇠뚝이가 서방님께 문안 간다. "아 서방님 서방님." 하는데도 잠자코 있는 서방님을 보고 말뚝이에게 와서 "참 분명한 양반이더라." 하고 말하자 말뚝이가 "샌님한테 문안을 드려도 개 엘렐레 같구 아니 드려도 개 엘렐레 같구 서방님한테 문안을 디려두 개 씹구녕 넌덜머리 같은데 저 끝에 계신 종가집 되령님이신데 그 되령님한테 문안을 착실히 잘 해야지 만일 잘못했다가는 육시처참에 넌 송사리뼈도 안 남는다. 가봐라."라는 말에 쇠뚝이가 문안을 가 "아 되령님 아 되령님 소인……." 이에 말뚝이가 곧이듣더냐며 묻자, 쇠뚝이 말뚝이 앞으로 와서 "애 그 양반은 분명한 양반이더라. 거 우리네가 인사를 할 것 같으면 너 에미 애비 씹들이나 잘 하느냐 할 텐데 아주 고이 있더냐 하는 걸 보니 점잖은 양반이다." 하는 말에 말뚝이가 찬동한다.

　쇠뚝이는 그래도 다시 문안하려 말뚝이에게 말을 해 달라 부탁하여 말뚝이가 샌님(양반)을 뵙고 쇠뚝이 전해 달라고 한 대로 문안을 전하는데 샌님이 "삼노고상(三路街上?)하던 양반더러 과언망설(過言妄說)하고 과도한 짓을 허니 그런 네에미 씹을 헐 놈들이 어디 있느냐." 하며 말뚝이를 불러 쇠뚝이를 잡아들이라 한다.

— 제 7 과장 샌님

　말뚝이에게 잡혀온 쇠뚝이가 이름이 아당 아자(字) 번개 번자(字)라 하고 이름을 바로 붙여 아번(아버지)으로 부르게 하자 이에 말뚝이란 놈이 "왜—." 하고 대답하여 자기 집 종에게 심한 모욕을 느낀 샌님은 쇠뚝이 대신 말뚝이를 잡아들이라 한다.

　이리하여 쇠뚝이가 말뚝이를 엎어 놓고 장차 매를 치려 하는데 말뚝이는 돈을 줄 터이니 살살 때리라고 쇠뚝이와 공모를 하자 샌님은 그들에게 "너희 두 놈이 네밀 씹들 허자고 공론을 했느냐." 하니 쇠뚝이는 말뚝이가 샌님 안전에 매 맞아 죽을 모양이니 헐장해 달란다고 말한다. 헐장의 대가를 놓고 샌님과 쇠뚝이는 돈을 닷냥, 열 냥, 열댓냥으로 올리다 마침내 열댓냥에 합의된다.

샌님은 열넉냥 구푼 오리는 종가댁으로 봉상하고 그 나머지는 술 한
잔 사서 물에 타서 먹고는 된급살이나 맞아 죽으라고 하며 샌님 일행
은 삼현청으로 퇴장, 말뚝이와 쇠뚝이도 맞춤을 추고는 퇴장한다.

— 제 7 과장 샌님

봉산탈춤(이두현 채록본)

목중 1과 목중 2 법고놀이를 하다 목중 1이 잘못하자 목중 2가 "아이
꾸 좆대갱이야. 야아 이놈, 치라는 벅고는 아니 치고 바로 좆대갱이를 쳐서
하얀 피가 나는구나."라고 면박한다.

하지만 목중 1은 되려 "야 이놈 미련한 놈아, 대갱이에다 여라 여라 하
니까 니 여라는 대갱이에 아니 여고서 좆대갱이에다였구나."라 하며 오히
려 목중 2의 면상을 치면서 계속 다투다 화해하여 춤을 추고는 퇴장.

— 제 2 경 법고놀이

둘째 목중이 오도독이 타령을 여쭈러 가서 노장에게 "……노장님,
오도독이 타령을 돌돌 말아서 귀에다 소르르" 하나 노장은 단지 고개만
끄득끄득하자 둘째 목중은 목중들에게로 가서 말하길 "내가 이자 가서
오도독이 타령을 돌돌 말아서 노장님 귀에 소르르 하니까 대강이를 용두질
치다가 내버린 좆대강이 흔들듯하더라." 하며 목중들 합장하다가 셋째
목중이 "우리가 스님을 저렇게 불붙은 집에 좆기둥 세우듯이 두는 것은 우
리 상좌의 도리가 아니니 노장님을 우리가 모셔야 하지 않겠느냐?" 하자
목중들 모두 네 말이 옳다며 모두 노장 있는 데로 가서 노장이 집고 있
는 육환장을 가지고 돌아온다.

— 제 4 과장 노장춤

영감과 미얄이 오래간만에 만나 얼싸안고 춤을 추다가 노골적으로 음란한 행동을 하니 영감이 누운 채로 좋다는 감정을 연발하다 문득 점을 쳐 보니 점괘가 고약하다며 미얄에게 욕을 한다. **"이년, 천하에 고약한 년이 있나. 이년의 씹중방을 꺾어 놓겠다……."** 하며 미얄을 때린다. 미얄이 오래간만에 만나서 사람을 친다고 영감에게 항의하나 오히려 영감은 **"야, 이년 듣기 싫어, 무슨 잔말이냐."** 하자 미얄은 영감을 물고 둘은 대판 싸운다.

— 제 7 과장 미얄춤

가산오광대(이두현 채록본)

할미가 꽹가리(요강)에 오줌을 누고 마당쇠가 꽹가리를 들고 오줌 냄새를 맡으며 이게 무슨 냄새고 하니 할미가 **"온갖 지랄 다 한다. 지 에미 오줌인가 쇠오줌인가 그것도 모르고 예끼 호로자슥아."** 하자 마당쇠는 오줌을 구경꾼들에게 뿌리고 퇴장한다.

— 제 6 과장 할미 · 영감

동래들놀음(천재동 심우성 채록본)

양반들이 말뚝이를 부르고 말뚝이는 채찍을 휘두르며 양반을 위협하나 양반들은 위신상 애써 말뚝이의 출현을 외면한다. 이에 다시 말뚝이는 채찍을 머리 위로 빙빙 돌리자 양반들은 위협을 받고 물러선다. 잽이의 장단이 멈춘다.

말뚝이 **"이 제미를 붙고 금각 대명을 어둥어둥 갈 이 양반들아, 오늘 날이 따따무리하니 온갖 짐생 다 모였다. 손골목에 도야지 새끼 모은 듯, 옹**

달샘에 실배암이 모은 듯, 논두렁 밑에 돌나무생이 모은 듯, 三道 네거리
히둑새 모은 듯, 떨어진 중의 가랑이 신(腎)대가리 나온 듯, 모도 모도 모아
가지고 말뚝인지 개뚝인지 부르난 귀에 쨍쨍······."

이에 양반들 말뚝이의 소리가 작다고 다시 한 번 부르고 말뚝은 양반
들에게 다가가서 채찍을 크게 휘저어 다시 한 번 양반들을 위협한다.

— 제 2 과장 양반 마당

원양반이 말뚝이에게 너 같은 개똥쌍놈 하나 죽이면 죽는 줄 알며,
살면 사는 줄 알까 부냐 하고 허세를 떨자 말뚝이는 아무리 양반이기
로 쌍놈 죽이면 아무 일 없느냐고 묻자 원양반은 네놈 죽이면 귀양밖
에 더 가겠느냐고 말한다. 이에 말뚝이는 귀양을 가면 어디어디를 가
느냐고 물으면 원양반은 길주 명천 회령 등의 지명을 거명하며 양반들
은 모두 어울려 춤을 춘다.

이에 말뚝이 "쉬— 였다!" 하고 장단과 춤을 멈추고는 "였다! 이 제미
를 붙고! (종가집 도령 이때 놀라서 춤 멈춘다) 금각 대명을 갈 양반들이 아모
리 쌍놈이라고 이놈 저놈 할지라도 말뚝이 근본이나 천천히 들어 보오." 하
며 말뚝이는 자기 집안의 근본을 이야기한다.

— 제 2 과장 양반 마당

원양반이 이때가 어느 때고 때마침 三春이라. 꽃은 피어 만발하고
잎은 피어 너울 짓고 노고지리 쉰질뛰고 각마 슬피 울고 초당에 앉은
양반 (타령조로) 공연히 공동하야 마누라 불러 家檥을 단속하고 훈장을
불러 子女侄을 단속하고 모모친구 통기하야 일곤주 담화차로 농점을
나려가니 주인은 누구던고 난양공주, 영양공주, 진채봉, 계섬월, 백능
파, 심요연, 책경홍, 가춘운 모도모도 모아 가주 주인은 양반보고 체면

으로 인사하되, 나는 그 가운데 뜻이 달라 월태화용 고운 얼골 눈만 들어 잠깐 보니 그 마음 어떨쏘냐라고 하자

양반들, "꼬라지 꼬라지 얽어도 장에 가고, 굶어도 떡 해 먹고, 성밑 집에 오구하고 통시 개구리 보지 문다더니 꼬라지……."

종가집 도령, "꼬라지 꼬라지 얽고도……."

(웅박캥캥 장단에 한동안 춤이 벌어진다.)

— 제 2 과장 양반 마당

원양반이 말뚝이를 불러 과거 날이 임박했는데 너는 너대로 나는 나대로 다녀야 하겠느냐고 묻자 말뚝이는 원양반을 찾아 여기저기를 다녔노라고 이야기하다 집 안까지 들어갔다며 집 안 이야기를 하다 (재담조로) "이때 大夫人 마누라가 하란에 비껴 앉아 녹의 홍삼에 칠보를 단장하고 보지가 재 빨개 하옵디다." (춤추며) "재 빨개 하옵디다." 하니, 잽이들 신명지게 웅박캥캥 장단을 울리면, 양반들 어울려 춤추다가 잠시 무엇인가 생각하다 원양반이 장단과 춤을 멈추며 재 빨개라니 하며 묻는다. 이에 양반들도 모두 이놈 재 빨개라니 하자 말뚝이 "엿다! 이 양반아 보지가 재 빨개하다 말이요!" 하여 갈등이 일시 해소된다.

— 제 2 과장 양반 마당

강령탈춤

할미와 영감이 오랜만에 만나 굿거리 장단에 맞추어 춤을 추다 영감이 "야 이 쥑일 년아, 그래 영감이 어디 갔다 오면 술이라도 한잔 따뜻이 디웠다가 주넌 게 아니라, 이년! 門에 들어서자마자 이 웬 냄새냐!" 하며 울곡하게 운다. 이에 할멈이 제 영감 주려고 탁백이(탁주)를 마련하고 안

325

줏감을 마련하던 차 영감이 와 급히 나가다 보니 국이 튀어 그리 된 것이라 하자 영감은 역시 내 할멈이라며 할멈을 툭툭 치며 갈등이 일시 해소된다.

— 제9 과장

영감이 龍山 삼개 들머리집에 술얼 한잔 사 먹으레 들어갔다가 그집 주인 마누라를 자기 작은 마누라(소묘)로 얻었다는 이야길 한다. 이에 할멈이 어서 데려오라고 하자 영감은 새로 얻은 마누라를 데려와 할멈에게 인사를 하라 하는데, 작은 마누라가 할멈 있는 데로 밑구녕을 둘러대고 절을 한다. 할멈이 기가 막혀 "야 이 쥑일 년아, 너이 곳에서는 궁뎅이로 절을 허너냐?" 하니 영감이 할멈보고 "저런 미련헌 년! 저년이 눈이 우묵해서 보지럴 못허고 절헐 적에는 못 보고 돌아선 것만 보고 저러넌구나." 한다. 다시 할멈이 기가 막혀 "야 이 쥑일 놈이 첨지야. 벌세버텀 나럴 이렇게 괄세를 허너냐?" 이에 다시 영감이 "야 이 쥑일 년아, 괄세허넌 거 싫으면 나가거라!" 하자 할멈이 실이나 늬야 가지고 가야겠다며 물레를 휭휭 돌리자 영감이 뵈기 싫다며 걷어찬다. 할멈이 또 기가 막혀 "야 이넘에 두상아, 물레를 왜 짓므느냐? 노자돈이나 좀 주어야 가지고 가것다." 하니 영감이 "야 이년아 노자돈 없다……! 어서 나가거라!!" 하자 할멈은 영감의 상투를 잡고 한참 싸움을 하다 시간이라도 나누어 달라고 하자 영감이 大間 뒤 돌아가서 오줌바가지 분대와 개밥궁 귀 떨어진 사발쪽 가지고 갔으문 너 다 가져라 하니 할멈은 노자돈도 싫고 시간도 싫으니 너이덜이나 잘 살아 봐라며 퇴장한다.

— 제9 과장

김해오광대(최상수 채록본)

종가 양반이 밤이 맞도록 '웅박캥캥' 하는 소리에 잠을 이루지 못하다가 "…(전략)… 이 어떤 제에미를 붙고, 금각 대명을 갈 놈들이 밤이 맞도록 '웅박캥캥' 하는 소래 양반이 잠을 이루지 못하여, 이호이 나온지라, 이놈 말뚝이나 한 번 불러 볼까 …(후략)…. 하며 모양반과 애기 양반을 불러 함께 말뚝이를 부른다.

— 제3 양반 과장

양반들의 부르는 소리에 말뚝이 우쭐거리면서 종가양반 앞에 썩 나서며 "엤다. 이 제에미를 붙고 금각 대명을 갈 양반들아, …(중략)… 떨어진 중의 가랭이에 좆대가리 나온 듯이, 모도모도 모이어서 말뚝인지 개뚝인지 부르는 소리가 내 귀에 쟁쟁." 하니 종가 양반 모양반더러 말뚝이 소리가 은하수 다리 밑에서 모기만큼 들린다며 다시 한 번 부르자 하니 양반들 차례로 다시 말뚝이를 부른다. 이에 말뚝이 천하자 도리에 그럴 리가 있겠냐며 다시 문안을 올린다.

— 제3 양반 과장

일동 굿거리 장단에 맞추어 춤을 추고는 종가 양반이 말뚝이를 죽이는 것은 아무런 일이 아니라고 협박한다. 양반 "쉬—(음악과 춤은 그친다.) 이놈 말뚝아, 말뚝아, 말뚝아, 簿타 厚타, 타틀(탓을) 말아. 너 같은 개똥상놈, 나 같은 넓적한 소똥 양반이 너 한놈 죽이면 죽는 줄 알며, 살면 사는 줄 알까보냐." 하니 말뚝이 沛公이 入關時에 살인자는 死하고, 傷人及盜는 處罪를 하였으니, 사람 죽이면 아무 일도 없느냐며 물으니, 종가양반은 너 같은 개똥상놈 하나 죽이면 귀양밖에 더 가겠느냐고 하자 말뚝이는 귀양을 가면 대체 어디로 가느냐며 물으니, 종가양반이 길주, 명천, 회령을 들먹이고 말뚝이 덩달아 뇌까리며 일동은 굿거리 장단에 맞추어 춤을 춘다.

— 제3 양반 과장

영노가 대국에서 양반 아흔아홉 명 잡아묵고 조선에 양반 너 하나 있다길래 잡아먹으로 왔다고 하니 양반은 이리저리 도망하다 양반이 부채를 가지고 영노를 친다는 것이 그만 부채를 떨어뜨리고 만다. 영노는 계속하여 양반이 부채를 못 줍게 하다 결국 양반은 허리를 다쳤다고 엄살을 떨며 간신히 부채를 주워 **"오늘 내가 이 장중에 나와 저 가래지도 못할 놈을 만나 죽을 뻔했다가 살아났다."** 하면서, 또 부채를 펴서 활랑활랑 한바탕 부친다. 이때 굿거리 장단을 치면 양반 영노 함께 어울리어 한바탕 춤을 추면서 과장을 맺는다.

— 제4 영노 과장

광대 줄타기 재담(심우성 채록본)

줄광대 공중 틀기를 하다 힘이 들어 배우씨(줄 아래서 줄광대를 위해 시김새를 넣는 사람)더러 네가 좀 올라오라며 나는 내려가야겠다고 하자 배우씨가 선 자리가 틀리다며 핀잔을 준다. 이에 줄광대가 **"이놈 아랫 도리나 핥을 놈 같으니."** 그러면 다시 장단 넣고, 쌍홍잽이로 가는데, 배우씨 꿍, 배우씨가 허 그놈 곰의 재주다라며 긍정을 한다.

3. 인형극에서

꼭두각시놀음(심우성 채록본)

　산받이가 박첨지더러 웬 영감이 난가히 떠드냐고 이야기하고, 박첨
지는 제 사는 곳이 저 위녘 산다고 한다. 이때 산받이가 저 위녘 산다
는 걸 보니까 한양 근처에 사는가 보네 하고 아는 체를 하자 박첨지
"아따, 그 사람 알기는 오뉴월 똥파리처럼 무던히 아는 척하는구려." 하자
이에 산받이는 한양이 전부 당신 집이냐며 물으니 박첨지가 벽동 사는
박한량 박주사라면 세상에 모르는 사람이 없다고 이야기하며 팔도 유
람차 산받이에게 일러 준다.

— 박첨지 마당 첫째, 박첨지 유람 거리

　산받이가 박첨지에게 팔도강산 유람하던 이야기나 해보라고 하자
박첨지는 유람 중 어느 여인숙에 들어 누웠노라니까 어린아이들이 수
군수군 재깔재깔하여 왜 그러는지 물었더니 아이들의 대답이 너무 버
릇이 없어 노염이 더럭 나 아이들을 꾸짖었다고 이야기한다.
　이에 산받이가 뭐라고 나무랐는지 물으니 박첨지 **"애애 이놈들아, 네
에비 똥구멍하고 니 에미 똥구멍하고 딱 붙이면 양 장구통이 될 놈아."**라고
하였더니 아이들이 서울 꼭두패가 와 노는데 구경이 좋으니 같이 가자
고 해서 구경 나오게 되었다고 이야기한다.

— 박첨지 마당 첫째, 박첨지 유람 거리

　박첨지가 꼭두각시를 오랜만에 만나 수십 년 혼자 살면서 작은 집을
얻었노라니까 꼭두각시는 박첨지가 알뜰살뜰 모아 작은 집 한 채를 샀

느냐고 오해하고 묻자 박첨지 **"왜 기와집은 안 사고, 이 늑대가 할켜갈 년아."** 하며 말한다. 이에 다시 꼭두각시가 그럼 뭐란 말이요 하고 묻자 박첨지는 그런 게 아니라 작은 마누라를 하나 얻었단 말이다 하는 말에 꼭두각시가 마누라를 마늘로 오해를 하였던지 내 오면 김장 할려고 마늘을 몇 접 샀단 말이죠 하니 박첨지 **"왜 후추 생강은 어떻고, 우라질 년아."** 하고, 꼭두각시가 또다시 그럼 뭐란 말이요 하고 묻자 박첨지가 그럼 작은 여편네는 아느냐 하며 소리지른다. 이어 꼭두각시는 박첨지에게 세간을 갈라 달라고 요구하나 박첨지가 아무것도 주려 하지 않자 그저 금강산에 들어가 중이 되겠노라고 한다.

—박첨지 마당 넷째, 꼭두각시 거리

금강산으로 중이 되러 들어간다는 꼭두각시에게 박첨지 **"잘 돌아가거라. 잘 돌아가거라. 가다가 개똥에 미끄러져 쇠똥에다 코나 박고 되져라……."** 하고 욕을 한다. 이어 박첨지는 산받이와의 대화에서 꼭두각시가 어디를 갔냐고 물으니 금강산으로 중이 되러 간다며 울고 가더라는 이야길 듣자 아이구 아이구 하며 운다. 산받이가 그 연유를 물으니 박첨지는 속이 시원해 우노라고 대답을 하고는 산받이에게 잠깐 들어갔다 오겠노라 하고 들어간다.

—박첨지 마당 넷째, 꼭두각시 거리

4. 고소설에서

배비장전

애랑 정비장의 호치(남성 성기)를 빼어 달라고는 이어 여쭈오되 "나리님, 양각산중 주장군(兩脚山中 朱將軍 ; 두 가랑이 산 속의 대가리 붉은 장군 곧 남성 성기) 줌 반만 베어 주오." 하자 정비장이 어이없어 이제 씨까지 말리려 하느냐 하며 소용할 바를 묻자 애랑은 정비장이 떠난 후에 그것을 문지기 삼아 두면 아무 놈도 범접치 못할 것이라 아뢰자 정비장은 은근이 입맛이 붙으나 방자 여쭈오되 사또도 등선하였으니 속히 등선하라 하자 이에 위기를 모면한다.

애랑과 정비장이 손을 잡고 서로 못 떠나니 신임 사또 전배 예방비장인 배비장이 정비장을 허랑한 자부라며 우리는 만고절색 아니라 양귀비, 서시라도 눈이나 떠 보게 되면 박색의 아들이다라고 하자 방자 코웃음을 하고 여쭈오되 "나으리도 남의 말씀 수이 마옵소서. 애랑의 은은한 태도와 연연한 안색을 보시면, 오목 요(凹)자에 움을 무어 게다가 세간살이를 하오리다." 하니 배비장은 양반의 정치(情致)를 어찌 알고 경솔하느냐 하자 방자 되려 내기를 하자고 한다.

방자와 애랑이 짜고, 배비장은 애랑의 집에 가 이 밤 기약의 임이 왔네 하며 양인은 의복을 활활 벗고 한몸이 된다. "양인이 의복을 활활 벗고 원앙금에 두 몸이 한 몸 되어 사랑 동포(同胞) 좋을씨고, 풍류 없는 네 발 춤이 삼경 달에 춤을 춘다. 대단(大緞) 이불 속으로 일진풍이 일어나며, 양각 산중 알심못에 일목주룡(一目朱龍)이 굽어치며 백화담담(白花淡淡)

물결친다.

애랑과 배비장이 항문보 터지겠다며 한창 노닐 때 방자 언성을 변하여 고함치며 들어가 불 켜 놓고 문 열어라 항문볼랑 내 막으마, 소리치니 애랑이 놀라는 체 일신을 떨며 황황하니 방자 언성을 높여 "요기롭고 고이한 년, 내 몸 하나 옴죽하면 문 앞에 신 네 짝 떠날 날이 없으니, 어느 놈과 둘이 미쳐서 두런두런 하느냐? 이 연놈을 한 주먹에 쇄골박살하리라." 하며 들어오니 배비장이 그가 누군지 묻자 애랑은 오가출두천(吾家出頭天 ; 남편)이라 하며 거문고 자루에 숨으라 한다.

이에 방자가 남편인 척 들어와 거문고를 쳐 보자고 하며 치니 속에 숨은 배비장은 짐짓 거문고 소리를 낸다. 다시 방자는 술 한잔 하면서 놀 것이니 거문고 줄을 골라라며 소피하러 밖으로 나온 뒤 애랑은 다시 배비장을 피나무 궤 속에 숨으라 한다.

변강쇠전

변강쇠가 옹녀를 만나 오늘 아침 기유일(己酉日) 음양부장(陰陽部將) 짝배 짜니 당일행례 하자 하니, 옹녀는 그것을 허락한 후 바위 위에 올라가서 대사를 지내는데 강쇠가 옹녀의 다리를 번쩍 들고 옥문관(玉門關)을 들여다보며 "이상히도 생겼다. 맹랑히도 생겼다. 늙은 중의 입일는지 털은 돋고 이는 없다. 소나기를 맞았는지 언덕지게 파이었다. 콩밭 팥밭 재냈는지 돔부꽃이 비치었다. 도끼날을 맞았는지 금바르게 터져 있다. 생수처 온답인지 물이 항상 고이었다. 무슨 일을 할려건데 옴질옴질하고 있노. 천리행룡 내려오다가 주먹바위가 신통하구나. 만경창파 조개인지 혀를 빼었으며, 임실 곶감 먹었는지 곶감씨가 장물렸고, 만첩산중 울음인지 제가 절로 벌어졌다. 연계탕을 먹었는지 닭의 벼슬이 비치었다. 파명당을 하였는지 더운 김이 절로 난다. 제 무엇이 즐거워 반은 웃어 두었구나. 곶감 있고 으름 있고 조개 있고 연계 있고 세상은 걱정 없다.” 한다.

옹녀는 반소(半笑)하며 갚음을 하느라고 강쇠의 기물을 가리키며, “이상히도 생겼네, 맹랑히도 생겼네. 전배사령(前陪使令) 서려는지 쌍걸랑을 늦게 차고 오군문(五軍門) 군노(軍奴)런가 복떠기를 붉게 쓰고, 냇물가의 물방안지 떨구덩 떨구덩 끄덕인다. 송아지 말뚝인지 철고삐를 둘렀구나 감기를 얻었는지 맑은 코는 무슨 일고, 성정(性情)도 혹독하다, 화가 나면 눈물 난다. 어린 아이 병일는지 젖은 어찌 괴었으며, 제사에 쓴 숭어인지 꼬장 이궁이 그저 있다. 뒷절 큰방 노승인지 민대가리 둥글구나. 소년 인사 배웠는가 꼬박꼬박 절을 하네. 고추 찧던 절굿댄지 검붉기는 무슨 일고. 칠팔월 알밤인지 두 쪽 한데 붙어 있다. 물방아 절굿대며 쇠고삐걸랑 등물 세 간살이 걱정 없네.” 강쇠가 대소하며 둘이 비겼으니, 이번은 등에 없고 사랑가로 놀아 보자며 청한다.

두 연놈이 서로 업고 장난하다, 살림살이 걱정을 둘이 앉아 의논하며 강쇠가 “우리 안팎 오입쟁이 벽항궁촌(僻巷窮村) 살 수 없어 도회처살이 하여 보세.” 하니 옹녀 또한 지기의 소견도 그러하다며 두 연놈이 손을 잡고 도방 각처로 다닌다.

동구 마천 백모촌에 여러 초군(草軍) 아이들이 나무하러 와서 모여 방아타령 산타령에 농부가 목동가로 장난을 하는데 한 놈이 방아타령을 한다. “…(전략)…이 방아 저 방아 다 버리고 칠야삼경 깊은 밤에 우리 임은 가죽방아만 찧는다…(후략)….”

강쇠가 나무하러 간다더니 장승을 뽑아와 나무 때려 하자 옹녀가 말리는데 강쇠 왈 "가사(家事)는 임장(任長)이라. 가장이 하는 일 보기만 할 것이지, 저 계집이 요망하여 그것이 웬 소린고. 진충신(晉忠臣) 개자추(介子推)는 면산에 타서 죽고, 한장군(漢將軍) 기신(紀信)이는 형량에서 타 죽어 참사람이 타 죽어도 아무 탈 없었는데, 나무 깎은 장승 인형을 가졌던들 패어 때어 간계 있나. 인불언 귀부지(人不言 鬼不知)니 망할 말 다시 마라." 하며 밥상을 물린 후에 장승을 쾅쾅 패어 군불 때고 개폐문 절례 판을 만든다.

※ 참고 문헌

김기동 · 전규태 편, 『이진사전, 변강쇠전, 배비장전, 오유란전』, 서문당, 1994.

심우성, 『한국의 민속극』, 창작과 비평사, 1988.

이두현, 『한국의 가면극』, 일지사, 1992.

정병욱, 『한국의 판소리』, 집문당, 1993.

정병욱, 『배비장전, 옹고집전』, 신구문화사, 1986.

욕, 그 카타르시스의 미학

1997년 11월 10일 1판 1쇄
2021년 10월 20일 1판 19쇄

지은이 김열규

기획 조영준
제작 박흥기
마케팅 이병규·양현범·이장열

출력 블루엔
인쇄 천일문화사
제책 J&D바인텍

펴낸이 강맑실
펴낸곳 (주)사계절출판사
등록 제406-2003-034호
주소 (10881) 경기도 파주시 회동길 252
전화 031) 955-8588, 8558
전송 마케팅부 031) 955-8595 편집부 031) 955-8596
홈페이지 www.sakyejul.net   **전자우편** skj@sakyejul.com
페이스북 facebook.com/sakyejul   **트위터** twitter.com/sakyejul
블로그 skjmail.blog.me

사계절출판사는 성장의 의미를 생각합니다.
사계절출판사는 독자 여러분의 의견에 늘 귀 기울이고 있습니다.

ISBN 978-89-7196-927-4 33300